21世纪的日本家庭

何去何从（第4版）

家族の戦後体制の
見かた・超えかた
（第4版）

［日］落合惠美子 著
郑杨 译

社会科学文献出版社
SOCIAL SCIENCES ACADEMIC PRESS (CHINA)

21-SEIKI-KAZOKU E

-- KAZOKU NO SENGO-TAISEI NO MIKATA, KOEKATA THE 4TH EDITION

Copyright © 2019 Emiko Ochiai

Chinese translation rights in simplified characters arranged with YUHIKAKU PUBLISHING CO.,LTD.

through Japan UNI Agency, Inc., Tokyo

目 录

中文第 2 版序　1

日语第 4 版序　9

日语第 3 版序　12

在新版发行之际　24

前　言　26

导　论　从 20 世纪的家庭出发　28

　　　　"战后"的谢幕 /28

　　　　超越家庭危机论 /30

　　　　本书结构 /33

第 1 章　女性自古就是主妇吗？　36

　　　　女性为什么是家庭主妇？/36

　　　　不同时代的 M 形曲线 /38

　　　　二战后日本女性的主妇化 /42

　　　　经济高速增长与主妇化 /45

从国际比较中看到的 /47

第2章 家务和主妇的诞生　52

何谓主妇？ /52

何谓家务？ /54

市场与家务的诞生 /56

德国的情况 /58

家庭料理的诞生 /60

大正时期的夫人 /62

不成为主妇，就难以被称为女人 /65

第3章 两个孩子的革命　67

用金属棒杀人的一代 /67

两次出生率的下降 /68

两个孩子的革命 /71

人工流产多于避孕 /74

作为永久财富的孩子 /76

儿童的诞生 /78

母亲的诞生 /80

以爱为名义的管理 /83

再生产平等主义 /85

目 录

第 4 章　核心家庭的真相　92

　　令人怀念的海螺太太 /92

　　从家到核心家庭 /93

　　梦想大家庭的小家庭 /96

　　人口学的世代 /99

　　日本战后体制的人口学上的特殊性 /101

　　兄弟姐妹网络 /105

第 5 章　家庭的战后体制　110

　　何谓家庭的战后体制？ /110

　　现代家庭的诞生 /113

　　家庭论的陷阱 /116

　　20 世纪的现代家庭 /119

　　是不是日本的特殊性？ /122

第 6 章　女性解放与家庭解体　124

　　何谓女性解放？ /124

　　我经历的女性解放运动 /125

　　忠实于女性性别 /127

　　并非私人问题 /130

性和流产 /132

对女性幻想的否定 /135

家庭的解体 /139

女性解放运动的两次浪潮 /141

现代家庭和女性解放运动 /143

第 7 章　新家庭的思秋期　147

之后的团块世代 /147

新家庭的神话 /149

虽说是朋友式夫妻 /152

转瞬即逝的现代家族 /156

自立和思秋期 /161

从家庭主妇的角色中脱离出来 /164

花子一代的未来 /166

第 8 章　家长已经无能为力了吗？　170

质疑家庭危机论 /170

真的是 3 岁神话吗？ /173

母性剥夺和母子依恋 /176

抚育幼儿焦躁不安的因素 /181

育儿网络的重组 /186

生孩子的意义 /191

第 9 章　双系化和家庭的发展方向　194

已达顶点的核心家庭化 /196

女性继承人的悲剧 /198

养子和夫妇别姓 /200

何谓双系化 /203

共同居住、分居、近居 /206

老龄化和亲属网 /210

家庭劳动力不足的时代 /213

第 10 章　走向以个体为单位的社会　220

新男性的出现 /220

第二次人口转变 /222

家庭时代的终结 /228

以个人为单位的社会 /234

从家庭中解放出来的弱者 /237

以个人为单位的社会与主妇问题 /239

第 11 章　家庭的战后体制结束了吗？　245

四分之一个世纪过去了 /245

女性的去主妇化 /247

女性的非正式雇佣 /252

人口再生产平等主义的瓦解 /255

"家"的终结 /258

日益严重的孤立化育儿 /264

第12章　超越20世纪社会体系　267

20世纪社会体系的转换与日本 /267

制度改革及效果 /271

逃离家庭 /275

繁荣中的绊脚石 /278

萎缩的战后体制 /282

20世纪社会体系之后的世界 /285

结语（日语第4版）　291

21世纪的日本家庭：何去何从 /291

20世纪90年代 /292

21世纪 /295

21世纪第一个十年 /297

译后记　303

中文第 2 版序

浅谈十年间中国家庭的变化
——与本书译者郑杨老师对话有感

  为什么想要翻译这本书？虽然距本书中译本首次出版已经过去了十年，我却从来没有问过译者这个问题。

  值此中文第 2 版发行之际，我试着问了译者郑杨老师这个问题，得到了三个理由。其一，因为译者 1999 年在日本留学时初次阅读本书，为她的硕士学位论文找到了有力的理论根据——家庭是一个历史概念，且不断变化。其二，因为本书纾解了郁结在译者心中对于父母的"不满"，她意识到父母给予子女浓厚绵密的关爱、充分的陪伴并非自古有之。此外，某个时代或某个地区所推崇的模范家庭也并非一个亘古不变的概念。其三，因为本书探讨的现象在中国已有显现，如 2007 年译者结束日本留学生活回到中国时，发现中国家庭也正在面临着或即将面临类似书中讨论的日本家庭问题。于是，她下定决心，务必将此书译介到中国。

  在中文第 1 版发行后的这十年间，中国的家庭及女性、儿童经历了怎样的变化？中国也发生了本书所论述的家庭变化吗？还是说发生了与日本不同的变化呢？就以上的问题，我和郑杨老师进行了交流，从中发现了许多令我感兴趣的事情。下面，我将还原两人的谈话，并结合本书的内容谈谈自己的想法。

2020年，56岁"逃离家庭的苏阿姨"孤身一人开始自驾游，成为中国网络红人，引起了女性的广泛共鸣。译者认为，这一现象或许和本书第7章中"女性的思秋期"有相似之处——因为子女已经长大成人，所以她们不必再履行作为母亲的义务，转而开始探索自我。对此，我持两点疑问。首先，苏阿姨有自己的工作，可以依靠自己的财力开始自驾游。而第7章所提到的日本女性与她不同，"思秋期"的日本女性出生于20世纪四五十年代，成长于20世纪七八十年代，她们之中绝大多数是全职家庭主妇。那个年代的日本女性基本会在结婚后辞职，回归家庭。因此，她们人到中年时期便陷入了身份危机，于是开始寻求"女性自立"。换言之，本书第7章的主旨是全职家庭主妇的身份诱发了"女性的思秋期"，所以并不能够用来解释苏阿姨的行为，因为她可以赚钱养活自己。那么，苏阿姨为什么要逃离家庭呢？是对自己的婚姻不满，还是对浪漫的爱情不满？抑或是疲于婆媳、亲子关系等家庭内部的人际交往，或者说作为职业女性，人生没有得到满足？

换一个话题，中国电视剧《大明风华》也在日本播放了（在日本，电视剧名称为《大明皇妃》），其实我本人也是剧迷，于是一集不落地看完了。使我感到惊讶的是，结局是主角逃离皇室（剧情呈现的不知是梦还是现实），踏上了追求自己幸福的旅程。女主角替丈夫的祖父和父亲化解难题，为解决夫家内乱而东奔西走，献出青春辅佐没出息的儿子，但最后关头果断地舍弃了家庭的姿态，在让人大跌眼镜的同时也让人眼前一亮。虽说是古装剧，但我认为它在某种意义上反映了中国当代社会人们"想从家庭中逃离出来"的念头。过于强调"珍视家庭"这个价值观，实际上会成为一种"藩篱"，反而令人想要脱离家庭——这一点，我认为在中日两国的家庭中或许是共通的。不论是做全职主妇还是继续在职场拼搏，女性都会被剥夺作为个人的生存方式。

《大明风华》的结局传达出的信息是：基于恋爱关系的纯爱解放了女性。20世纪60年代的日本女性以"从家中解放"为目标，组建了现代家庭，70年代的女性试图组建"新式家庭"。她们都梦想着和剧中主人公一样。然而，我在《21世纪的日本家庭：何去何从》这本书中强调的是：日本传统家庭——"家"和"现代家庭"，二者虽然在概念上有所区别，但"现代家庭"本身便是一个压迫"家"中女性的体制，尽管是以另一种形式呈现的，即人们美其名曰的夫妇间、亲子间的爱。因此，"苏阿姨"想要逃离的藩篱是"家"，还是"现代家庭"呢？或者说她想要逃离的是二者相结合的产物？"苏阿姨"的粉丝们又是怎样考虑的呢？我希望大家不要把两种不同类型的家庭混为一谈，想想自己到底要从何处解脱出来。

另一个关于"苏阿姨"现象的疑问是：是否会有"苏叔叔"的存在？社交媒体上会不会有"想要逃离家庭的男性"这样的网络红人呢？2000年初我在中国做调查，当下岗的妻子谈到自己再就业的话题时，丈夫在一旁说："因为我一个人的工资没法养活全家人，所以特别希望她也去工作。"作为性别研究者的我听到这句话，感到前所未有的惊讶，不禁感慨中国真是男女平等啊！因为在"男主外、女主内"性别规范下的日本，这种话令男性难以启齿。不过，中国人性别平等的观念在那次调查后的这20年间也发生了动摇，男女劳动参与率的差距逐渐扩大。我从一位优秀的中国留日女硕士毕业生那里听到了这样的悲叹："当今中国的就业性别歧视大行其道，比日本更甚。"如此说来，男性岂不是也要被迫背负与这一现象互为表里的性别刻板印象——"男性必须赚钱养家"吗？那么，现在的中国男性会不会想要像"苏阿姨"一样逃离家庭呢？

　　说起性别分工，"当全职太太，就滚出去"——一所女子高中的知名女校长张桂梅老师的这番言论引发众人热议。曾几何时，能够兼顾事业与家庭的中国女性是日本女性羡慕的对象。然而，在中国女性主妇化倾向愈加明显的当下，有人并不赞同张校长的主张，认为"选择去过怎样的人生是个人的自由"。在日本，也有人持这样的观点。与中国的社会主义现代化不同，日本是通过资本主义现代化（伴随着女性主妇化）从而走上现代化道路的社会，我本人作为经历过这样一个社会的女性想要给中国的读者传达一些想法。在日本，虽然有人也认为做"全职太太"是个人的自由，但那绝非易事。这是因为女性如果选择成为全职太太，丈夫则必须赚取足够的金钱以扛起全家的经济重担。想要更换工作追求梦想，而由于妻子不允许，也只能含泪放弃的男性在日本屡见不鲜。此外，因为男性必须养家，过度工作还会导致"时间贫困"。如此一来，赚钱不够多的男性难以进入婚姻，经济一旦不景气，未婚人士便会充斥于社会之中，出生率也会随之下降，这正是当今日本正在发生的现实。或许日本的男性就是"苏叔叔"：在组建家庭之前，就已经逃离了家庭。这与本书第12章中介绍的由韩国社会学学者张庆燮提出的"回避危机的个人主义"如出一辙。

另外，当今日本渐渐出现了这样一些年轻女性，她们并不憧憬兼顾工作与家庭、理想的新女性形象，因为对于年轻人来说，现实条件下无论实现哪一点都很困难。当今的日本，男性的收入日趋下降，依靠男方经济实力的婚姻变得难以为继。然而，兼顾工作与家庭的职业女性也面临重重困难。正如我在本书第11章中所写的那样，虽然在生育后休完产假继续工作的女性在增加，但实际上只有正式员工才能行使休产假的权利，非正式雇用的女性员工大多会因生育而失去工作。结果表现为，推迟生育或不生孩子的女性激增，这一点我在第11章中也有提到。数据显示，每三四位女性中就有1人不想生育孩子。这意味着本书中提到的"人口再生产平等主义"已经在日本走向崩溃。当今日本，在能够体验到兼顾工作与家庭的辛劳之前，还有不少女性陷入既没有稳定工作又没有安定婚姻生活的困境之中——我们必须把目光转向她们：未婚职业女性，这是她们正面临的问题。受到2020年新冠肺炎疫情的影响，日本女性自杀率的上升尤为明显。据说，这与疫情之下就职于餐馆或酒店行业的女性失业率大幅上升有关。不论是在日本还是在中国，女性需要普遍仰仗丈夫才能生存的社会制度一旦形成，女性不结婚、靠自己工作来生存的道路就会变窄。当面临这样的危机时，这样一个社会就会使女性立刻沦为牺牲品。建构"男主外、女主内"的社会，这样的社会性别规范不论是对女性还是对男性都十分危险。

"金属棒杀人"事件，出现在本书第3章"两个孩子的革命"中。我这样写道：因为处于现代家庭之中，父母才会试图去控制子女。本书的核心观点之一便是揭露现代家庭的结构，它假借爱的美名，实则催生的是压抑的家庭关系。在与译者的谈话中，她也提及中国家庭中出现的类似现象："以爱的名义"过度管控子女。译者认为，在这些现象当中，出现于 2000 年前后的"父母皆祸害"的网络跟帖说明，在中国父母试图控制子女的现代家庭也在不断增加。译者说，细细想来，或许正是因为双方都生活在激烈的社会转变期，"父母皆祸害"所体现的中国式亲子关系对立，才以更加尖锐的形式呈现出来。译者认为，生于 20 世纪 80 年代的独生子女一代与生于 20 世纪 50 年代的父母，他们分别经历了市场经济和计划经济两个截然不同的时代。生活在激烈的社会转型期的两代人，在"被压缩的现代化"的影响下，"现代家庭""传统家庭"中的亲子关系也被压缩在同一个屋檐下，从而导致亲子间发生摩擦。这一观点使我恍然大悟——希望子女在学校脱颖而出，获得对未来有所助益的能力，秉持着这种想法对孩子的生活横加干涉，这是"现代家庭"式的父母的态度。然而无视子女的独立人格，把自身想法强加给子女，不如说是受到了"传统家庭"亲子观的影响。我在巴黎进行关于虐待儿童的调查时，行政部门的负责人感叹道："中国移民家庭的父母过于关注教育，简直可以谓之'虐待'行为了。"出现在东亚地区的"被压缩的现代化"，兼具"现代家庭"和"传统家庭"的要素，二者的双重作用成为父母最大化地干涉子女行为的一个社会条件。从这个视角出发重新审视，我认为本书第 3 章所论述的日本亲子关系矛盾的背后，并非仅出于"现代家庭"的缘故，或许还隐藏着"被压缩的现代化"所引发的复杂原因。这次与译者郑杨老师的对话，让我注意到了这一点。通过对比中日两国，我们都加深了对两个社会的理解，我认为这样的比较具有深远的意义。

另外，我还和译者聊到了一个发生在中国浙江省的有趣现象——"两头婚"，这和本书第 9 章所论述的"双系化"十分相似。由于欧洲国家和美国并不过分重视血统，他们的家庭社会学主流观点并未将这一现象视作问题。而这也正是将中日两国进行比较研究的意义所在。关于"两头婚"，我们可以从两个方面进行思考。首先，如果女性在结婚、子女冠姓方面获得发言权的话，这是一种社会进步。然而，与此同时，男女在结婚时约定：生育两个孩子，分别冠父姓和母姓的话，这看似很平等，但即便双方约好，女性不能生育的情况也时有发生。这样一来，"两头婚"成了对女性的施压。实际上，由于我本人也是独生女，在结婚改夫姓时，我的父亲半开玩笑地说道："如果生两个孩子的话，第二个孩子可不可以用咱们家的姓呢？"不过，由于工作太忙，我只生育了一个孩子，没有生育第二个孩子的机会。虽然实属无奈，但偶尔想起父亲的话，我仍会心怀着愧疚向天国的父亲双手合十请求原谅。

现实生活中，不论是在推行过独生子女政策的中国，还是在少子化程度日益加深的日本，元旦、春节时，是到婆家过还是到娘家过？双方父母同时生病时，要重点照顾哪一方的父母？不分国界，人们都在直面这些现实问题。近年来，"全面二孩政策"在中国开始推行，或许这不仅能解决人口问题，也能成为解决血统继承问题的良策。受儒家文化的影响，有着祭祖习俗的中日两国，都在以各自的方式探寻更智慧的解决策略，探寻重视血脉传承的家族制度在经历少子化后应何去何从。作为一衣带水的邻邦，我们彼此之间应该互相借鉴，从中得到启迪。

回顾往昔，我首次来到中国是在 20 世纪 80 年代，最近一次则是在 2019 年 9 月到北京参加国际会议，前往中国的次数已经多到数不清。每次前去，都能体会到中国社会的变化。巨变的中国犹如一个万花筒，时而使人眼前一亮，时而使人应接不暇。此外，中国家庭有时呈现比日本家庭更具"现代家庭"特征的一面，有时呈现"传统家庭"互相依靠、互相帮助的一面，还有时呈现"后现代家庭"的一面。如此说来，我认为中国家庭的多面性和多元化是与时代的巨大变化共生的。我将日本视作"半压缩的现代性"，用以阐释在现代化过程中日本与欧美诸国的不同之处。而中国家庭以更加令人瞠目结舌的速度大踏步走在现代化的道路上，若有机会，我期待着使用"压缩的现代性"一词来尝试描摹中国"现代家庭"的特征。

落合惠美子
2021 年 2 月

日语第 4 版序

"现在已经是 21 世纪了，就不要继续用《21 世纪的日本家庭：何去何从》为书名了，换成《21 世纪的家庭》吧。"将此书作为教科书使用的一位老师曾半开玩笑地向我建议。这也让我决意在 15 年后对此书进行再一次修订。因为在今天看来最初的书名已经有些过时，而且日本社会也的确发生了很大的变化。另一位使用这本书做教材的老师也曾告诉我："学生们都说书上写的是过去的事情。"想想 1994 年第一版出版后的第二年，日本发生了沙林毒气事件和阪神大地震。很多人认为日本社会自这两大事件以来发生了转折。且平成时代都已结束，这本探讨昭和时代的"家庭的战后体制"的书，学生把它当成历史书也理所当然吧。

但是，我的心里总有一个不能抑制的问题涌出来。本书提出的"家庭的战后体制"真的结束了吗？都说日本社会变化了，但依然没有新的时代拉开序幕的切实之感。我认为不要就此把这个朦朦胧胧的问题搁置了，用社会科学的视角尽力将还不清晰的社会结构描绘出来，这既是作为社会科学者也是作为本书作者的责任。

从初版到新版，增加了一章"走向以个体为单位的社会"，我认为日本社会将与欧洲各国、美国一样向基本相同的方向发展。但本书第 3 版出版以后，我越来越清晰地看到日本社会并未沿着欧美社会曾经走过的路发展，而是走向了一条不同的道路。从 20 世纪结束到迎来 21 世纪的这几十年，每个人都能感觉到这是世界史的分水岭。处于这样的世界范围的变化之下，日本也在变化，日本民众和政府的自我意识也在变化。而在此却又出现令人意想不到的陷阱，因此在第 4 版我又追加了两章来说明这个问题。

本书被翻译成英文、韩文、中文，也因此意外拥有了很多外国读者。真是万分荣幸！在此，我向译者以及相关的工作人员深表谢意。本书最重要的一项工作就是对以往社会科学的中心——欧洲、北美地区的社会给予研究定位，将日本社会作为真正的研究对象（而非欧美社会构建起来的样子），为此我绞尽脑汁。因为既无法单纯地使用欧美的理论框架，又必须避免过分强调自己独特的文化而落入东方主义的陷阱。本书虽然聚焦的是日本家庭，但问题假设可以用于亚洲其他国家和地区，以及非欧美圈。特别是在亚洲，很多读者非常热心地读这本书，可以想象大家对书中提到的很多问题是有同感的。

为解决时代的问题，就要超越民粹主义的方法论，在此就将建立能够与近邻、世界各地的人们共同思考的方法论作为我们努力的方向吧。这样想来，在这四分之一个世纪里，本书的几次修订也是在为建立亚洲学术共同基础而尽自己的绵薄之力。本书也作为汇集亚洲各国有关家庭和亲密性研究成果的读本，近日将与读者见面。

另外，本书追加的两章是在十几年前写的论文基础上改写的。这两篇论文也将在有斐阁以其他形式出版，囿于篇幅的限制，在此不再赘言。

感谢有斐阁，本书经历了四分之一个世纪依然在发行，这次又给予重新改订的机会。感谢松井智惠子女士跟我一起愉快地完成这个没有预料到的修订再版的大工程，感谢提供了非常专业的校阅工作的世良田律子。

落合惠美子

2019 年 9 月

日语第 3 版序

　　我现在从事亚洲五个地域社会的家庭比较调查研究。正在进行中的研究课题是围绕着韩国、中国大陆、中国台湾、新加坡和泰国，以抚育幼儿和照料老人为中心展开的关于家庭和家庭中男女分工变化的比较研究①。研究发现在中国大陆，除了强有力的亲属网，还有中国男性较高的家务能力，比如让人瞠目结舌的是即使把照顾孙子（外孙子）的事情交给祖父（外祖父），也不用担心他们的吃饭问题。而在泰国虽然女性原本非常勤于工作，但在传统育儿援助的衰退和托儿所不完备的夹缝中，近年来不得已做家庭主妇的情况也时有发生。在新加坡，虽然很多家庭无论家务、育儿还是照顾老人都托付给外国保姆，但也有为了集中精力教育孩子而辞去工作的女性。在韩国，"教育热"导致的夫妇为了孩子的教育而分居、婚外恋的流行，以及离婚率的不断上升等都已经超越日本，这些都让人感到吃惊。

　　像本书第一章中的不同年龄段女性就业率图表所描绘的那样，上述五个地区加上日本共六个地区，只有日韩两国的女性就业率

---

① 本调查可参考落合恵美子·山根真理·宮坂靖子編『アジアの家族とジェンダー』（勁草書房、2007 年）、落合恵美子·上野加代子編『二一世紀アジア家族』（明石書店、2006 年）。

呈 M 形就业模式,即她们因结婚、生子而辞职回家,在结束育儿之后再就业。其他国家和地区的女性,如泰国和中国大陆的女性,则和男性一样一直到退休年龄为止都维持着高就业率;在新加坡和中国台湾,在孩子处于幼儿期时夫妇双方共同工作,而当孩子学业变得繁忙时母亲就辞职回家[①]。

亚洲家庭的多样性超出了我们的想象,并且它们又都在持续发生着巨大的变化。尽管"教育热"的升温、女性的主妇化等这些变化的方向是一致的,但绝不能断言这些家庭都在朝一个方向按照同一种模式变化。

说到亚洲社会科学方面的国际比较,很遗憾研究成果并不多,因为此前日本一直将欧美国家作为主要的比较对象。事实上,日本一直将欧美等国作为参照,通过与其比较来测量本国现代化程度。但对于日本,今后从与亚洲其他国家和地区的比较中不断汲取经验,却愈发显得重要起来。作为后发现代化地区,亚洲这些地区不仅拥有经历上的共通性,还拥有宗教、礼法以及习惯等比较相近的传统文化,因此这些邻邦的经验在解决日本本国问题时将提供一定的启示。相反,原本认为很相似的地区,实际状况却意外地并不相同,这些因比较而发现的异同之处也许会成为启发日本新思路的契机,也许能一下子把压抑在本国狭隘常识中的思想解放出来。亚洲经过 20 世纪 80 年代的经济发展,整体拥有了现代社会的实体,这让亚洲各国间的比较也成为可能,因此现在迎来了可以正式开启亚洲各国间比较研究的良机。

[①] 关于"厚待老年人的亚洲家庭"这一刻板思维的批判性研究,请参考落合惠美子「高齢者の『子ども』との同居——東北農村における階層と居住形態」落合編『徳川日本のライフコース』ミネルヴァ書房、2006 年。

本书以欧美家庭变迁论为基础进行论述，是为了让大家理解照搬欧美家庭变化论是无法全面透彻地分析日本家庭的，因此凝聚了各种思考和尝试后，我提出二战后日本家庭变化论。而目前我所直面的是在构建亚洲的或者非欧美圈的家庭变化论时，这些地域或多或少具有共性的课题。本书继英语版之后，又被译为韩文，若本书能成为亚洲社会比较研究的催化剂，对于笔者而言那将是无限喜悦之事。

但当论及亚洲家庭时，有特别需要警惕的地方，就是亚洲的家庭神话，即亚洲家庭具有"凝聚力强，爱护弱者"的特质。有不少政治家和研究者在召开国际会议时，或是在日本国内洋洋得意地讲述亚洲家庭的传统云云。以赡养父母率高、儒家孝养精神为依据，宣称"本国不存在老龄化问题"的言论层出不穷。也有论者以家庭内部的互助为前提，提倡建立与西欧不同的福利国家，其中"亚洲型福利社会论"便属于这一类型。西方人认为"东方"与"西方"是完全不同的，并且这种东方主义视角不仅仅西方人有，作为当事人的亚洲人也常会认为这是"亚洲的传统"，并将此作为本国文化的特征，用与西方人类似的东方主义视角观察亚洲。关于"亚洲传统家庭"的讨论，可以说就是这种观点的典型例子。

上述的讨论，读者多少都有所耳闻，但本书强调的人口学条件对日本社会的影响却常被大家遗忘。事实上，在现代化进程中，很多社会都经历过"人口红利"期。所谓"人口红利"期，就是指在人口增长过剩、死亡率降低和出生率降低的共同影响下，产生的青壮年人口多于其他年龄段的人口结构。而"人口红利"不仅对产业发展，而且对赡养老年人来说，都是非常好的条件。在这样的人口条件的作用下，无子女老年人数量减少，传统文化理想中的直系家庭或现代的联合家庭（joint family）便很容易多起来。家庭中养育很多的兄弟姐妹，于是也就不缺少相互帮衬的人手。所谓强大的亚洲家庭，与其说是依靠亚洲家庭的传统，不如说是"人口红利"时代的礼物。但"人口红利"不会一直持续下去。很快结束了"人口红利"，进入老龄化社会的日本，深刻体会到"日本型福利社会论"的极限。希望亚洲各国不要重蹈覆辙。

　　以下简单说明一下本书的内容。本书理论上的焦点有两个。一是基于家庭社会史的研究思考得出的"现代家庭"这一概念。"现代家庭"的特征是以家庭成员之间的爱为纽带的，重视私生活，实行丈夫工作、妻子做家庭主妇的性别分工，对孩子有着强烈的亲情，以及对孩子的教育十分关心等，这样的家庭也是我们认为理所当然的家庭，虽然被叫作"现代家庭"，却并不只是现代的产物。"现代家庭"这一概念，是包含在以时代划分家庭种类的方法之中的。通过这样的划分可以将家庭相对化，那么我们认为不符合常理的很多情况涌现出来，但那并不是病态家庭或者脱离社会主流的家庭。而应把这些情况作为时代变化的产物，应该冷静地应对，从中获得对未来的展望和解决现实困境的良方。

　　二是对人口学条件的关注。虽然有人认为人口学是一门只关注数字的冰冷的学问，但人口学也可以说是研究人从出生到死亡各种经历的学问，是从正面来研究人的一生的学问。虽然单个人的人生有所不同，但将每个个体的人生作为集合来看，也是有规律可循的。人口学为家庭研究以及生命周期（"人生"在学术上替换的概念）研究提供了基础研究理论，这样的主张应该不难被接受吧。本书把夹在"第一次人口转变"和"第二次人口转变"时代的家庭看作"现代家庭",结合这两个论点来论述。

非欧美圈的家庭变迁论,是本书的基本研究框架。无论是欧美社会的现代化,还是亚洲社会的现代化,都尽可能以抽象度很高的普遍理论对此进行清晰的解释和说明。而人口学便是普遍理论的典型,其普遍性具有超越"现代家庭"和欧洲文明惯性的更广泛的解释力。而且我们认为,只根据社会普遍变化速度的不同,以及被限定在地域传统文化而导致行动方式出现差异的理论框架下的话,就只能观察到表面上的不同。换言之,并非欧美的形式就是普遍形式,日本等亚洲国家的形式并不是文化特殊性的体现,这些形式都是现代化进程中呈现的多样化。

本书从第一版出版发行,已过去整整十个年头。能持续这么长的时间被读者阅读,是作为作者的无上光荣,在此,请让我向广大读者表示衷心的感谢。与此同时,十年也给了我足够重新思考的时间。借助第3版出版的机会,我在书中加入了这十年间的社会状况、学界动向以及与本书内容相关的讨论,从现实角度进一步讨论本书的主张[1]。

作为与本书内容相关的论点,首先是"核心家庭化"这一假说是否正确。如本书第4章所述,"核心家庭化"起源于战后日本家庭的变化,这样的说法已成定论。森冈清美是这一看法的代表人物,他认为直系家庭制向夫妇家庭制转变,即家庭形成规范的变化。在日本经济高速增长期,核心家庭所占比例上升,就是这一观点的中心论据。与此相对,也有人主张核心家庭比例上升是人口学条件所致,并非由直系家庭制形成规范的变化所决定的。

---

[1] 具体请参见落合恵美子「世界のなかの戦後日本家族」歴史学研究会・日本史研究会編『日本史講座10 戦後日本論』東京大学出版会、2005年。

作为这一观点的主张者，原田尚和伊藤达也留下了很多开创性的研究成果。本书也认同后者的观点[①]。

但更细致的人口学分析显示，直系家庭制规范在日本经济高速增长期内确实发生了变化。广岛清志、盛山和夫的研究证实，即使用人口学条件加以控制，在日本经济高速增长期间，孩子婚后，父母与孩子一同居住的比例仍然很低，这是两位学者的研究贡献[②]。不过，像广岛清志指出的那样，在同居率下降的同时，中途同居的倾向也很明显，到底是直系家庭制规范在不断消失，还是向中途同居型转变，这一问题仍没有答案。针对这一观点，近年来，加藤彰彦利用家庭社会学会的全国家庭调查数据，进行了缜密的研究与分析。虽然越年轻，婚后与父母共同居住的比例越低，但年轻人结婚后，未来与父母共同居住的比例不断上升的倾向很明显。结婚约15年与父母共同居住的比例达30%。也就是说，虽然直系家庭制规范能够得到维持，但也有向暂时分居形式变化的情况[③]。

虽然核心家庭化假说在欧美的家庭史研究中也是中心论点，但在很多亚洲社会，由于将结构复杂的家庭作为传统，这一假说的重要性就凸显出来了。皮特·拉斯莱特对于传统大家庭的否定，其研究结果只限于解释西欧社会，欧洲

---

① 原田尚「家族形態の変動と老人同居扶養」『社会学評論』29巻1号、1978年。伊藤達也『生活の中の人口学』古今書院、1994年。
② 关于广岛请参见廣嶋清志「戦後日本における親と子のと同居率の人口学的実証分析」『人口問題研究』169号、1984年、31-42頁。关于盛山请参见盛山和夫「『核家族化』の日本的意味」直井優・盛山和夫・間々田孝夫編『日本社会の新潮流（ニューウェーブ）』東京大学出版会、1993年。
③ 加藤彰彦「家族変動の社会学的研究―現代日本家族の持続と変容」早稲田大学大学院文学研究科博士論文、2003年。

东部和南部以及欧洲以外的大部分地区都只能依赖于今后的研究[1]。也就是，在有着复杂家庭构造传统的社会，家庭在其现代化过程中将如何变化，这一问题还没有一个确切的答案[2]。

关于战后日本女性成为家庭主妇的主妇化假说，本书从几个方面进行了详细的论述。作为作者自身而言，首先希望把这一假说的时代范围扩大到战前。本文虽未列举，但从不同年龄段女性就业率曲线图中可以看到战前的情况。图 1-3 中关于战前情况是以梅村又次的推算[3]为基础绘制的，虽然有与战后情况重合的部分，但没有呈 M 形，这与清晰呈 M 形的战后情况形成了鲜明的对比。但不得不说主妇化是从战前就开始的，因为战前 20 岁以后的女性就业率就相当低。

对于主妇化过程，不仅使用了推算值，也运用了确切数据进行实证分析。冈本英雄等人就 1916~1930 年以后的三个出生队列的女性进行了调查分析，结果显示，女性越年轻，M 形的最低点就越低。通过与学历和就业状态相关联，该书详细地论述了从事第一产业的女性所占比例减少、从事第二产业和第三产业女性所

---

[1] Laslett, Peter, "Family and Household as Work Group and Kin Group : Areas of Traditional Europe Compared," Wall,Richard, Jean Robin, and Peter Laslett eds., Family Forms in Historic Europe, Cambridge University Press, Cambridge,1983. 上述论文扩展版的日语译著：『ヨーロッパの伝統家族と世帯』（酒田利夫・奥田伸子訳）リブロポート、1992 年。

[2] 有研究指出，有联合家庭传统的中国，随着现代化进程，出现了父母身边只有一个孩子的"直系家庭化"。Cartier, Michel, "Three Generation Families in Contemporary China : the Emergence of the Stem Family ?",Fauve-Chamoux, Antoinette and Emiko Ochiai eds., House and the Stem Family in EurAsian Perspective, EAP, International Research Center for Japanese Studies, Kyoto, 1998.

[3] 梅村又次ほか『長期経済統計 2 労働力』東洋経済新報社、1988 年。

占比例增加的情况[1]。

但另外，也有对主妇化假说持反对态度的学者。田中重人认为，产业结构的转变，即包含农业在内的独立经营阶层的缩小引起了主妇化。换言之，这是一种表面的主妇化。为了测定性别分工的强度，必须将这一影响因子去除掉。因此，需要将独立经营阶层去除，重新计算。在市场劳动部门，随着女性就业率的增加，"进入职场学说"出现了并占据主导地位[2]。本书有时指出产业结构转换导致主妇化，有时又指出主妇化是女性劳动参与率上升所致，在对基于事实基础上的主妇化的看法，与田中重人没有分歧。但田中重人所关心的是性别分工强度的测定，而本书的着眼点是社会全体主妇的增加在历史上的重要性，因此，我们的研究是从不同的研究视角出发的。

另外，虽然关于主妇化发展的原因有着各种各样的讨论，但还不能说已得出了结论。职场与家庭的分离、人口学的原因、"育儿＝母爱＝女性"的规范、托儿所数量的不足、通勤时间长、核心家庭化等，各种各样的原因都是我们需要探讨的[3]。

文章开头提及的，在亚洲五个地区的调查中，像日本曾经历过的那样，主妇化均有发生。这一点成为理论和实证上的焦点。如前所述，当前虽然在这些地区出现M形就业模式并不是一般情

---

[1] 岡本英雄・直井優・岩井八郎「ライフコースとキャリア」岡本英雄・直井道子編『現代日本の階層構造 4 女性と社会階層』東京大学出版会、1990年。数据来源于1985年「社会階層と社会移動」（SSM）調查。

[2] 田中重人「性別分業の分析——その実態と変容の条件」大阪大学大学院人間科学研究科博士論文、1999年。数据来源于1995年「社会階層と社会移動」（SSM）調查。

[3] 对此有兴趣的读者请参考田中重人「性別分業を維持してきたもの——郊外型ライフスタイル仮説の検討」盛山和夫編『日本の階層システム 4 ジェンダー・市場・家族』東京大学出版会、2000年。此处还参考了加藤的前出论文。

况,但将来是否会一般化,或者会不会存在多样化,以及决定变化方向的原因是什么?还有数不尽的比较研究课题需要大家去攻克。

本书提出了"家庭的战后体制"这一概念,并认为这一体制于1975年结束。这是由于在1975年之后形成"家庭的战后体制"的三大主要条件,即女性的去主妇化、再生产平等主义的崩溃以及"人口红利"(本书没有提及这一现象的表现)均已消失。但是,在本书发行至今的十个年头里,后两者的人口学条件确实消失了,而女性的去主妇化却基本没有什么进展。岩井八郎从生命历程的观点出发,在比较1970年以后的瑞典、德国、美国和日本后说:"在这四分之一个世纪里,日本是一个例外的,是一个变化很小的社会。"[1] 虽然显示日本女性主妇化程度的 M 形的最低点也变高了,但和欧美诸国相比,不得不说,变化是十分缓慢的[2]。20世纪60年代后半期出生的一代,因为晚婚化的出现,女性直到25岁仍然保持着高就业率。在35岁左右,女性终于踏入结婚生子的阶段。尽管 M 形的最低点位置很高,但仍然能清楚地看到日本女性 M 形就业模式。

那么,这种变化的根本原因是什么呢?虽然这是一个难以回答的大问题,但如果从欧美诸国和日本的社会条件来思考的话,则不难得出答案。从石油危机到泡沫经济崩溃为止,日本的经济一直保持繁荣状态。在欧美诸国,经济不景气让男性的经济实力

---

[1] 岩井八郎「ライフコース論からのアプローチ」石原邦雄編『家族と職業』ミネルヴァ書房、2002 年、50 頁。

[2] 岩井八郎・真鍋倫子「M字型就業パターンの定着とその意味——女性のライフコースの日米比較を中心に」盛山和夫編、前出書籍。

下降，女性不能再依赖男性生活，于是女性就业率随之上升。而与欧美诸国不同，日本仍然保存着男性工作养家的体制。在泡沫经济崩溃之后，虽然经济繁荣消失了，但没有进行相应的制度改革，这使日本社会尚未适应新的历史局面。这十年，也被称作是"消失的十年"。

虽然日本去主妇化的变化十分缓慢，但并不能说"家庭的战后体制"没有改变。保持"家庭的战后体制"的人口学条件已经消失。造成去主妇化延迟的原因在于，结婚成本提高导致晚婚化。晚婚化和出生率降低加速了再生产平等主义的崩溃。与OECD诸国相比，可以看到处于生育、抚育期的女性就业率越高，孩子的出生率就越高，因此得出就业率与出生率呈正相关的结论。让女性能一边工作一边轻松的生儿育女，这种环境越完备的国家，即形成了新体制的国家，提高其出生率的可能性就越大。

除上述内容外，本书还有多处需要修正和阐释的地方。在第8章提到，日本出现了关于形成育儿近邻网络的希望。但在这之后，育儿杂志等提出了"公园初登场"的词语，据说，这种与育儿密切相关的事情已成为母亲的压力之源。结果，1999年东京都文京区发生了妈妈圈的人际关系矛盾导致了幕后操纵杀害对方孩子的惨案。现在，社会已经意识到"母亲的育儿极限"，现在是否到了不管母亲是否工作，都应让全部婴幼儿进入保育所等托幼机构的阶段了呢？这是需要我作为社会学研究人员进一步思考的内容①。

另外，在第3章开头提到了1980年发生的"金属棒杀人事

---

① 落合恵美子「母親による育児の限界」『近代家族の曲がり角』角川書店、2000年。

件",最近又出现了类似的为了甩开"过于沉重的爱"而导致的杀亲事件。2003年,大阪出现了一起年轻情侣杀害母亲的事件。因为没有找到确切的杀人动机,于是对此的猜测成为当时的一大话题。人们猜想事件并非因为亲子关系过浓,而是因为亲子关系过于冷淡而引起的。虽然本书主要叙述了现代家庭成员关系过浓而产生的弊端,但伴随着各种新问题浮出水面,现代的日本家庭会以新的姿态出现在社会中吧。

在本书的第1章,我曾写过自己推着婴儿车散步的经历。现在那个婴儿已经20岁了。本书是从战后日本的孩子,或者说从年轻女性、年轻母亲的体验出发写的。现在时光已经流转了二十多年,经过了一代人的时间,变化真是令人眼花缭乱。

可以说,本书是我为了将自己这一代和父母那一代相对比,凸显两代人彼此之间的不同而写的,或者说是为了批判而写的也未尝不可。但时至今日,人们还是拼命地想创建出自认为很好的家庭,并认为那样的家庭是家庭的基本形态,这当然也是可以理解的。在对亚洲五个地区的社会调查中,经常能看到出身于贫民窟或是农村,以认真工作作为创建家庭的契机,最后进入中流社会的人[1]。创造了日本战后家庭、生活在经济高度增长期的日本人,和上述的那些人形成了重影。

日本家庭论的历史,是无法与代际分割开进行论述的。经历了战争痛苦的那一代人在建立自己的家庭时,希望建立与战前不一样的"家",是充满了民主和爱的家庭。作为这一理论的呈现便

---

[1] 落合恵美子「タイ都市中間層の形成と家族の幸福」青木保ほか編『アジア新世紀4 幸福』岩波書店、2003年。

是"核心家庭范式"[①]。但对于战后家庭的孩子,则出现了在爱的名义下被控制以及被规范化在某一种家庭模式下的压抑情绪。

那么,接下来的家庭是什么样的呢?比我们的下一代还要年轻的一代会怎样描绘他们将要建立的家庭?或者他们将不再成立家庭?本书作为一个线索,衷心希望能出现新的家庭论。

最后,请让我向为本书绘制新封面的栗冈奈美惠女士表示感谢。21世纪的潮流,像溢出的泉水一般,永不停歇。

落合惠美子
2004 年 3 月

[①] 森岡清美「家族社会学のパラダイム転換をめざして」『家族社会学研究』10 卷 1 号、1998 年。

在新版发行之际

本书初次出版后,我经常被问及:"日本战后体制结束后,日本家庭将去往哪里?"每当被问到这样的问题,我都会感到十分为难,不知如何回答。就像在 20 世纪 80 年代,流行"后"(post)这一词语一样,那是一个大声疾呼"现在的体制正在走向终结"本身就具有意义的时代。但是到了 90 年代,如日本政局所暴露的问题那样,此时需要我们积极地去说明破坏之后需要重建什么,以及那个必将到来的时代究竟是什么模样。但是在本书初版发行之时,我并没有把 21 世纪日本家庭的关键部分充分地描绘出来。

而突然产生勾勒和描摹 21 世纪日本家庭的想法,是在结稿之后。不可思议的是,自此之后,每隔半年或者一年的时间,我就会有一种开车转弯、突然前方风景豁然开朗的感觉。而最近常有新的风景就要出现在眼前的感觉。这就是 21 世纪的日本家庭吗?那个也是吗?让人眼花缭乱的新景象,也许就是所谓的变动期。和我有类似感觉的人恐怕不在少数。

关于家庭,我们所能看到的是"个体化的家庭"。这就意味着,个人不再从属于"家庭",比"个体"更大的社会单位将不复存在。最近，日本相关法律修正和制度改革的本质，虽然都表明日本家庭是朝着个体化这一趋势发展的，诸如民法修正案的讨论，以及男女雇佣机会均等法、劳动基准法的修正和养老金制度的再探讨等，但这一社会现象最终会如何发展呢？在本书新版（1997年第 2 版）中增加的第 10 章，大致描绘了"以个体为单位的社会"。希望能得到读者的批评指正。

除此之外，新版更新了数据，追加了图表，还将若干处进行了重写。在此，对帮助我进行插图绘制工作的谷田部弘美女士，以及帮助我整理原稿的置盐真理女士表示衷心的感谢。另外，栗冈奈美惠女士绘制的封面和插图，让新版焕然一新，在此表示衷心的感谢。

新版意外地得到了来自社会各界的广泛反响。本书获得了第 14 届山川菊荣妇女问题研究奖并被收录到长银国际图书，又被译为英语出版。这些对我而言，都是意外的惊喜。

其实，最令我开心的是，很多人说在读这本书时，感觉到"恍然大悟"。实话实说，在我的研究终以结集成书的过程中，真正体验到"恍然大悟"的，不是别人，正是我自己。能和众多读者分享自己的经验感受，是作者的幸福之至。借此机会，请允许我再一次向广大读者表示感谢。

落合惠美子
1997 年 11 月

前　言

本书的诞生源于我和很多人的对话。首先感谢在我"试行错误"的教学中认真听课的日本同志社女子大学的学生们、其他各大学的学生，以及在全国大大小小的演讲、集会上倾听拙见的社会各界的朋友们，你们都给了我很大的帮助。因我讲座内容的不同，大家时而爆笑，时而皱眉，时而随声附和，时而放心地打起盹儿来。毫不夸张地说，正是大家给我的这些信息，才让我创作了这本书。如果在这本书里有读者感兴趣的内容，或者我通俗易懂地解释了稍显晦涩的论点的话，这都是社会各界朋友鼎力相助的结果。

另外，本书从计划到构想，有地亨老师给予我很大的帮助。围绕着现代家庭未来的发展趋势，我和有地老师进行了热烈的讨论，他在很多方面给我提出了宝贵建议。尽管如此，由于本人的能力不足和准备不充分，本书还存在很多尚未解决的问题，请各位读者见谅。

根据我的意愿，栗冈奈美惠女士创作了非常可爱并且有些令人惊艳的插图。支野加代子女士不仅帮助我整理了繁杂的原稿，还经常给我以新鲜的感想，并激励我继续努力。最后，如果没有有斐阁的满田康子女士的大力支持,我的这份工作是难以进展下去的。

  在这里,请让我借此机会,向所有帮助过我的人表示由衷的感谢。

落合惠美子

1994 年 1 月

导　论
从 20 世纪的家庭出发

"战后"的谢幕

1990 年春，我终日泡在东京八幡山的大宅壮一文库，埋首旧杂志，查找表现女性视觉形象变迁过程的佐证。其中，有如今看来令人怀念的迷你裙，还有影后们当年楚楚动人的少女时代。在翻阅这些杂志时，我注意到了一些有趣的事情。

女性的微笑，也有流行和过时之分，带着时代的印记。在日本战败后的头两三年里，笑容虽然又回到了女性的脸上，但那也只是略低着头含羞微笑而已。到了 1950 年，女性开始精神抖擞地微笑着，并且大家都一致地仰望着天空。在那之后，好像有什么规律似的，女性将昂起的头慢慢地低下了，同时表情也逐渐硬朗起来。到了 1955 年，视线已经接近平视，唇边浮现的是精心设计过的微笑，甚至让人感觉有些做作之感。即使杂志的种类不同，但无论是杂志内页的插画，还是性感女郎的写真，她们的表情竟如出一辙，这着实让人不可思议。

导　论　从 20 世纪的家庭出发

然而，更出人意料的是，从 1955 年开始日本女性形象基本停止了变化。无论是在 1965 年还是在 1975 年的杂志中，女性的微笑几乎都与 1955 年的相同。1970 年前后，发达资本主义国家同时受到性解放的影响，面向未婚女性的杂志发生了很大的变化，但是截至 1975 年，尤其是面向主妇的杂志又回到了从前的模样。如此变化不断，又周而复始，可以说那是开创了"形象实验"的时代[1]。

"战后"虽然常被认为是一个急剧变化的时代，但我认为莫不如将其看作在一定期间内保持了一个稳定的社会结构的时代——用一个社会体制便足以概括的时代。然后，这个体制形成的前后，可以用社会结构的形成期和变化期来加以区分。这便是本书的构想，它的萌芽可以说是从日本女性的微笑这一饱含时代记忆的小小发现中生发出来的。

我观察到的日常琐碎之处也能支撑这一观点。如最近，说是怀旧复古也好、重新制作也好，使用过去的音乐或时尚风格制作的广告等——这些现象可谓俯拾皆是。它们之所以能够出人意料地吸引眼球，是因为它们承载了某个时代的记忆。而复古热潮大概起源于 19 世纪末 20 世纪初的欧洲，历经 20 世纪二三十年代的发展，最终在 20 世纪五六十年代形成气候。日本的复古风潮，前有乘《海螺小姐》《樱桃小丸子》的东风复出的歌手山本琳达，后有由 2005 年的电影《永远的三丁目的夕阳》而掀起的"昭和"复古风潮。

一般来说，我们并不会仅仅因为一件东西属于旧时代，就对

---

[1] 落合恵美子「ビジョンアルイメージとしての女」女性史総合研究会編『日本女性生活史 5 現代』東京大学出版会、1990 年、203-204 頁。

· 29 ·

它产生怀旧之情。之所以会有这种情感涌出来,是因为自己曾经在某处的所见所闻和今时今日的自己产生了某些关联。尽管如此,如果它与如今相比没有发生任何根本性的改变,而仅仅是变得陈旧的话,也只会令人觉得乏味。换言之,可能正是因为那种将要失去自己根基的危机感,才唤醒了一股怀旧之情。

从这个意义上讲,在日本,沐浴在谢幕掌声中的正是被称为"战后"的时代。尽管本书仅打算从家庭的视角来回顾"这个时代"——之所以现在可以来做回顾了,大概是因为我已经真切地感觉到"现在"的到来,"战后"这个时代将被视为拥有某种社会结构的前尘往事。

超越家庭危机论

但若仅仅是关心过去事物的发展状态,我不会有动笔写一本书的念头。事实上,从政府、媒体、研究人员到普通民众,他们对于家庭正在发生的急剧变化都有广泛关注。诸如出生率下降等,已然成为日常话题。那么,日本家庭将何去何从?21世纪的日本家庭将会变成什么样子?对于这些关于未来的疑问,我们都急切地想立刻得到答案。

有很多人笼统地将这些变化视作"家庭危机",20世纪90年代初,当在大学讲堂和社会人聚集的讲座上问到是否有"最近的家庭已经不行了"的印象时,有超过半数的人会举手表示认同。但请少安勿躁,支持家庭危机论的证据当中有多少是确实可靠的呢？

　　主流媒体使用经济企划厅国民生活局公布的社会指标和日本国民生活指标来煽动民众的家庭危机感。它把国民生活分为"经济安全""环境安全""健康""勤劳生活"等八个领域，并且综合考虑正负指标来评价各个领域的状态。根据评价结果，自1975年以来，大多数领域都呈现上升趋势，而唯一呈大幅下降的领域是"家庭生活"。1983年的下降趋势尤为明显，因此，各家媒体年复一年，大书特书日本家庭出现了危机。

　　但只要稍加细致地研究评价指标的话，就会发现一些奇怪的现象。对"家庭生活"领域造成很大影响的负面指标包括青少年不良行为的发生率、中小学长期逃课的儿童和学生的比例等，而这些并不足以反映家庭的状况。此外，独居老人的数量也是评价"家庭生活"的负面指标之一，但从人口学的角度看，它的存在是不可避免的因素，而且也有个案表示独居更能让人随心所欲。由于欧美家庭成年后的儿女基本不和父母居住在一起，将日本独居老人数量作为指标进行国际对比，从而得到了较低的评价。由错误评价得来的所谓"常识"就这样被制造出来，并甚嚣尘上——虽然日本的家庭存在着危机，但与欧美国家相比还是很健康的。国民生活指标在1992年被大幅修改，弃用了原来的八个领域，而我作为改订委员会的一员，修改目的是尽量避免再出现上述那样对家庭的误解。

　　当我们回顾日本当时的家庭危机论时，会发现人们对于家庭产生的茫茫然的危机感，与其说是基于切实可靠的数据，不如说是基于二战后一直存在的、潜藏在人们意识深处的情绪。另外，在政府官厅的资料中（比如《厚生白皮书》）可以看到这样的批评,从20世纪50年代后半期到60年代初期,与战争导致的遗孤、母子家庭等问题一样,正是家制度的"解体"才导致了家庭的衰退。不仅仅是政府,一般人也很认同这一观点,即"从(传统的)家中解放出来"有利于建立良好的夫妻关系,但在亲子关系上,就如小津安二郎的电影《东京故事》中描绘的那样,让人难免涌起茫茫然的不安之感。

"核心家庭化"迅猛发展之时正是日本经济增长的高峰期,虽然表面上已经没有人主张"家制度"的复兴,但取而代之的是猛烈抨击核心家庭的脆弱性以及经济增长带来的弊端。这样一来,就是把对资本主义的批判和对封建制度——所谓"家制度的残渣"的批判进行了折中处理,这便是当时最流行的家庭论。

到了20世纪70年代,"家庭解体""家庭瓦解"这些论述家庭问题的描述成为老生常谈。就好像并不是针对某个特殊的家庭类型,而是所有意义上的家都遇到了危机。大平内阁提出将"充实家庭基础"作为政策课题,受此政策的影响,昭和58年(1983年)版的《国民生活白皮书》,也就是通常所说的《家庭白皮书》把家庭问题作为特辑出版,用前述的国民生活指标不断地警告大家,家庭生活领域的状况在恶化。诸如此类种种就发生在这一时期。

整个战后如此相信"家庭危机"这一言论的理由是什么呢?这个问题可以成为一个颇让人感兴趣的思想史课题,但是对关心家庭、对家庭问题感兴趣、想为研讨找到精准议题的人来说,这一状况绝对是不受欢迎的。从"(传统的)家的解体"到"家庭的解体",虽然人们持续不断地对家庭逐渐衰落、不断瓦解而忧心忡忡,但在因果论上又是自相矛盾的。那么哪一个分析道破了真正

导　论　从 20 世纪的家庭出发

的原因呢？家庭真的危机了吗？如何区别哪一个是病理性的变化，哪一个不是呢？事实上，上述关于"家庭危机论"最基本的理性探讨都不太充分。

我相信为了获得日本家庭真正从"危机"中挣脱出来的线索，我们尽量透过现象，从远处重新审视（日本家庭危机的真相），这将是必不可少的功课。它包括不论是对"危机"还是对"病理"，我们都应该针对判断依据进行逆向的追问。我们所要的不是煽情的家庭危机论，而是冷静的家庭变迁论。其研究的出发点是重新审视离我们并不遥远的过去。这样的研究方法看上去是在绕远路，但为了知道我们将去向何方，就必须准确地知道自己迄今为止究竟走到了哪里。因此，为了预见"21 世纪的家庭"，就必须先清晰地认识"20 世纪的家庭"的全貌。

本书结构

综上所述，本书以《21 世纪的日本家庭：何去何从》作为书名，看上去是在逆向说明未来的日本家庭，但如果使用社会学术语的话，也可以称其为战后日本的家庭变迁论。尽管如此，本书并不只是从回顾历史的角度来探讨战后日本家庭的变化，而是试图通过在理论上清晰地探索其内在结构，将对过去的理解应用于对未来的展望。

本书章节顺序大体沿着时代的发展脉络展开，但又不局限于此。本书提出了"家庭的战后体制"这一概念。刚才提到我们可

· 33 ·

以认为在战后的某一段时期，存在一个有比较稳定社会结构的时代，我将这个时代的家庭的存在形式命名为"家庭的战后体制"。并且我总结出了"家庭的战后体制"的三个特征。关于这一体制的形成将在前四章进行整体勾勒，第5章则重新对这些内容进行阶段性的总结。后面的章节试图就以下几点，整合出三个特征及相关内容，即已经建立的"家庭的战后体制"将如何适应当下不断变化的时代，以及在变化过程中衍生出来的几个被视作"家庭危机"的"家庭问题"。第10章将展望日本家庭今后的发展方向，第11章、第12章将基于本书的理论框架，回顾和探讨本书从第一版出版至今经历了四分之一个世纪后——21世纪初日本家庭的现状。

本书的理论核心是，由家庭社会史研究中衍生出来的现代家庭理论，除此之外还大量使用了作为社会史基础的历史人口学理论。另外，我认为读者只要阅读本书后就能明显感受到，本书中随处可见的女性学培养和熏陶出来的"女性视角"。当然，本书并非只面向女性，本人在女子大学从事教职工作时所积累的经验，若是能在女性（特别是比我年轻的女性）思考家庭问题时有所助益就再好不过了。怀着这样的想法，本书的一部分是作为"馈赠妹妹们的讯息"而写下的。

正如"导论"中所说，本书的构想是在教室、讲座等各种场合与不同人群的交流中逐渐成形的。其中，有许多人心怀烦恼并向我征求意见，而我从各位那里得到的重要反馈也难以胜数。怎样才能将这种双向的"临场感"呈现给读者呢？本书大胆决定使用口语化的方式。本书的目标并不是像教科书那样做出简明扼要的解释说明，而是提出不同于通常见解的关于家庭的看法。虽然

导　论　从 20 世纪的家庭出发

还不知道本书采用口语化的方式是不是正确的决定，但请读者在阅读每一章时，能够把它当作在听一场连续讲座，在思考我提出的问题的同时对我给出的答案或抱有同感，或表示异议。如果各位能够乐在其中，我将感到十分荣幸。

第 1 章
女性自古就是主妇吗？

女性为什么是家庭主妇？

恕我冒昧，一开始就谈及私人话题。我孩子小的时候，我们住在公寓。说起公寓，那是个有意思的地方，因为大家购买的是相同价格的公寓，所以会有很多同龄人居住在一起。我所居住的公寓也有很多年龄相仿的夫妇。这样一来，孩子正好也年龄接近，家长们因孩子之间的交往自然也会有很多共同话题，我也成了经常与邻居交流的人。有一次，在和同一所公寓中的妻子们闲谈时，其中一位突然这样说："我啊，我觉得自己不适合做家庭主妇。真的，主妇的工作，其实我是不喜欢的。我虽然也生了孩子，但我好像不怎么喜欢孩子，现在有了一个之后，我是不想再要第二个了。"

说这话的那位妻子究竟是怎么样的人呢？邻居们都一致地评论她是专家级主妇。公寓中流传着这样一句话，"如果家务中有什么不懂的地方就去问她"。而就是这样的她竟然说了上头的那番话，这让我感到很吃惊。其实，她的心里话是"仅仅做家务是不符合我的性格的"。她是个完美主义者，如果做了某件事就一定要把它做到极致，因此她真正想说的应该是她做白领更能体现自己的人生价值。她是一位要求完美的人，工作也应该做得不错吧。尽管她曾经在职场中工作得有声有色，但女人总是要结婚的。结了婚，自然要生孩子。就这样，她成了专门从事家务的人了。因此，虽然她按主妇的方式生活，但总觉得这与她自己的天性不符……她感触颇深地说，"即使现在的社会也只能让女性选择做家庭主妇，为什么自古就规定了女人得是家庭主妇呢"，"为什么男人就在外面工作，而女人要做家庭主妇"。听了她的这番话，我感觉一下子明白了什么。尽管我现在总算可以勉强跟别人说我在做什么研究了，但我却没有想过做这方面研究的理由是什么，此时的我第一次悟到了自己为什么要从事这样的研究。

至今，我也经常被问到"您从事什么研究啊"，我的回答有很多，比如"家庭社会学"，或者"研究生育的历史""社会史"等。但我的回答总是得不到对方会心的理解。于是，我的解释就陷入了混乱的说明之中。但就在那一刻，听了她的那一番话，我觉得自己想做的、思考的只不过用这一句话就可以解释清楚了。我找到了答案，"为什么女性是主妇"，这就是我一直以来的研究内容。无论女性成为主妇是好还是坏，生活在当下社会中的日本女性几乎都问过自己"女性为什么是主妇"吧。当然，女性的自问有各种各样的情况，比如"虽说是女性，我才不做主妇呢""正因为是女性，所以要成为家庭主妇，啊，这样很幸福"等。但是在做人生选择时，顺从也好，拒绝也罢，因为女性与"女性是主妇"这一观点有密不可分的关系，所以，女性会时常思考这个问题。女性或多或少，有过一次或两次，即使不被别人问到也会自问:"为什么女性就应该是主妇?"

我也在某个时候考虑过这个问题。思考之后,想要进一步探询其答案,所以闯入了这个研究领域直至今日。那么,这个答案是什么,暂且先放一放。请允许我先告诉大家,这个答案出乎意料地就在你我的身边,甚至就在我们的眼前。最初我也认为"女性是主妇"这个问题是非常大的,甚至还认为不得不追溯到猿和人的分界点来思考。但那是一个错误答案。

不同时代的 M 形曲线

在说出正确答案之前,我想让大家做个猜谜游戏。首先为大家描述一下不同年龄段女性就业率的曲线图。

女性年龄别就业率是指不同年龄段的工作女性占该年龄段女性人口的百分比。将不同年龄段女性的就业率连接起来所得到的曲线,又称女性年龄别就业率曲线。许多日本女性在未婚时工作,又由于结婚、生育等原因而辞职,回归家庭,等到孩子不需被照顾的时候再出来工作。日本女性的工作方式,反映在就业率曲线上就形成两个隆起的山峰,且两峰之间凹下去的 M 形,因此这个曲线被称为"M 形就业曲线"。日本、韩国的女性就业率曲线都呈典型的 M 形。但并不是所有国家的女性工作方式都呈现这种 M 形曲线,也有的是倒 U 形,也就是 M 形中间凹进去的部分没有了,凹陷部分上升到和两个山峰拉齐,如图 1-1 中的美国、瑞典等欧美国家以及亚洲的中国和泰国,从而形成了和男性相同的倒

U 形曲线（见图 1-1）。

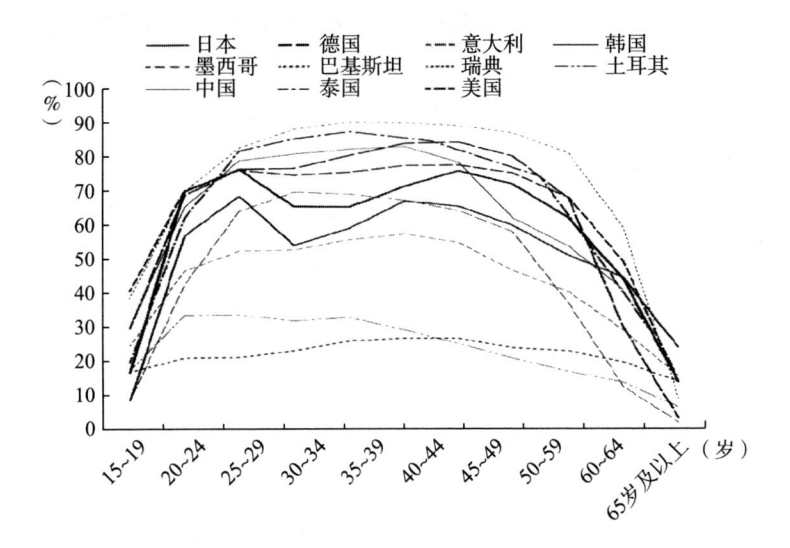

图 1-1 女性年龄别就业率的国际比较

注：图中数据收集年份，韩国为 2007 年，中国大陆为 2010 年，其他国家和地区为 2008 年。

资料来源：主要数据依据 ILO, *Yearbook of Labour Statistics*（荷兰版）；日本数据依据"日本総務省統計局「労働力調査」"，中国大陆数据依据"中国 2010 年人口普查"（长表 4-2），泰国数据依据 *"Labor Force Survey 2008"*。

数据出处：国立社会保障・人口問題研究所「人口統計資料集」2011 年。

女性就业率曲线一般是指某个年份的不同年龄段女性的就业率曲线，即将各年龄段女性的就业率连成的一条曲线。但事实上，那种曲线描述的与女性在现实生活中的真实情况并不相符。比如说，只看现在的不同年龄段女性就业率曲线，很难预测自己未来的人生轨迹。20岁的女性在思考"今后我应该如何生活"时把目光锁定在比自己年长的女性身上，看着女性就业率曲线的她会想，"原来是这样，我到了三十多岁也要辞去工作，到了四十多岁按照这种比例再就业，五十多岁时……"不知不觉中就会依据就业率曲线追寻自己未来的生活方式。但实际上，按照曲线所描述的那种生活方式生活的人是不存在的。1960年一个年龄为20岁的人在10年后成为1970年图中30岁的人了，再过10年她们又成了1980年图中40岁的人。即使这样追踪60年，那也不会反映那个人的人生轨迹。如果看现在图表中和自己母亲同年龄段女性的曲线，那只不过是母亲那个时代的人在当下社会是怎样生活的而已，这个曲线却不可能作为线索让当下的年轻人预测"自己到了母亲那个年龄时会怎样"。

因此，让我们试着重画一下与现代女性的真实情况相符的图表吧。（这几个曲线是）不同年代出生的不同年龄段的女性就业率曲线，也就是它在描绘分别出生于1926~1930年、1936~1940年、1946~1950年、1956~1960年，以及出生于1966~1970年、1976~1980年、1986~1990年这些不同年代的女性在不同年龄段的就业率曲线（见图1-2）。我所说的猜谜，就是请你找出这五条曲线分别代表哪个年代的女性。准备好了吗？特别是M形的凹陷度最深的曲线C，大家认为它代表了哪个年代的女性呢？

那么，大家的答案是不是已经定下来了？那我要公布正确答案了。图1-2中M形的底部最深的曲线C代表出生于1946~1950年的女性，也就是所谓以"团块世代"为中心的那一代女性的就业曲线图。其他的依次是：曲线A表示在1926~1930年出生的女性的就业情况，曲线B表示在1936~1940年出生的女性的就业情况，曲线 D 表示在 1956~1960 年出生的女性的就业情况，曲线 E 表示 1966~1970 年出生的女性的就业情况，曲线 F 表示 1976~1980 年出生的女性的就业情况，曲线 G 表示 1986~1990 年出生的女性的就业情况。大家的答案是什么？回答是否正确呢？我曾经就相同的问题问过很多人，特别问了很多女性。尽管被问的人当中包含各个年代出生的人，却很少有人猜对答案。即使自身就是按照那样的人生轨迹生活过来的，她本人竟也没有注意到这一点，这真让人觉得意外。

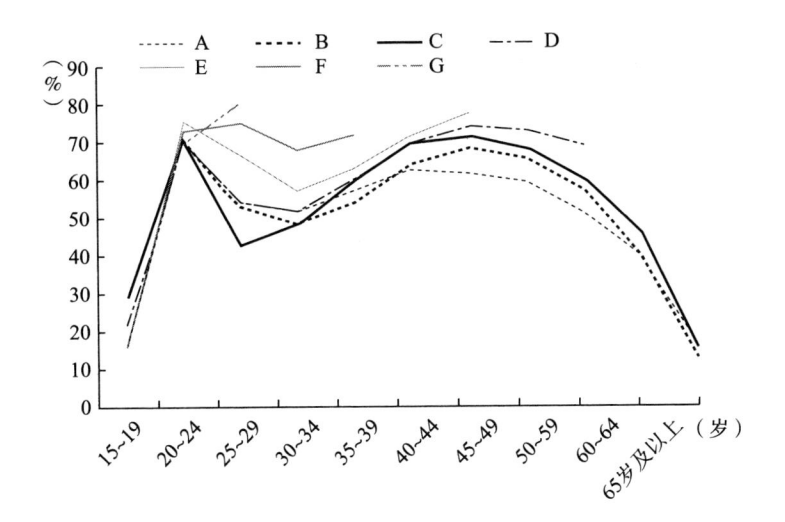

图 1-2　不同出生队列（cohort）女性的年龄别就业率

资料来源：1970 年以后的数据出自总务省「労働力調査」，1970 年以前的数据出自「国勢調査報告」。

数据出处：労働省婦人局『婦人労働の実情』（昭和 62 年版）、厚生労働省「働く女性の実情」。

二战后日本女性的主妇化

最需要大家关注的是 M 形的底部。1926~1930 年出生的女性的就业率曲线底部凹陷程度是很浅的,但是看 1936~1940 年、1946~1950 年出生的人群,便会发现她们越年轻,M 形底部的凹陷程度越深。应该如何思考这个现象呢？一说到"战后日本女性的工作方式发生了怎样的变化",我们马上就会这样回答"女性在不断地走出家庭,进入社会"。这个回答实在是让耳朵都磨出茧子了。因此,不知不觉中我们就会很容易认为,二战后日本做家庭主妇的女性的比例逐渐下降,出去工作的女性在不断地增多,而最近这种倾向变得更为明显了。但是,事实并非如此。

如图 1-3 所示,右侧山峰部分表示的是孩子可以脱手后女性再就业的情况,可以看出有上升的倾向。但无论怎样,重要的是观察 M 形的底部。也就是说,结婚、生育后是否辞职回家,是否要成为全职主妇,这才是女性生命周期中重要的分水岭。女性在结婚、生育时一旦离开职场,开始专心从事家务的话,之后即使再就业,大多数也只不过是做一些零活,在待遇、工资方面明显地会遭受歧视。打零工的主妇毕竟还是主妇,社会上的人会这样看待她们,她们自己也会这样看待自己。"因为我是家庭主妇,所以,家里有事时当然是可以请假不上班的。"这个 M 形的底部,也就是是否因结婚、生育、抚育孩子而辞职回家,这一点在女性的自我定位上起着决定性的作用。关注 M 形底部，我们会发现到二战后的"团块世代"为止，凹陷处才开始不断地加深。从那时起，越来越多的女性逐渐全身心投入结婚、生育等家庭事务中，变得固守在家中了。虽然这与一般的说法是背道而驰的，但我认为首先有必要让大家弄清楚此事。那就是"二战后，日本女性不断地进入社会"这一观点是错误的。"二战后，日本女性开始回归家庭了""在战后，女性们主妇化了"，对这个事实我们首先要有一个认识。事实上，如果将战前社会也纳入我们视野的话，"主妇化"从 1945 年便开始了（见图 1-3），但大家的印象却是在战后形成的。

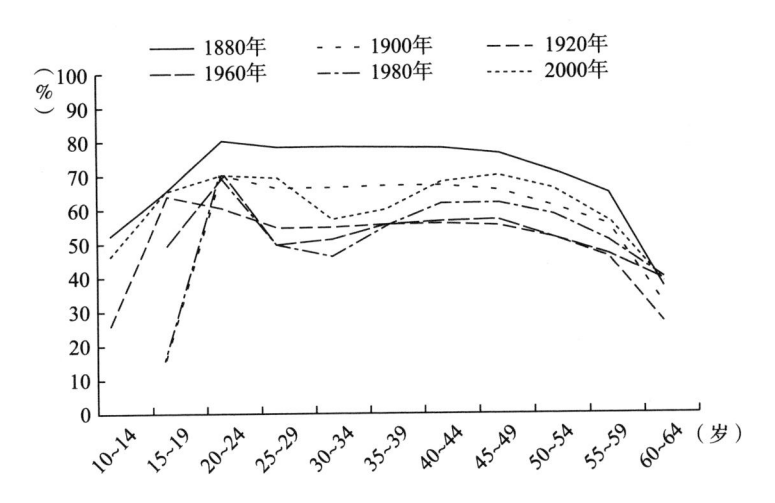

图 1-3　日本女性年龄别就业率的长期变化

资料来源：梅村又次ほか編『長期経済統計 2 労働力』、東洋経済新報社、1988 年；国立社会保障・人口問題研究『人口の動向』2000 年。

接下来，让我们再回头看图1-2。到"团块世代"为止，M形底部逐渐加深（曲线C所勾勒的M形最为明显），而这之后又发生了怎样的变化？1956~1960年出生的女性的就业率曲线，和之前两个年代出生的女性相比，M形底部升高了（曲线D所勾勒的M形底部变浅了），而再晚一些于1966~1970年出生的一代，又因受到晚婚化影响，M形底部升得更高（曲线E所勾勒的M形的底部变得更浅）。（对比这几条曲线，我们便会发现日本几代女性就业率）变化的趋势出现逆转。花费了20年时间下降的女性就业率在1980年代弹回到了最高的位置，M形的底部在这之后的20年间不断跳跃上升。这一变化是非常重要的。这就是日本女性就业的"走向"，也就是变化的趋势/倾向。二战后不久，日本女性中就出现了"主妇化"的趋势。如果是相同走向的趋势以更快的速度变化的话，那是不足为奇的，但这里的趋势完全逆转了。20世纪70年代后期以来，日本女性的生活方式发生了各式各样的变化，就连媒体也对此进行了大肆报道。但这种报道具有媚俗的流行现象之嫌。从图1-2中我们能够清晰地看到这个时期所发生的具体变化，并非风俗或者心理问题，而是具有实质内容的时代的转换。

换言之，那就是现在的年轻女性不能像她们的母亲那样生活了。这不是价值观的问题。即使认为自己母亲一代的生活方式是好的，或者认为那种生活很轻松，不会有什么闪失，但现在已经不具那样的社会条件了。今天，如果没有很强的要逆时代而为之的意愿的话，是不可能按照母亲的生存方式来生活了。

我们看了不同年代出生的女性在不同年龄段的就业率，接下来再看日本女性的毛就业率，也就是看一看15岁以上的日本女性中正在工作的女性所占的比例是多少。战后日本女性就业率大致是持平的。年轻一代受教育年限的不断增多使女性就业率下降，女性分娩和育儿使 M 形的底部加深进而导致女性就业率下降，以上两种就业率下降的总和与孩子脱手后女性再就业的增多相互抵消了。总务厅统计局的《劳动力调查》显示，日本女性的就业率 1960 年为 54.5%、1965 年为 50.6%、1975 年为 45.7%。也就是说，日本女性就业率在这 30 年间持续下降，而 1975 年日本女性就业率又从最底部转而呈现上升的趋势。也就是说，日本二战后发生的变化绝不是朝着一个方向发展的。

经济高速增长与主妇化

我对二战后日本女性的主妇化倾向做了上述的说明，大家能够理解吗？是否感觉和自己的认知有冲突？事实上，尽管大家认为很早以前日本女性就被束缚在家中了，但出乎意料的是 1926~1930 年也就是昭和时代前 10 年（1926~1936 年）出生的女性，她们一生中大部分时间都在工作。而与此相对的是，比她们年轻 20 岁的女性，即团块世代的女性却是进入家庭最多的一代。

M 形底部最深的是 1946~1950 年出生的团块世代、婴儿潮世代，或"全共斗"世代[①]。从女性的角度来看，这个时代的女性被认为是在妇女解放运动中度过其青春时代的。她们留给大家的印

[①] "全共斗"世代是指大学期间经历了 1965~1972 年的全共斗大学生运动、安保斗争和反对越南战争的一代人。据说这一世代的人中有 15% 参与了"全共斗"学生运动，因此这一世代的人被称为"全共斗"世代。——译者注

象是拥有强烈的自我主张,是具有很强行动力的一代人。但正是这一代人中全身心致力于家务、育儿的女性所占比例在日本历史上竟居于较高的水平,这似乎与我们固有的观念不符。也许大家还会有这样的疑问:"这是为什么?真的如此吗?"但如果揭开谜底,这些问题就变得很简单了。

谜底是产业结构的转换。日本产业结构伴随着经济高速增长期发生了变化,即日本从以农家和自主经营者为中心的社会向以雇佣者,也就是工薪阶层为中心的社会转变了。如果关注女性的话,以前说的已婚女性指的是"农家的媳妇""个体经营者的妻子",她们是与家庭成员共同劳动的女性。但因为工薪阶层的妻子大多成了家庭主妇,所以在经济高速增长期,随着工薪家庭的不断增多,女性逐渐地"主妇化"了。聚焦昭和时代前10年(1926~1936年)出生的女性,她们大多是农家的媳妇、个体经营者的妻子。但比她们年轻的下一代女性,随着时代的变化,变成了"工薪阶层的妻子"。

我住在京都市较偏的地方,周边还有水田和旱田。孩子还是婴儿的时候,我总是推着婴儿车穿过田间小道到公园去散步。我并不是因为有很多闲暇时间才去散步,而是想"应该让孩子沐浴阳光""如果不出去透透气,晚上孩子会哭"……因此即使很忙很累,我每天也要推着孩子去散步。有一次,和我逐渐熟悉起来的农家阿姨说了这样的话:"现在的年轻人真好,这样悠闲,玩着就可以过生活了。"

我推着婴儿车散步,只被看作在玩乐。尽管我如此全心全力地养育子女,而在她看来养育子女只不过是举手之劳而已。因为她们那个时代的女性是没有办法只照顾孩子的。不是常常讲这样一句话嘛，"在田间，只有弯下腰来给婴儿喂奶时才是唯一的休息时间"，喂奶后就会疲惫不堪地睡着了，因为感到全身的力气都被吸走了。尽管对于我而言，养育子女是个重体力活，而在农家阿姨看来给孩子喂奶就是休息。我想，那时养育子女之外的工作一定是相当的繁重。

我们不能忽略从事家庭产业的工作方式与离开家出去工作之间的差异。两者之间最大的不同在于是否有工资。而前者的收入是要汇总到一家之主那里的，无论怎样拼命工作，媳妇也没有可以自由支配的钱。而且，她们的工作场所也只不过是家和家周边的地方。

现在说起主妇去工作，大多是指出去工作。和以前相比，这是最大的变化。现在出现了这样的女性，离开家去工作，并有了可以由自己自由支配的钱。如果把目光锁定在上述观点上的话，那我们印象中的"战后，女性不断地进入职场"，就不能说是完全错误的。女性的雇佣劳动率无论在 20 岁以上的哪一个年龄段，确实都随着世代的年轻化而不断地上升。

但如果说"以前的女性不工作，女性开始去工作只是从战后这个时期开始的"诸如此类的思考是完全错误的。女性自古就不是全职主妇，虽然工作方式改变了，但自古以来女性就承担着家务以外的工作。

从国际比较中看到的

最后放眼国外，让我们从国际比较中重新认识一下日本女性的就业率问题。在此，让我们再做个猜谜游戏吧：欧美的女性与日本的女性，谁曾经更多地进入职场工作？如果比较现在欧美与日本的女性，谁更多地在工作的话，我们会有一个强烈的印象——欧美女性大多是职业女性。特别是在前面提到的美国与瑞典的女性就业率呈现的并不是 M 形，而是倒 U 形。但如果我们回看历史的话，各国女性的就业率究竟是什么样呢？

请看图 1-4。从图 1-4 中我们可以看出，20 世纪初，美国、英国、瑞典等国家的女性就业率相当低。与之相比，日本女性的就业率处于最高的水平。虽然在欧洲，法国和德国的女性就业率相对较高一些，但仍然在日本之下。这样一来我们便弄清了一个事实，就是日本女性是家庭型的、欧洲女性是工作型的这种刻板印象，从历史上看却是完全相反的。

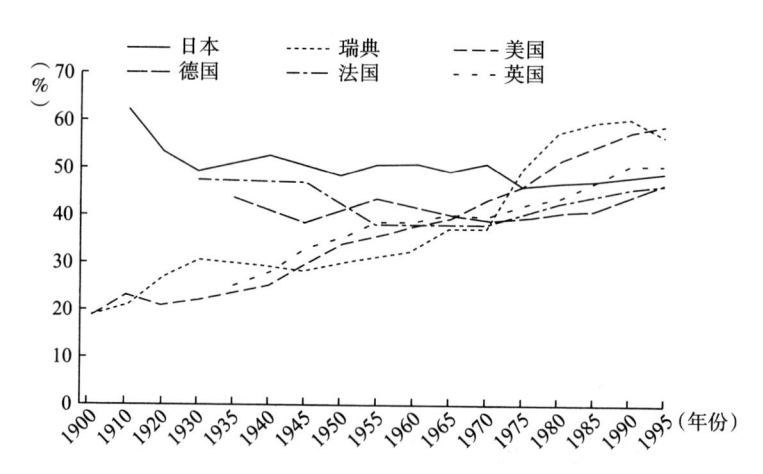

图 1-4　女性就业率的长期变化（1900~1995 年）
资料来源：経済企画庁『国民生活白書（平成 9 年版）』图 1-1-16。

尽管存在上述事实，但最近经常有以下指责，即基于这样的统计调查来论述女性就业率的长期变化是有问题的。因为在19世纪至20世纪前半期的劳动统计中，女性劳动力特别是从事农业方面的女性劳动力被过少地统计了。那依巴谷曾为了补充和修正瑞典女性劳动统计中被过少统计的那部分而做的尝试研究，其结果显示女性就业率并非自古就低，是从19世纪末开始降低的，而到了20世纪前半期达到最低水平[1]。

事实上，现代化以前的女性就业率水平深受所在地域文化的影响。比如，如果存在"女性不能出家门""不能让他人看到自己的身体"等性别规范的话，就会阻碍女性就业率的上升。此外，家庭制度的差异也会影响女性就业率。前近代的日本女性就业率之所以比欧洲高，原因在于与以核心家庭为主要形式的欧洲相比，在以直系家庭为主的日本，女性在家务事、养育孩子等方面可以获得来自婆婆、妈妈或姐妹们的帮助[2]。两者间就业水平的差距暂且不论，但众所周知欧洲以及日本的农业社会中的女性是与男性一同去田间耕种，或在家饲养家禽的。因此，我的假设是：在这样的文化圈中，如果非常程式化地论述的话，就是随着现代化的发展，原来较高的女性就业率在下降后又升高了，这就勾勒成了一个U形曲线。

---

[1] Nyberg, Anita, "The Social Construction of Married Women's Labour-force Pariticipation: The Case of Sweden in the Twentieth Century," *Continuity and Change*, 9-1,1994,pp.145-156.

[2] Saito, Osamu, "Gender, Workload and Agricultural Progress: Japan's Historical Experience in Perspective," Leboutte, R. ed., *Protoindustrialization*, Librairie Dronz S. A.；落合恵美子「失われた家族を求めて」河合隼雄・大庭なみ子編『現代日本文化論2 家族と性』岩波書店、1997年、52頁（此篇论文还被收录于『近代家族の曲がり角』角川書店、2000年、63-87頁）。

当然，劳动的内容变化了。女性就业率形成山谷的形状之前，女性主要从事农业劳动，她们中的一部分从事了工场劳动；而女性就业率形成山谷的形状之后，女性主要从事的是雇佣劳动。那么，这个山谷的形状说明女性就业率发生了什么变化呢？答案是"主妇化"。女性的生活方式因现代化而发生了变化，但其变化并不是朝着一个方向，而是因阶段不同，方向也不同。在现代化发展的最初阶段，女性成为主妇，成为全职主妇，从劳动场所退回家中。之后，"女性是主妇"的时代持续了一段时间，再往后，她们作为雇佣劳动者重新开始工作。也就是说，女性在现代化过程中经历了这两个阶段的变化。在欧美特别是瑞典等国，女性就业率的这种变化在推测统计中呈现得非常清晰。

日本的情况又如何呢？我认为日本属于典型的后发国家，而后发国家的现代化速度普遍较快。因此日本非常急速地进入了现代化，女性就业率下降的主妇化倾向与女性就业率上升的女性再就业化的倾向重叠了。因为只有将这两个不同的倾向结合起来才是那一时段的劳动力，所以如果两者相加，女性就业率的下降和上升就相互抵消了，从而使那时的女性就业率保持不变的状态。因此，尽管在劳动内容方面，作为后发国家的日本与其他发达国家发生了同一类型的变化，但仅从表面上看的话，没有因就业率迅速下降或上升而产生清晰可见的山谷形状，这是日本的特征。而在现代化进程中，发展壮大的时间被"压缩"的后发国家中，却没有让全部女性进入家庭的空档期。也就是说，虽然每一位女性都因生育期、育儿期而回归家庭，但孩子一旦脱手，她们希望作为雇佣劳动者重新回到职场的要求也会变得强烈，结果就是没有了全体女性都回归家庭的阶段。

第 1 章　女性自古就是主妇吗？

　　这样看来，掀起了带孩子上班是否正确争论的陈美玲事例①，正好反映了由于中国香港属于飞速进入现代化的后发地区，因此女性的生活方式也发生了急速的改变。而又因女性中不曾有回归家庭的一代，女性是始终在工作的，改变的仅仅是工作的内容而已，所以就工作方式而言，她们当然以父母那一代人为参照。父母那一代人会给出怎样的建议呢？自然会是"如何一边工作一边养育子女，这很简单。无论去哪里都要带上孩子，一边养育子女一边工作就好了"。

　　从这个观点来看，即使在日本，也经常会有人这样说："如果我有婆婆或妈妈，就可以把孩子托付给她们来照顾，然后出去工作，要是交给别人照顾总有些不放心……"这种"交给婆婆或妈妈照顾"是农业社会的一种做法。人们在心理上对托儿所的抵触，也许就是这种传统的继承吧。

　　"女性是主妇"这一性别规范，至今我们还认为是理所当然的，甚至认为一定是在从猿转变为人的初期就已经有了这样的性别规范。但这种观点是错误的。就在不久以前，如果以日本为例的话，女性只不过在经济高度增长期时才成为家庭主妇的。所以，"女性就应该是主妇""家务、教育子女就应该是女性的第一职业"，这样的社会规范也只不过是在这一时期才在日本大众化的。

---

① 陈美玲是旅日中国香港著名歌手，曾因带着孩子去电视台录制节目而引起日本社会各界广泛、激烈的讨论。——译者注

· 51 ·

第 2 章
家务和主妇的诞生

何谓主妇？

在前一章，我们提出了"女性自古就是主妇"这样的疑问，针对这一疑问所得出的结论即"尽管日本女性总被认为是在二战后开始进入社会的，但实际上她们是从那个时候开始主妇化了"。这似乎是偏离常识的结论。的确，用于得出这一结论的统计数据有过少之嫌。在本章，我将对"主妇在历史中是怎样诞生的"这个问题进行更加具体的论述。

说到何谓主妇，就要从写过《主妇的诞生》《家务的社会学》等书的英国社会学者安妮·欧克丽对主妇所做的定义开始探讨[①]。所谓主妇，就是非佣人，但主要负责家庭事务的人（或者为了完成这些任务而管理佣人做家务），还可以说是做家务活或者指挥佣人做家务的女性、家里的女主人、户主的妻

[①] Oakley, Ann, *Housewife*, Allen Lane, London, 1974（岡島茅花訳『主婦の誕生』三省堂、1986年）。初次引用的是 Hunt, Andrey, *A Survey of Woman's Employment*, Government Social Survey, HMSO, London, 1968。第二次引用 *Oxford English Dictionary*。

子。现代主妇的角色特点，按照欧克丽的说明归纳为四个方面：（1）家务主要分配给女性；（2）在经济上是依附状态；（3）所承担的家务不被认定为劳动；（4）对于女性，主妇是其主要的角色。

"家庭的任务"也好，"家务"也好，家庭主妇就是做家务的女性。何谓家务（housework）？这个问题的答案如果不清楚的话，这个定义也就没有意义了。

那么，家务是什么呢？在大学，就这个问题我问了学生。他们的答案中除了列举做饭、洗衣服以外，"为了家人能够安心生活而做的工作"是最具有代表性的答案。

在探讨"何谓主妇"和"何谓家务"时，"主妇论战"比较合适作为参考资料。日本曾有过三次主妇论战，第一次是在1955~1959年，第二次是在1960~1961年，第三次是在1972年。如果考虑上一章中提到的女性就业率的话，大多数的日本女性做主妇竟然是在经济高速增长期，也就是在那时日本开始了"何谓主妇"的争论。

这场争论缘起于石垣绫子发表的《主妇·第二职业论》的文章[①]。她尖锐地批评道："在家这一安全地带，从早到晚，永远重复地做着同样工作的主妇们，她们精神的成长被遏止"，"主妇的心智变得懒散……每天碌碌无为地度过人生宝贵的时间"，等等。石垣的初衷是鼓励包括主妇和职业女性在内的所有女性奋发有为。

当然，对此也有人持反对意见。因为主妇们能够担当起那些因受工作时间的限制而无法参与社会运动的男性和职业女性的责

---

① 石垣綾子「主婦という第二職業論」『婦人公論』1955年2月号（被收录于上野千鹤子编『主婦論争を読むⅠ』劲草書房、1982年）。

任,所以有的观点认为应该对主妇进行积极的评价[①]。这些观点的确准确地预测了今天日本主妇们参与(公益性的)生活协同组织、环境保护运动以及作为选举的主力军的盛况。

除此以外,还有著名的民族学学者梅棹忠夫的《妻子无用论》[②]。将家务劳动的市场化、机械化作为依据,梅棹忠夫认为"今后的婚姻生活是从社会意义上把男性与女性的共同生活同质化了,难道我们的生活不是正在逐渐地朝这样的生活方式转变吗?这样一来,丈夫同妻子不再是社会意义上相异的互补关系。女性没必要成为妻子,男子也没必要成为丈夫"。总之,第一次主妇论战始终围绕着主妇是否值得讨论,或者关于主妇的讨论是不是重要的话题争论不休,直至今日,当时争论出来的观点依然具有现实意义。

何谓家务?

第二次主妇论战中,论点集中在"何谓家务",这次辩论还成了经济学的辩论。欧美后来也紧随其后,使得这场辩论成为非常罕见的论战。源于日本的这场辩论却并未成为燎原之火,这也是用日语这一小语种来写作的人的悲哀之处吧。自20世纪70年代后半叶起,在欧美,"家务劳动辩论"开始以英国为中心流行

---

① 清水慶子「主婦の時代は始まった」『婦人公論』1955年4月号(被收录于上野千鶴子編『主婦論争を読むⅠ』勁草書房、1982年)。
② 梅棹忠夫「妻無用論」『婦人公論』1959年6月号(被收录于上野千鶴子編『主婦論争を読むⅠ』勁草書房、1982年)。

起来①。

从经济学的角度考虑"何谓家务"的话,其问题是:"做家务会产生价值吗?""家务有用吗?""家务是劳动吗?"当然,这是以马克思主义经济学的概念为基础来讨论。在马克思主义经济学理论中,劳动是有用,即能够产生价值。但这里所说的价值是交换价值,也就是"能出售"的,是在市场上能同金钱进行交换的劳动。由于不以金钱衡量家务,因此"做家务不产生价值"是马克思主义经济学最基本的解释。针对这一解释,也有学者持反对意见,他(她)们的主张是"家务劳动也在生产一些有价值的东西"。他(她)们继承了恩格斯的观点,因此被称为马克思主义女性主义。

那么,主妇做了什么样的家务,才可以说是"产生了价值"呢?主妇生产了什么样的东西才可以说是能够在市场上进行买卖的?答案是丈夫和孩子。难道丈夫和孩子不能够"被出售"吗?事实上,他们作为劳动力能够换取工资,因此家务劳动再生产了劳动力、劳动者和人类。丈夫是现在的劳动者,孩子是未来的劳动者。丈夫现在"被出售",而孩子将来也可以"被出售"。为了将来孩子能被"卖"个好价钱,需要把他(她)送进好学校。母亲们对教育如此热心,可不单单是为了孩子,也是希望自己的劳动价值得到更多的认可。"你的工作做得很好",为了能得到这样

---

① 关于英国家务的论战,请参考以下论文:Himmelweit, Susan and Simon Mohun, "Domestic Labour and Capital," *Cambridge Journal of Economics*, 1977-1;竹中惠美子「労働力再生産の資本主義的性格と家事労働——家事労働をめぐる最近の論争によせて」『経済学雑誌』八一巻一号、大阪市立大学、1980年;久場嬉子「家事労働と生活様式——ヒメルヴァイト=モホン『家事労働と資本』を読んで」『経済評論』1979年3月。

的赞赏，她们必须让身为产品的孩子去上好学校，进好的公司工作。虽说以这种方法将家务看成劳动有些抽象，但家务的确具有这方面的特征。

我们援引恩格斯在《家庭、私有制和国家的起源》中的观点，将制造产品称为"生产"，将制造人类称为是"再生产"。因为再生产也有生殖的意思。据此，说"家务劳动是再生产劳动"，难道不是让人觉得很有道理吗？实际上，这个定义在很多书籍和论文中都出现过。

但是，再好好考虑一下，就会有疑问。例如洗衣、做饭、打扫卫生是维持人的再生产、人的生活的必要劳动，主妇在家中，洗衣便是家务，但把衣服拿到干洗店，这还是家务吗？当干洗店店员去做时，则不能称为家务，而是普通的"劳动"。尽管是同样的工作，但在家做就是家务，在外做就不是家务。今天正巧有空，在家洗了毛衣，这就是家务了，但明天因为忙，就把毛衣送到干洗店洗，这就不是家务了。多么不可思议。无论是做饭还是打扫卫生，现在都和洗衣服一样发生了混乱。如此说来，家务等同于再生产，这个定义还是有些牵强啊。

市场与家务的诞生

法国的马克思主义女权主义者克里丝汀·德尔菲简明扼要地总结道："把家务劳动从市场中排除掉是使家务成为得不到工资的

第2章 家务和主妇的诞生

劳动的原因,而非结果。"① 我们也常常把这个原因和结果反过来思考。如果被问道"为什么妈妈在家里做饭、洗衣服,却拿不到工资呢?""那是家务所以不用付工资。"我们难道不是这样回答的吗?但德尔菲是反过来回答的,不是因为是家务得不到工资,而是因为把家务从市场中排除出来而不付给它工资了,所以它才成了家务。我们只不过是将全部劳动中未被市场化的那部分称为家务,德尔菲如是说。

对于生活在现代社会的我们来说,这种说法还是立刻能够被领会的。上文中干洗店的例子是其中之一,更具代表性的是便利店。便利店里一般都是做好的熟食,而且那里还可以给顾客加热。别说是在工厂做熟食的工人的劳动,就是便利店中给我们按一下按钮加热食品的劳动,由于需要支付工资,便不是家务。这样一来,至今一直被认为是家务的工作,慢慢地就都不是家务了。到最后,吃饭可能就是最后的家务了,以至于单从工作内容上看,就不能区分家务和非家务。也就是说,家务是得不到报酬的劳动,除此以外别无定义。换一个说法,家务是未被市场化的劳动。

如果要问为什么如此复杂地用这么多的话语来说明家务,那是为了想让大家明白要回答"何谓家务"这个问题,必须先理解市场这个概念才行。所谓市场,就是买卖商品的制度。既有市场发达的社会,也有市场不发达的社会。与市场化相反的一极是自给自足等经济形式。说到家务,虽然这是非常重要的、需要被定义的概念,但你也许认为难道家务不是非常古老的一种劳动吗?

---

① Delphy, Christine, Close to Home : A Materialist Analysis of Woman's Oppression, trans. by Diana Leonard, The University of Massachusetts Press, Amherst, 1984, p.16.

· 57 ·

你甚至认为自人类诞生以来，一直是这样的，我们周边的一些家务也应该一直存在。所以，与公司所做的各种工作相比，我们会认为家务是具有历史性的古老的工作。但这是错误的，家务是一份崭新的工作。之所以这样说，是因为如果市场不发达到可清晰区分可以出售的工作和无法出售的工作的程度，就无法指出"这就是家务"。

德国的情况

　　如前所述，市场确立的同时家务也诞生了。但无论市场的确立还是家务的诞生，都不是在历史的某一时点、某一时间段突然发生的。有一本详细地介绍这一段家务诞生的好书——《生活在近代的女性们》①。这是一本关于19世纪德国家庭的书，作者通过仔细阅读当时的日记、账本资料来再现当时的情形。此书不仅将研究对象划分为19世纪前半期的人和后半期的人，还区分了各个时期的中产阶级和劳动阶级并分别进行研究。
　　此书追溯到18世纪后半叶，其中著名大文豪歌德家的收支状况被作为中产阶级的例子。歌德的母亲是个非常注重记录的人，她非常用心地记录家里的生活账本。翻阅这些记录，会发现从醋、油、红茶、咖啡到香料之类的花销都被列在账本上，而且可以看出酒、水果、卷心菜、瓶装豆等都是自家制作的，还可以看到某

---

① 川越修・姫岡とし子・原田一美・若原憲和編著『近代を生きる女たち』未来社，1990年。

第 2 章　家务和主妇的诞生

些东西她买半成品，然后再在家里加工或者送到外面加工为成品。给做参赞的歌德的父亲制作衣服，所需要的工序是：先在自家织布，然后把布料送到裁缝铺剪裁，再到成衣铺或自己的佣人那里把它缝制好（也有裁缝到各个家里去做成衣）。在乡下，直到现在还有香肠手艺人到各家各户制作香肠。他们先宰杀顾客家饲养的猪，将肉搅成肉馅制成香肠。这些可以让我们清楚地了解到歌德家的生活状况：依靠市场购买的商品、调度劳动和自家制作这些复杂的环节来完成的。

　　从上面的例子可以得出这样的结论，即使作为市场社会对立面出现的家务诞生了，其过程也没那么简单，哪些物品被市场化了，哪些物品能买到，家务的范围会随之发生变化。到了19世纪后半叶，随着市场化程度的加深，同样是中产阶级，此时能购买到的物品又增加了很多。

　　那么，在劳动阶级中是什么情况呢？资料显示19世纪前半叶，在绝大多数的劳动者当中还没有出现所谓的"家庭"。中产阶级展示了家庭、家务应有的形式，想以此来启蒙劳动阶级。尽管这个启蒙并未被劳动阶级轻易地接受，但渐渐地劳动阶级的女性开始认为中产阶级的生活方式是"不错的生活方式"。至此，劳动阶级的女性——洗衣女也好，佣人也好，习以为常地从事各种工种的劳动。但从19世纪后半叶到20世纪初，她们也都尽量留在家中。虽然女性开始向往中产阶级"不错的生活方式"，但仅仅依靠丈夫的收入还不够维持生活，女性结婚后仍需要从事一定的工作，但她们骨子里开始认为主妇是自己主要的角色，她们的生活尽量以家庭为中心了，她们自然也就从劳动生产活动中逐渐退了出来。女性从劳动退回家庭的这个过程，在德国的研究中已经被

· 59 ·

确认了①。

家庭料理的诞生

但是，家务是作为市场的残余物这种说法并不确切。随着"家庭应有的形式"的广泛流行，人们对家庭生活的期待水平也水涨船高，家务作为满足这一期待的具体形式被创造出来了。

在19世纪的英国，比通夫人的《家政教科书》(Beeton's Book of Household Management)成为畅销书。该书的中心内容是介绍烹饪方法，实际上四分之三的内容都是食谱。

在同一时期也有许多有名的厨师编写的烹饪书，比通夫人巧妙地借用了这些书中的食谱。仅仅是烹饪业余爱好者的比通夫人，其成功的秘诀是：她选择的全是适合中产阶级家庭饮食的烹饪方法，尤其是她在书中记录的料理方法具有适合家庭的可行性。书中不仅记录了原料的量、烹饪的时间，而且列出了各种食谱所需的费用。这本书甚至被认为创造了英国的家庭烹饪。

若要这样一讲，定会有人反问：这之前的人不做饭吗？当然不是这样的。只是平民所做的简单的家常便饭还不能说是烹饪。可以这样回答："平民百姓有饮食生活，但那些还称不上是烹饪。"比如，家里会有少许熏制的用于储藏的肉和奶酪，餐桌上放着面包，家里每个人都可以拿餐刀一边削下肉和奶酪一边配着面包来吃，这就是一日三餐。这种饮食究竟哪一部分可以被称为烹饪呢？

---

① 姫岡とし子『近代ドイツの母性主義フェミニズム』勁草書房、1993年。

第 2 章　家务和主妇的诞生

这是一种不需要在饭前做任何烹制的饮食方法。

现在人们做饭,一日三次,分散在饭前。但在以前,制作可以储存的食物占用了加工食物的大部分时间。在这个季节腌制咸菜,在那个季节制作香肠等,它们是分散于一年中的惯例活动。

像今天这样,一日三餐,都有新鲜的肉和蔬菜,却要考虑:"呵,今天做什么呢?"包括运输条件的改善在内的市场社会的发展和保鲜技术的发展,才使这种今天大家习以为常的烹饪方式成为可能。我们今天认为理所当然的烹饪,如果没有发展起来的现代社会作为基础,是绝对不可能实现的。

"有名字的料理",即比通夫人推荐大家做的家庭料理的源头,实际上在西餐馆的菜单中①。现在,人们大多认为家庭料理与西餐厅的料理是相对立的,家庭料理自古就有,而西餐厅的料理是新的。但实际上这种观点是错误的。贵族的厨师因为贵族没落而流落街头,此时,他们想到了以中产阶级为顾客开餐厅。据说,来吃饭的小资产阶级感叹道:"原来料理是这个样子。"之后西餐厅的烹调方法经简化进入寻常百姓家,家庭料理便出现了。

以上只探讨了做饭这一个方面,其他的包括我们认为理所当然的家务,也是在进入近代以后才逐渐成为今天的模样。在 20 世纪初的法国农村地区,洗衣服是一年两次重要的活动②。季节到了,各家妇女把积攒了半年的脏床单和内衣裤花上几天的时间一起洗,有的家庭还雇用洗衣女来帮忙。洗衣和扫除次数的增多以及标准

---

① 角山荣「家庭と消費生活」角山荣·川北稔编『路地裏の大英帝国』平凡社、1982 年。尽管比通夫人的书籍被各种各样的编辑进行了各种各样的改订,还不断增加了许多内容,但直至今日这本书依然在销售。

② 参见 Verdier, Yvonne, Façons de dire, Façons de fare, Gallimard, Paris, 1979(大野朗子訳『女のフィジオロジー』新評論、1985 年)第三章。

的提高，受到了讲究卫生这一思想的影响。

大正时期的夫人

前面所讲述的是欧洲的情况，那么在日本，家务的出现和主妇的诞生是在什么时候呢？主妇的大众化使主妇成为女性中的多数派，是第二次世界大战结束后经济高速增长时期的事情，这在前一章已经讲过了。但如同我们看到的德国的例子那样，阶层差异是探讨主妇化不容忽视的因素。若只限于中产阶级的话，可以说日本主妇形成于大正时期。也就是说，第一次世界大战后日本主妇就已经（在中产阶级中）诞生了。

在前面涉及主妇论战的问题时，介绍了梅棹忠夫所写的《妻子无用论》，其中就有关于大正时期夫人印象的描述。梅棹首先想到的是自己的母亲从未被称过"夫人"（OKUSAN）。据说，梅棹出生在京都的商人家庭。在大阪，从商人家的东家的妻子，被称作"OEHAN"，或者"GORYONSAN"，而不被称为"夫人"。在京都也没有特别的称呼，据说只是叫名字。那么，"夫人"究竟是什么样的称谓呢？梅棹在他的书中这样写道："是那些租住在机关宿舍或简陋房屋里的，一出去买东西就跟商人以蛮横的态度讲价的人。每天无所事事，和同自己一样的人喋喋不休说个不停的人。实际上，警察、教师、公司职员等，这一类处于下层社会的工薪职员的妻子们相互之间喜欢用'夫人'来彼此称呼。"

第2章　家务和主妇的诞生

所谓"夫人"，就是拿月薪的职员的妻子。常说，战后由于日本社会逐渐变成工薪制度社会，女性也就变成了主妇。但更确切地说，日本女性成为主妇的开端是在大正时期。由于第一次世界大战后经济的繁荣和产业的迅速发展，大规模的组织中出现了大量的担任管理劳动的有薪职工，用现在的话说就是白领。像梅棹这样出身商人家庭的被称为"旧中产阶级"，而与之相对的是公司职员、教师、小官员之类，他们被称为"新中产阶级"。这些"新中产阶级"一般在新开发的郊区有宽敞明亮的住宅，他们乘坐从那里刚刚铺设的电车去公司，他们中间形成了一种新的生活样式。像这样由于工作场所与家相分离，换言之，公与私相分离，丈夫外出工作，妻子才成为留在家中的"夫人"。

这些新中产阶级的"夫人"，与当今的主妇处于同样的生活状态吗？代表大正时期中产阶级的住宅中，有一种被称为"内廊型住宅"（屋中有走廊的住宅）（见图2-1）。内廊使各个房间得以独立，人们从门口直走可以到书房兼会客室等地方，也就是说，住宅内部的对外公共空间与家庭日常生活用的客厅、起居室是完全分开的，这是此类住宅的特点[①]。

那么，用我们现在的眼光去看这个房间布局的话，难道没有发现与现在的不同之处吗？对我们来说，现在住宅中有书房和会客室已经变得有些奢侈，而最为不同之处在于无论如何我们的住宅中是不会有"佣人休息室"的。当时中产阶级家庭常常会雇用被叫作"女中"的做家务的佣人。19世纪欧洲的中产阶级也是这样。与现在的家务相比，那时家务的范围要宽泛得多。

[①] 西川祐子「住まいの変遷と『家庭』の成立」女性史総合研究会編『日本女性生活史』第四巻〈近代〉、東京大学出版会、1990年、37-41頁。

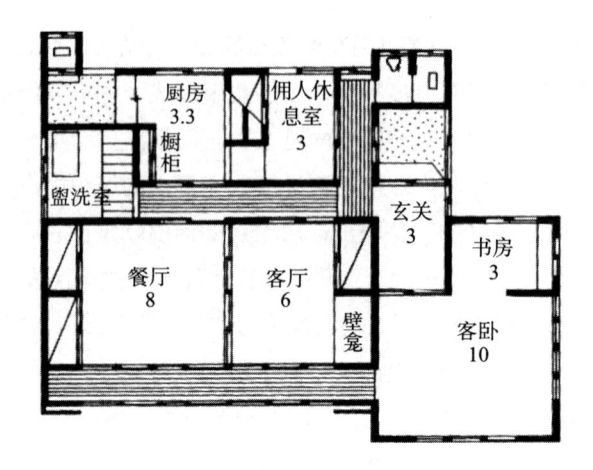

图 2-1　内廊型住宅的房屋平面

注：该住宅获得由《住宅》杂志举办的住宅比赛设计一等奖（1917 年），剑持初次郎设计，30.5 坪（相当于 101 平方米）。

资料出处：西川祐子「住まいの変遷と『家庭』の成立」女性史総合研究会編『日本女性生活史』第四卷〈近代〉、東京大学出版会、1990 年、37-41 頁。

衣服、被褥要在家里缝制，甚至也要做拆洗衣服。此外，还必须准备烧洗澡水和烧火盆用的燃料，咸菜、晒干菜等食物的储存也是必要的工作。而且由于卫生观念进步了，人们更加追求舒适，所以就出现了要求的标准越来越高的倾向。当时家务的量和标准使主妇一人无法承担，因此请佣人就是必不可少的了。

能让妻子在家专门从事家务，除出租房屋有收入的情况外，丈夫一人的收入能负担一家人的生活费用便成为必须条件。在各个阶层中，是何时满足了这个条件的呢？

依据生活调查的研究，在明治时期，只有官员和上层商人能够满足这个条件。大正中期，公司职员和工场劳动者收入不断提高，到了昭和初期，普通的官员、教师、公司职员、工场劳动者也都能满足这个条件①。尽管在贫民阶层中仍有夫妻共同工作的，但与欧洲相比的话，至少到工场劳动者的妻子范围为止，（大正时期）日本的阶层差距不大。而这一点是我们理解日本不同于欧洲国家的关键，所以需要格外留意。

不成为主妇，就难以被称为女人

取代大正时期的"内廊型住宅"，成为战后家庭的典型的容身之地的是公寓住宅区，即由公团（日本为推动国家性质的事业发展，由政府全额出资设立的特殊法人）在大城市郊区建造的集体型住宅。随着经济的发展，从地方流入城市的年轻人，特别是高学历的白领阶层落户到这里了。从 1960 年日本《国民生活白皮书》中可以看出，这些年轻人喜欢消费肉、牛奶、鸡蛋、水果和面包，还大量购买家用电器②。进入 60 年代，"女佣"这个战后的叫法已经改为"家政服务人员"，但这类人可以说几乎完全消失了。战后的日本主妇，围着围裙，亲自动手，满头大汗地扫除、洗衣、购物、做饭，自己一个人承担全部家务。日本主妇们的辛苦因大正时期的中产阶级使用佣人而使得家务水平得到提高后，便再也降不下来，因此各式各样的家用电器成为佣人的替代品。

---

① 千本曉子「日本における性別役割分業の形成——家計調査をとおして」荻野美穂・落合恵美子ほかと共著『制度としての〈女〉』平凡社、1990 年、187-228 頁。
② 経済企画庁『国民生活白書』(昭和 35 年版)、1960 年。

因此，战前的"OKUSAN"（夫人）与战后主妇的不同点之一是不再使用佣人。我想两者之间还有一个更大的不同，那就是主妇在日本女性中所占比例的问题。但虽然是数量问题，却又不能简单地停留在数量上来解释。主妇是不是多数派，这取决于日本女性做主妇这一规范的强度。战前除"OKUSAN"以外还存在很多女性形象，如"农家的媳妇"、商人家的"GORYONSAN"（掌柜夫人）等，存在着承担各种社会角色的女性。"OKUSAN"只是这其中之一。从"GORYONSAN"的立场来看，"OKUSAN"是整日不务正业只会闲聊天的人，甚至被当成辛辣讽刺和批判的对象。

而战后的主妇，成为日本女性中的绝大多数。白天无须做什么，只要专心做家务、养育孩子就可以，因为（女性就应该是主妇）这样的价值观占据优势，以至于商人家、农家的女性渐渐觉得自己脸上无光。二战后这样一个时代，理所当然地强调"不成为主妇，就不是女性"，那是一个"女性应该成为主妇"这一性别规范强劲的时代。但"主妇"绝不是女性不管何时何地都能够过得上的理所当然的生活方式。

第 3 章
两个孩子的革命

用金属棒杀人的一代

1980 年 11 月，日本发生了一起"金属棒杀人事件"，该事件成为各媒体热议的话题。住在川崎市二浪中的预科生用金属棒击打熟睡中双亲的头颅，致双亲死亡。我无法忘记这个事件，是因为我不认为那是与己无关的。换个说法，由于觉得自己和他是同代人，因而感到不安。

他和我只相差两岁，后来影像周刊上登出了他的家，和很多住宅广告上的家很像，是那种中产阶级家庭常见的住宅。他的双亲对他的期望很高，特别是父亲对他的教育非常上心，据说这是他犯罪行为的诱因。常见的中产阶级家庭中备受父母宠爱、被父母寄予了很高期望的孩子却杀害了父母。这样解释，或许容易让人认为这是个不明原因的事件。但我非常理解，我的朋友们也说非常能理解，甚至有的朋友还说："现在，会没有对父母产生过一次杀意就长大了的孩子吗？"

在前两章我们探讨了与主妇相关的话题，并从女性的视角重新认识日本战后的家庭，这与我是生活在战后家庭中的女性，当然不是毫无关系的。此外，我还曾作为孩子生活在战后家庭中。战后家庭中的孩子们常常被认为是备受宠爱的，又有丰富的物质生活，可以说是什么都能得到的幸运儿。但与此同时，他们也想逃却无处可逃，始终有被裹在棉花里透不过气的感觉，这也是真实的感受。因此，我将从女性和孩子的角度重新审视日本战后家庭。而且，现在我还有了作为家长这个新的视角。

两次出生率的下降

基于上述理由，本章将讨论的主题转移到"孩子"上，谈谈日本"两个孩子的革命"。最近，日本出现了出生率下降的问题。日本女性总和生育率（TFR），在1990年更新了丙午年（1966年）的1.58这个日本历史上最低的数字而创下1.57的纪录，还因此产生了"1.57休克"这一流行语。之后，日本的总和生育率不断下降，1995年下降到1.42，2001年下降到1.33。总和生育率（一个合成指标）是指某年处于生育年龄段女性的平均生育子女数。按照现在发达国家的死亡水平，一位女性一生能生育两个孩子的话，整个社会就可以保持人口数量不变。更加准确地说，每一位女性不生出2.08个孩子是不行的，因为从孩子在成长为成人的某个阶段难免会有死亡的可能性。因此，2.08被称作"人口置换水平"。但现在日本的总和生育率远远低于这一水平，这样一来，日本人口就会减少，所以政府和媒体都慌了神。

因此，现在出生率也成为被重视的对象，那么二战后日本的出生率发生了怎样的变化呢？

请看图3-1，实线是普通出生率，表示每一千人口中的婴儿出生数量的变化，而用圆圈连接的那条线表示的是过去的总和生育率的变化。接下来我们一起看一下这个图吧，虽然我们用下降来概括日本出生率的特征，但仅仅将时间限定在二战后，就会看到日本出生率在战后有过两次明显的下降。即使在二战前，如从大正时期（1912~1926年）开始也有过缓慢下降的倾向，但实质性的人口下降是在二战后才开始的。为了去除掉人口年龄结构变化所带来的影响，我还采用了刚才提到的总和生育率来进行观察，但即使如此，日本二战后的人口特征基本上没有什么改变。

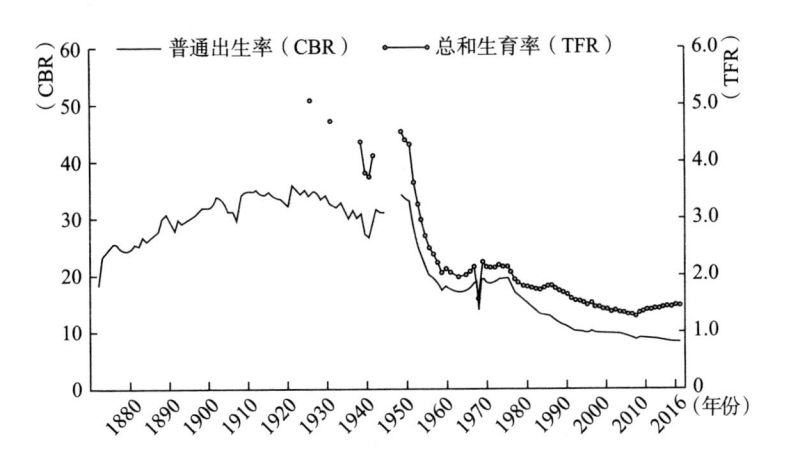

图3-1 出生率的长期变化：普通出生率和总和生育率

资料：1873~1890年的数据参照内閣統計局『日本帝国統計年鑑』；1990年以后的数据参照厚生省・厚生労働省「人口動態統計」。

如果仔细看图 3-1 的话，可以看到一些复杂的变化。尽管日本政府曾经倡导"生孩子吧，多生孩子吧"，但战争期间的出生率被抑制了。然而，战争结束后，男人从战场回来后，就好像有人在说"啊！和平了，我们可以要孩子了"一样立刻掀起了婴儿潮，而这是战争导致的一般法则。图 3-1 所显示的 1947~1949 年的凸起就是这样产生的。这一时期诞生的人群被称作"团块世代"，或者按照世界通称，称他们为"婴儿潮一代"。

日本婴儿潮持续到 1949 年（在英国和美国持续到 20 世纪 50~60 年代），但这之后不久，日本的出生率就像坐"过山车"一样不断下滑，仅用了 8 年时间就以惊人的速度跌到了谷底。这次出生率的下滑被称作"第一次下降"。值得注意的是，在这之后，出生率又保持稳定的状态。除了丙午年（1966 年）的缺口以外，之后出生率的变化几乎是平稳的。而从 70 年代中期开始，日本的出生率又开始下降，这被称为"第二次下降"。现在成为问题而被广泛关注的是第二次人口出生率的下降。从图 3-1 我们可以清晰地看到二战后日本出生率的下降过程，即包括第一次下降、稳定期、第二次下降这三个阶段。

第一章说到主妇的时候，曾提到日本"战后"迎来的并不是只朝一个方向变化的时代。二战后，日本社会有一些转折点。看了图 3-1 中的出生率后，这个转折点便一目了然。所谓日本"战后"这个时代，实际上在 1950 年代的前半期就已经迅速地形成了。这之后出生率一直保持平稳并进入了稳定期，所以（1945 年至 1950 年代中期）这一段时间才是真正的日本战后的时代。女性是主妇，孩子的数量是两个或三个。我们在脑海中浮现的是"啊，这才是家庭"，现在我们习以为常的家庭形式就是这个时期的家庭形式。

现在，我们将从1945年到现在的这段时间划分为三个阶段来思考，首先考虑一下到形成"战后"这个时代为止的准备阶段。还有可以称为"战后"时代的稳定期的阶段。这个稳定期大致在1955~1975年，持续了约20年。此后日本便迎来了稳定的"战后"体制逐渐解体、变化的时代。这个变化并不局限于出生率的变化，它还广泛地体现在家庭、男性和女性与孩子们的关系上，这些变化构成了日本战后的三个阶段。以上是我想明确提出的观点。

两个孩子的革命

那么，叫作"战后"的这个时代究竟是指什么呢？"战后"究竟是怎样被创造出来的呢？为了探究这个秘密，像在前一章中我以日本女性为中心探讨主妇的诞生那样，本节主要关注孩子，探讨出生率的第一次下降究竟具有怎样的含义。提到日本人口出生率的下降速度，会发现与前现代化的国家相比，日本以惊人的速度超越了它们。日本人口出生率下降的速度在世界史上也堪称世界速度，而日本在这个时期到底发生了什么呢？

表3-1表示的是出生于不同出生队列的已婚女性生育婴儿的数量。"出生队列"这个词大家听起来比较陌生，就是"代"的意思。"代"这个词有很多用法，可以用于亲代、子代来表示亲子关

系，也可以用经历战争的一代、战后的一代、安保的一代①、颓废的一代等，还有把它用于表示在特定时代拥有共同体验的一代人。我并不想用出生队列来表示上述的意思，我更想用它来具体表示这些人是在哪年出生的。除了出生队列，也有结婚队列这样的说法。在此，我们按照女性的出生队列来看看婴儿数量的分布状况。

表 3-1　不同出生队列的已婚女性生育婴儿的数量

女性出生年	出生婴儿数占比（%）					平均出生婴儿数（个）
	0 个	1 个	2 个	3 个	4 个以上	
1890~1895 年	11.3	8.3	7.8	8.9	63.8	4.8
1895~1900 年	9.9	8.7	8.0	9.3	64.0	4.8
1900~1905 年	9.0	8.6	8.4	9.7	64.3	4.8
1910~1915 年	7.6	9.8	11.2	14.8	56.6	3.93
1920~1925 年	7.9	11.3	24.1	28.2	28.5	2.77
1927~1932 年	3.5	11.0	47.0	28.9	9.7	2.33
1932~1937 年	3.6	10.8	54.0	25.7	5.7	2.21
1937~1942 年	3.1	10.1	55.3	25.8	5.7	2.22
1942~1947 年	3.8	9.0	57.9	24.2	5.1	2.18
1947~1952 年	3.3	12.4	56.4	24.4	3.5	2.13
1952~1957 年	4.2	9.3	53.7	28.9	4.0	2.20
1955~1960 年	5.7	11.1	50.3	29.0	3.8	2.15
1960~1965 年	7.5	13.8	52.0	23.6	3.1	2.01
1965~1970 年	9.9	18.1	51.3	18.2	2.5	1.86

资料来源：国立社会保障・人口問題研究所「人口統計資料集」2018 年。

---

① 指经历了反安保条约运动的一代。1959 年日美双方针对 1951 年签订的《日美安全保障条约》（简称《安保条约》），协商修改，以加强日美军事同盟关系。这不仅激起了关于日美关系的激烈辩论，还引发了大规模的学生和工会示威运动。条约于 1960 年 6 月 19 日自动通过后，当时的日本首相岸信介辞职。——译者注

第3章 两个孩子的革命

首先在明治时期的出生队列中，生4个以上孩子的女性是多数。但从大正10~14年（1921~1925年）出生的女性开始，日本生育的趋势便有所变化，到了昭和2~7年（1927~1932年）只生2~3个孩子的女性变成了绝大多数。而在昭和元年到昭和10年（1925~1935年）出生的女性中形成的这一生育模式，在此之后，几乎没有变化地一直延续到我们这一代。在1925~1935年出生的女性，正好是在二战结束后不久结婚，是在生育率像乘"过山车"般迅速下滑时开始生养孩子的一代人。在日本，人们常说是"战后结婚一代"改变了日本家庭，但创造了直到我们这一代人（1960年代）都被包括在内的"战后"这一时代的，的确是出生于1925~1935年的这一代人。他们表面上不像安保一代、"全共斗"一代那样辉煌，但他们或许是日本战后最"革命的"一代人。

基于上述分析，我把"出生率的第一次下降"换个叫法，称作"两个孩子的革命"。但把它只理解成"少子化"还是不对的。接下来让我们看表3-1中左边"0"个孩子的那一列。说到"少子化"，大家会认为不生育孩子的女性也在增加。但事实不是这样的。虽然明治时期（1868~1912年）结婚但不生育孩子的女性占一成以上，但出生于1925~1935年的日本女性不生育孩子的比例降到3%。所以日本出生率"第一次下降"时到底发生了什么，如果将生育率进行平均的话，那时出现了"少子化"，但是仅仅这一点并不全面，加上"划一化"这条就更准确了。

前一章在谈及主妇化时，说到女性都成了主妇，可以说在日本形成了女性成为主妇是理所当然的观念。这也是"划一化"的一个表现。同时这个观念甚至还附带了女性成为主妇是个好归宿的价值观。对于生育几个孩子，出现了"划一化"的现象。生两三个孩子是理所当然的，同时认为这样的社会规范挺不错，因此这一社会规范普遍被大家接受。这样看来，难道你不认为日本战后家庭是非常"划一化"的家庭吗？这样的家庭还成为模板，强迫人接受"家庭不这样是不行的"。

人工流产多于避孕

在生育率像乘"过山车"般迅速下滑的时期，大家采用什么方法减少孩子的数量呢？现在主要的方法是避孕。现在和欧美国家相比，日本依然更多的在使用人工流产，但即使是这样，日本使用人工流产的比例已经下降了很多。然而在战后不久的日本，流产曾成为减少孩子数量的最主要方法，而很少人采用避孕这一方法。

图3-2表示的是战后日本人工流产的变化情况。图中数据仅仅是在报告中有记载的数据，实际上加上暗地里流产的数字的话，在出现"出生率的第一次下降"的1950年代，据说出生的和被流产的孩子数量大体上是相同的。表3-2是理论推导出来的每100个在既无人工流产也无避孕的情况下怀孕的最终结果，可以看出从1960年代后半期开始，控制婴儿数量的方法主要是避孕了（见表3-2）[1]。

---

[1] Muramatsu, Minoru, "Abortion in Modern Japan," presented to the IUSSP-IRCJS Workshop on "Abortion, Infanticide and Neglect in Asian History," held at the International Research Center for Japanese Studies, Kyoto in 1994.

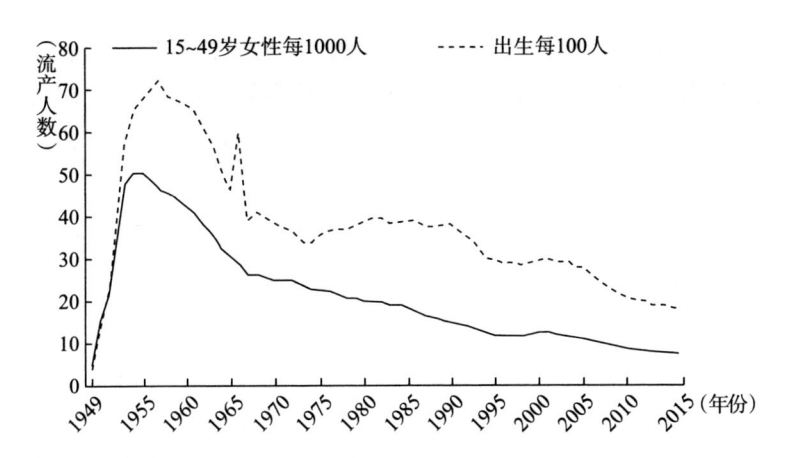

图 3-2　人工流产率的变化

注：只包括有记载的人工流产。1966 年出生人口锐减是由于此年为丙午年（民间认为这一年生孩子不吉利），因此出生人口数量减少。

资料出处：厚生労働省政策統括官（統計・情報政策担当）『衛生行政報告例』，根据上述资料，图中的出生比是依据「人口動態統計」中的出生数量计算而来。

资料来源：国立社会保障・人口問題研究所「人口統計資料集」2018 年。

表 3-2　理论上 100 个怀孕女性中各种情况的比例（1955~1970 年）

单位：%

	出生	人工流产	避孕
1955 年	44.9	37.4	17.7
1960 年	38.8	31.4	29.8
1965 年	38.2	19.8	42.0
1970 年	38.3	16.9	44.3

资料来源：松村稔「近代日本における人口妊娠中絶」IUSSP・IRCJS ワークショップ「アジア史における中絶・嬰児殺・遺棄」（1994 年、京都）。

我们曾采访四国孤岛上的一位老奶奶，询问她在战后的生育经历①。她总共打了六次胎，而那些胎儿是她与丈夫之间的孩子。而且那时已经有避孕套了，由于政府鼓励使用避孕套，所以购买避孕套很容易。之所以如此，是因为那时候日本政府战败了，人口不减少是不行的。但这位老奶奶说使用那种东西，太难为情了，觉得跟丈夫说"戴避孕套吧"太让人害羞了，丈夫也不愿意用。总之，戴着避孕套发生性行为实在太难为情了，与其那样，流产会更好一些。

性行为的方式看上去似乎自古就没有什么变化，但实际上是在变化的。突然要换一种性行为方式时，人们最初会相当地抵触。因此，在流产六次后那位被采访的四国的老奶奶终于说出："孩子他爸听说流产对身体不好，就开始用避孕套了。"日本生育率像乘"过山车"般迅速下滑是由于日本女性经历了身体和心灵的严重打击，是在一半的胎儿被打掉后才实现的。但那时的日本政府是积极地降低出生率的，现在却说出生率下降得过低了，于是提出"尊重生命"，这不禁让人想起了那时完全相反的宣传。

作为永久财富的孩子

即便这样，孩子的数量减少了，或者生育孩子的数量"划一化"了，原因何在呢？为什么日本一进入现代化，孩子就减少了？前一章提出了这样一个问题："为何现代化后日本女性就主妇

---

① 感谢吉村典子应允我与她同行参与了这次调查。据吉村讲，接受10次以上人工流产的女性也并不少见。吉村典子『子どもを産む』岩波書店、1992年、142頁。

第3章 两个孩子的革命

化了",并揭示了这一问题的答案——日本产业结构变化了。实际上,孩子也是如此。从农村社会过渡到工薪社会,孩子的价值就改变了。

稍微用一点经济学的说法,在农业社会,孩子是"生产物资",到了工薪社会,孩子成了"消费物资"。简单地讲,所谓"生产物资"是为了创造什么而使用的,而"消费物资"是不断地需要使用物资的。工场的机械是"生产物资",而我们吃的、穿的是"消费物资"。在农业社会,孩子就是在其被养大后帮助家里做农活的"生产物资"。

但现在的孩子长大后,自己赚的钱也几乎都不回馈父母了。(父母思量着)上了年纪后可能得到照顾吧,但这也几乎没什么可以指望的。现在的孩子将来不会(为父母)创造价值财富,也就是说孩子是"消费物资"。

那么说到怎么使用(这个"消费物资")时,只能是愉快地使用。孩子是可爱的,可以经常给你带来愉快。孩子的可爱能保持多少年,有的说是三年,也有的说是十年……现在,孩子对父母而言是能够使用几年的"永久的消费物资",和冰箱、彩电、洗衣机一样。

但是,这样也会让人产生疑问。比如有了电视、汽车,人们也可以获得快乐,这因人而异。有果断地买车的人,也有专注于买AV设备的人,甚至有"比起生孩子,更愿意不断地更换高级外国轿车"的人,现在的人做这样的选择也不足为怪。还有人认为:"每年我都想去海外旅行,没有余钱可以花在孩子身上。养了孩子,自己就被束缚起来了。"但尽管如此,大家竟都持续地生育差不多数量的孩子。这到底是为什么呢?仅仅从孩子成为

"消费物资"这一点上看，不是很难说清楚吗？

孩子从"生产物资"向"消费物资"变化，这大致是正确的。据说经济学者也将孩子看作耐久消费物资，把孩子代入应该买多少冰箱和车的公式里，便大体能够计算出夫妇到底生几个孩子才合适。但即使这样，家庭的孩子不能比两个更少了，特别是在日本[①]。即使教育费用和住宅费用的高涨成为孩子数量减少的最直接原因，在日本，夫妇结婚后生育孩子的数量也不能少于两个。也就是说，在生育子女的数量上依然存在社会规范，诸如生了两三个孩子的家庭才叫家庭，有了两三个孩子的人生才是人生，等等。只用经济理由来解释"少子化"是不够的，我们不得不考虑其他在"划一化"的社会背景下更强有力的原因。

儿童的诞生

家庭中孩子的数量变成了两三个，这对孩子和父母来说究竟意味着什么呢？是因为孩子不重要，所以数量减少了吗？并非如此。相反，正是因为父母要充分地爱孩子，才限制了孩子的数量。

因为人们对孩子的感情无法准确衡量，所以从历史资料中考证这一情感的变化，实在是难上加难的工作。但历史学中也有用自己独特的方法来研究这类问题并自成一派的人。这个人就是菲

[①] Becker, Gary S., "An Economic Analysis of Fertility," National Bureau Committee for Economic Research, *Demographic and Economic Change in Developed Countries*, Princeton University Press, 1960. Becker, Gary S., *A Treatise on the Family*, Harvard University Press, Cambridge,1981.

第3章 两个孩子的革命

利浦·阿里耶斯,法国社会史学家,他于1960年撰写的《法国大革命以前的儿童和家庭生活》(日文为『〈子供〉の誕生』)一书对教育学和家族史所产生的影响甚大[①]。为弄清楚某个时代的世界观和情感生活而采用的研究方法,人们称为心性史或心性历史。一听到《儿童的诞生》,或许你会认为它讲述的是分娩的事吧,其实并非如此。那时即使人们口中叫着孩子,也是需要加上引号的"孩子",也就是所谓的儿童。从历史上看,以前没有"儿童","儿童"是在某个时期诞生的。

这样解释的话,或许有人会想:儿童个头很小却和大人一样,这不是有些奇怪吗?孩子是生物学意义上的,所以不可能发生历史的变化。但请试着反思一下我们的现代社会,即使一个人的身高不再增长,或者比父母都高了,甚至有了自己的小孩,但无论本人的自我感觉,还是周围人对他的看法,被当作小孩的年轻人并不少见。到多大为止是"儿童",这个划分并不由生物学来决定,而是由每个社会约定俗成的规范来决定的。

为什么中世纪的人认为儿童只不过是小大人?在当时,除了不能自己大小便的婴幼儿外,只要能够自己吃饭、穿衣、上厕所的儿童就和大人一起工作,一起玩了。而模仿大人工作也是儿童的一种游戏。

阿里耶斯说可爱的儿童形象频繁地出现在油画上是始于17~18世纪。而那时发生了什么呢?中产阶级的儿童开始去学

[①] Ariès,Philippe,*L'enfant et la vie familiale sous l'ancien regime*,Seuil,Paris,1960(杉山光信・杉山恵美子訳『〈子供〉の誕生』みすず書房、1980年)。后来阿里耶斯的研究方法,引来了各种各样的批评,虽然我们不能囫囵吞枣地接受他的研究结果,但他开拓了"儿童心性史"这一研究领域,他指出近现代才出现了儿童观的功绩也是无法否定的。

校了。"儿童期"的孩子已经不再是幼儿，但也不工作，也就是到开始工作为止的准备阶段。但即使是同样的儿童，男孩和女孩哪个先诞生的？答案是男孩。男孩先上学，先穿上和大人有区别的童装，阿里耶斯把它称为儿童期的男孩①。

所谓"儿童"，就是和大人存在着区别的生命。儿童是纯洁的、毫无污垢的。因此大人对待儿童需要两种态度：一个是爱护，一个是教育。孩子是必须得到大人的爱护和教育的观念就是在那时出现的。而要疼爱和教育孩子，就需要花费金钱和精力。正是因为孩子成为需要受呵护的对象，孩子的教育成本增大了，每个家庭中孩子的数量才不得不在两三个之间。

母亲的诞生

随着孩子的出生，父母也不得不改变很多，随之还出现了将阿里耶斯作为样本来阐述"母亲的诞生"的人。其中的代表是马旦堤鲁，他在《名为母性爱的神话》一书②中揭示了在18世纪的巴黎，一年中喝母乳长大的婴儿只不过1000人的事实，还有1000个婴儿是由住在家里的奶妈喂养的，其余剩下的19000个婴儿离开父母，被寄养到巴黎近郊的农村。由于婴儿在颈部还撑不住脑袋时就被送去寄养了，再加上即使是养父母也不能很周到

---

① Ariès,Philippe, L'enfant et la vie familiale sous l'ancien regime,Seuil,Paris,1960（杉山光信・杉山恵美子訳『〈子供〉の誕生』みすず書房、1980年、53–54頁）。
② Badinter, Elisabeth, L'amour en plus, Flammarion, Paris, 1980（鈴木晶訳『母性愛という神話』筑摩書房、1991年）。

地照顾婴儿，所以很多婴儿就夭折了。我们现代人会觉得把孩子寄养出去的父母该多么悲伤和愤恨，但事实却并非如此。一听到送去寄养的孩子已死亡的消息，父母马上就放弃了，连原因也不想调查。在史料中也可查找到说着"这样孩子就变成天使去天国了"的父母。

但针对马旦堤鲁的"前近代的母亲是没有母爱的"这一学说，出现了很多的驳论。比如博络克在《被遗忘的孩子们》一书中尝试从日记和书信中把记载着父母对孩子疼爱的言辞提炼出来驳斥马旦堤鲁[1]。

但我认为更加意味深长的是著有《母和子的民俗史》的福郎克丝·路卡丝的驳论[2]。路卡丝举出了被叫作 swording 的襁褓的例子。婴儿的身体被用像绷带那样的细布条层层地捆住，即使被粪便和尿弄脏了也不换洗，这是非常不干净的，这是剥夺孩子的自由。倡导新的育儿方法的让·雅克·卢梭等把这些作为理由，使路卡丝成为倡导新育儿法人的眼中钉。但路卡丝在调查直到 20 世纪初期为止一直用此方法包裹婴儿的老婆婆时发现，她们之所以这样捆绑婴儿是源于给婴儿的身体"塑形"——如果不矫正婴儿的身体，他（她）就不可能有个好身材的观念。而当时的育儿法之所以看上去非常残酷，是因为它背后隐藏的身体观与生命观和现在的我们所熟悉的是完全不同的，但即便如此，当时的父母也还是用某种方法在关心孩子。

---

[1] Pollock, Linda, *Forgotten Children*, Cambridge University Press, Cambridge, 1983（中地克子訳『忘れられた子どもたち』勁草書房、1988 年）。

[2] Loux, Francoise, *Le jeune enfant et son corps dans la médicine traditionnelle*, Flammarion, Paris, 1978（福井憲彦訳『〈母と子〉の民俗史』新評論、1983 年）。

将近代的母亲和近代以前的母亲进行对比时，我认为除对照两个时代之间是否存在母爱，还有其他更加可以强调的存在于两者之间的显著差异。

"对女性来说最重要的任务就是当一个母亲，母爱是任何事物都无法超越的崇高的感情。"我们对这种说法一定是耳熟能详、感悟颇深的，但在18世纪这个主张最初由卢梭提出来时，它是作为新奇的甚至会让人皱眉的想法被接受下来的。

比如在巴尔扎克的《结婚契约》这本小说中有这样的情节。母亲与第二天将和贵族结婚的女儿谈结婚生活的心得："不再有女性祈祷要抓住丈夫的心吧，之所以如此……是因为妻子可以始终和丈夫在一起。这之前可是没有的。在法国，这个观念和家庭观念至上是同时产生的，法国大革命开始后，资产阶级的风俗侵入贵族家庭。这种不幸，是由对法国大革命也产生影响的作家卢梭带来的……那以后优秀的女性也要开始给孩子喂奶、养儿育女，待在家里了，幸好生活是多彩的，却也不能奢望过高的幸福……"[①]而现代的母亲在劝告女儿时和上述的劝告有些相反之处。

但女儿不听母亲的话，过去和今天都如此，比如认为母亲很守旧啊，现在流行给婴儿喂母乳的。下层贵族和资产阶级的女儿渐渐组成了自己的家庭，认为女人在成为某个角色之前，首先应该是做母亲的，这一规范成为理所当然的时代来临了。既然组建了家庭，就得要有两三个孩子，母亲专心于孩子的教育，倾注爱给孩子，不辞劳苦地养育孩子。这样的家庭是让人们最羡慕的，人们热情洋溢地接受了这样的家庭。

---

① 巴尔扎克，前已列出的译书，第209页。

第 3 章　两个孩子的革命

以爱为名义的管理

母亲对孩子的爱被认为如此有价值，因此人们会想现在的孩子很幸福啊！但人们只是看到事情的一面而已。

儿科医生久德重盛著的《母原病》一书于 1979 年出版后成为畅销书[①]。何谓"母原病"，即因母亲而生的病。这本书有一个非常具轰动性的题目。作者是这样说的，从 1950 年代后半期开始，日本孩子所患的疾病发生了变化。在此之前，孩子的疾病主要是以腹泻、呼吸系统疾病为主，随着全社会卫生状况的改善，再加上孩子数量的减少，父母又开始注意照顾唯一的孩子，孩子们也就不容易患上述疾病了。

但在庆幸孩子不再得这些疾病时，孩子们患上其他疾病的比例却开始不断增加了。比如说小儿哮喘、口吃、食欲不振、拒绝上学、骨折等。久德断言这些疾病的病原体是母亲。比如陪伴在咳喘儿身旁的母亲，大概分为两种类型："一种是过度保护型的母亲，天气稍微变冷，就让孩子穿得厚厚的，一流鼻涕就不让孩子洗澡了；还有一种是训斥型的母亲，孩子稍微淘气一下就严厉地呵斥，在命令孩子老实、安静的过程中孩子变得唯唯诺诺。"[②] 母亲与孩子接触的这种方式，使孩子患上了与精

[①] 久德重盛『母原病』教育研究社、1979 年［此书于 1991 年由サンマーク（sunmark）出版发行］。

[②] 同上书，第 23~24 页。

神问题相关的疾病。

"母原病始于昭和30年代,是与日本的文明化和GNP升高的曲线相互平行,近年来尤为引人关注。"[1]说到昭和30年代(1955~1965年)的孩子,他们经历了出生率的"第一次下降",是每对夫妇有两三个孩子的最初的一代人。他们也可以被称作"家庭的战后体制"的最初的孩子,然后他们就得了这种"母原病",这难道不是对过度的母爱会导致适得其反的效果非常具有暗示性吗?

孩子的数量变少了,母亲就会竭尽全力把自己的爱倾注到他们身上。母亲做起了全职妈妈,她们舍弃了原来的生活,没有其他生活目的,把照顾孩子作为唯一的生存意义。这看起来好像是对孩子极其不错的成长环境,反过来说,孩子也必须成为母亲的生活目标。

不仅如此,现代的母亲有两种代理机能。一是医生。因为现代社会产生了卫生观念,人们开始留心生活中的细节,甚至到了有些神经质的地步。母亲已不仅仅对孩子,还对丈夫乃至整个家庭成员都要一一地唠叨,洗手啊、什么东西不能吃啊等。这是18世纪到19世纪的母亲被要求承担的"疾病预防者"职责[2]。

众所周知,母亲还代替了学校的教师。说到"卫生"和"教育",它们是现代社会进入家庭内部管理人们的中心制度。作为生育孩子的母亲,她们已经深信这些是自己的任务,是理应做的。

---

[1] 同上书,第24页。
[2] Donzelot, Jacques, *La police des familles*, Editions De Minuit,Paris,1977(宇波彰訳『家族に介入する社会』新曜社、1991年、20頁)。

以爱为名义，不知不觉地母亲们成为权力机构驻家庭的办事处人员，她们专门管理孩子。

被父母所爱会感受到幸福，自己也会去爱父母，但在一边接受爱并给予爱的同时，心中的某个角落里，因为想卸下这过于沉重的爱而涌出要"杀死父母"的念头……这种矛盾的心情，在日本两个孩子时代的孩子们身上似乎悄悄地蔓延。

再生产平等主义

如在第 1 章中用国际比较的方法总结了"女性自古就是主妇吗"那样，在这里我也想从国际比较的角度重新确定战后日本的位置。相当于战后日本的"两个孩子的革命"这样的人口学上的大变动，也就是"生育力的转换"，在欧洲则发生于 19 世纪末到 20 世纪初。

出生率的下降，首先出现在法国。那个卢梭曾开展过活动的法国在大革命后不久，出生率开始缓慢下降。研究表明，那时候控制婴儿数量是依靠体外射精这样朴素的方法进行的。与其说在革命刚开始时，法国男女改变了性行为的方法，不如说这和革命是同时进行的。这一事实难道不是很有意思吗？

但是，像法国这样如此之早就开始了出生率的下滑还是个例外。欧洲其他各国大约推迟了一个世纪，在 20 世纪 20 年代到 30 年代出生率才开始下滑，40 年代到 50 年代跌到了谷底（见图 3-3）。

但在谈欧洲的出生率时，不得不谈的是它与"有配偶率"之间的关系。不，这并不仅限于欧洲，如果不谈"有配偶率"的话，就无法探讨生育力（出生率）。

$$生育力 = 有配偶率 \times 有配偶生育力 + (1 - 有配偶生育率) \times 无配偶生育力$$

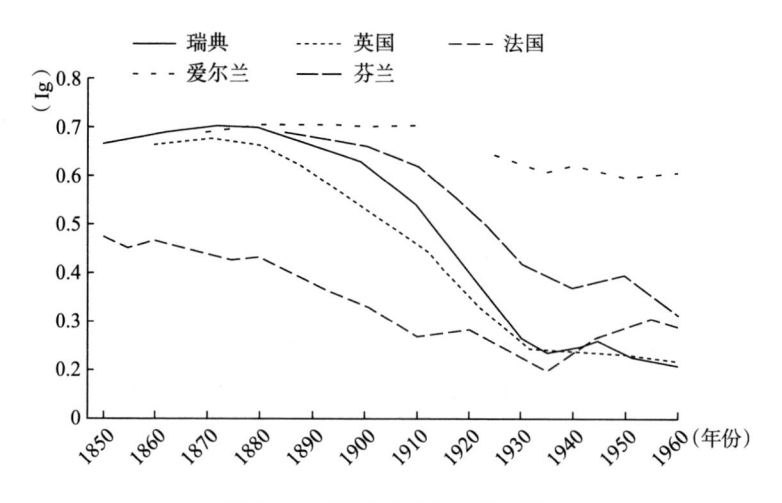

图 3-3　有配偶者生育力的下降

注：Ig 指的是有配偶的生育力。

资料来源：Coale，"The Decline of Fertility in Europe from the French Revolution to World War II"。

某个社会的生育力的大小可以用上述公式表示。所谓有配偶率，是指不管是否有正式的婚姻，有固定的情侣就算有配偶。没有固定的伴侣而生育孩子的比例，无论在哪个社会都是非常小的。因此上述公式的后半部分就省略了，可以写成以下的公式。

第 3 章　两个孩子的革命

生育力 ≈ 有配偶率 × 有配偶生育力

首先有固定的伴侣，在此基础上生育了孩子。为了生育孩子，以上两个条件是必要的。反过来说，就是不限制每对情侣之间的出生率，用控制男女组成情侣的比例来抑制出生率。

在近代欧洲（16 世纪以后的北欧和西欧）的婚姻中，有被称为"欧式婚姻模式"的一个非常明显的特征[1]。说到这个特征，首要表现就是晚婚，结婚的年龄是女性 25~26 岁、男性 27~28 岁，其次是"稀婚"。"稀"这个字或许有些夸张，作为产业化以前的欧洲社会终生独身的比例偏高，一成以上的男女都不结婚，有的进了修道院，一直侍奉神灵，这种生活方式抑制了结婚率。

这样说来，欧洲知识分子如笛卡尔也好，康德也罢，单身的人是很多的。因为那里有神职人员是知识分子的传统。因此，欧洲哲学常被说成是本质上就讨厌女性，是男性中心主义的。

但是，这种"欧式婚姻模式"在 1930~1940 年戏剧性地瓦解了。无论是在北欧、西欧还是南欧都一致地出现了早婚化和皆婚化，有配偶率（有配偶者）急剧上升（见图 3-4）。这期间究竟发生了什么？

让人感到意味深长的是，从 1890 年开始，那个年代正好是欧洲全境有配偶生育力的下降达到谷底的时期。这之后的变化，就好像是由于将抑制生育元素导入婚姻中以后而引起的人们要充分

---

[1] Hajnal, John, "European Marriage Pattern in Perspective," Glass, D.V. and D.E.C.Eversley eds., *Population in History*, Edward Arnold, 1965（木下大志訳「ヨーロッパ型結婚形態の起源」速水融編『歴史人口学と家族史』藤原書店、2003 年、349–413 頁）。

· 87 ·

释放出对婚姻的热情那样(开始早婚和皆婚)[①]。虽然社会中的一部分人不曾结婚，但结婚的人生了很多孩子，而现在取而代之的是大家都结婚，但进入了限制婴儿数量的社会。因此如刚刚讲到的那样，"两个孩子的革命"不单单指少子化，还指"生育子女数量的划一化"。让我们也关注婚姻，让话题更加具有普遍性。因此我们会发现，大家都结了婚并生了两三个孩子，我们不妨将这样的社会称为"再生产平等主义"的社会。

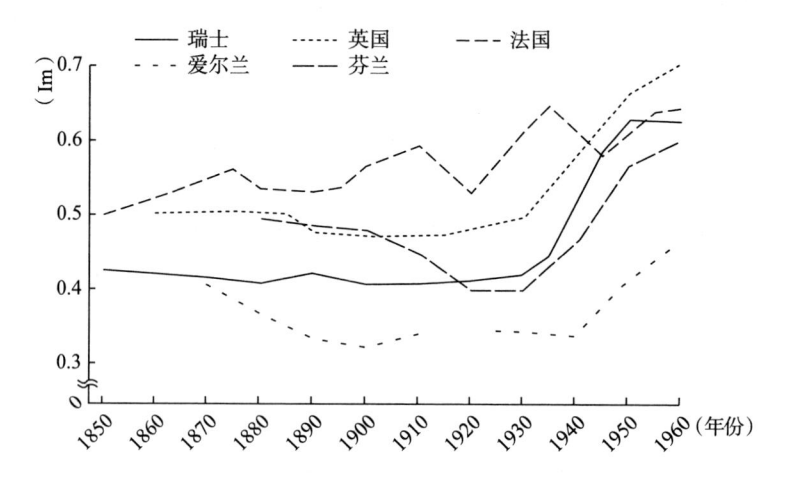

图 3-4 有配偶率的上升

注：Im 为有配偶率的指标。

资料来源：Coale, "The Decline of Fertility in Europe from the French Revolution to World War II"。

[①] Coale, Ansley J., "The Decline of Fertility in Europe from the French Revolution to World War II," Behrman, S. J. et al. eds., *Fertility and Family Planning*, University of Michigan Press, Ann Arbor, 1969. Coale, Ansley J. and Susan Cotts Watkins eds., The Decline of Fertility in Europe, Princeton University Press, 1986.

图 3-5 和 3-6 显示了平均初婚年龄和初婚年龄分布的逐年变化情况。刚刚我将日本二战后的时期划分为三个阶段，中间的是安定期，正是这个时期被称为战后时代，日本的平均初婚年龄呈现平稳状态。计算一下能够显示出初婚年龄的偏差的"分散"（偏态分布）状况，从 1955 年到 1975 年的这个时期，跟它的前后对比，数值变小了[①]。这一变化是由结婚适龄期的社会规范过强所导致的。而 1975 年以后，结婚适龄期的社会规范戏剧性地减弱了，从图 3-6 中隆起的部分渐渐变低就可以清楚地看到这一变化。

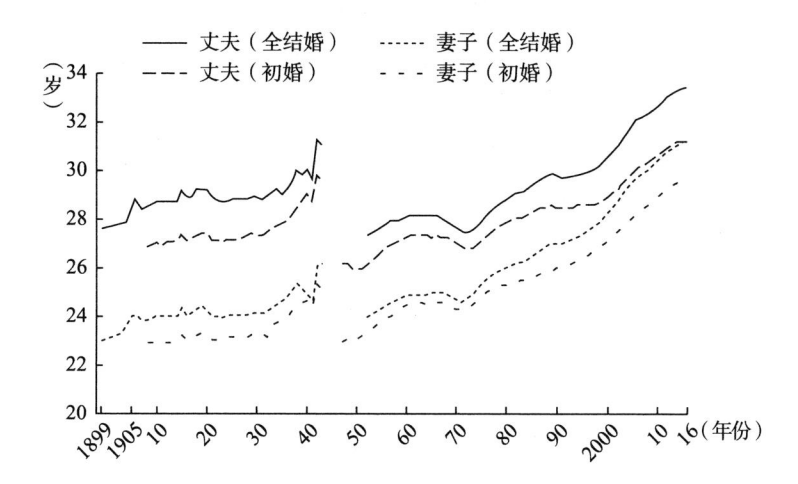

图 3-5　平均初婚年龄的变化 (1947~2001 年)
资料：厚生省・厚生労働省「人口動態統計」。

[①] 井上輝子・江原由美子編『女性のデータブック〔第三版〕』有斐閣、1999 年、11 頁。

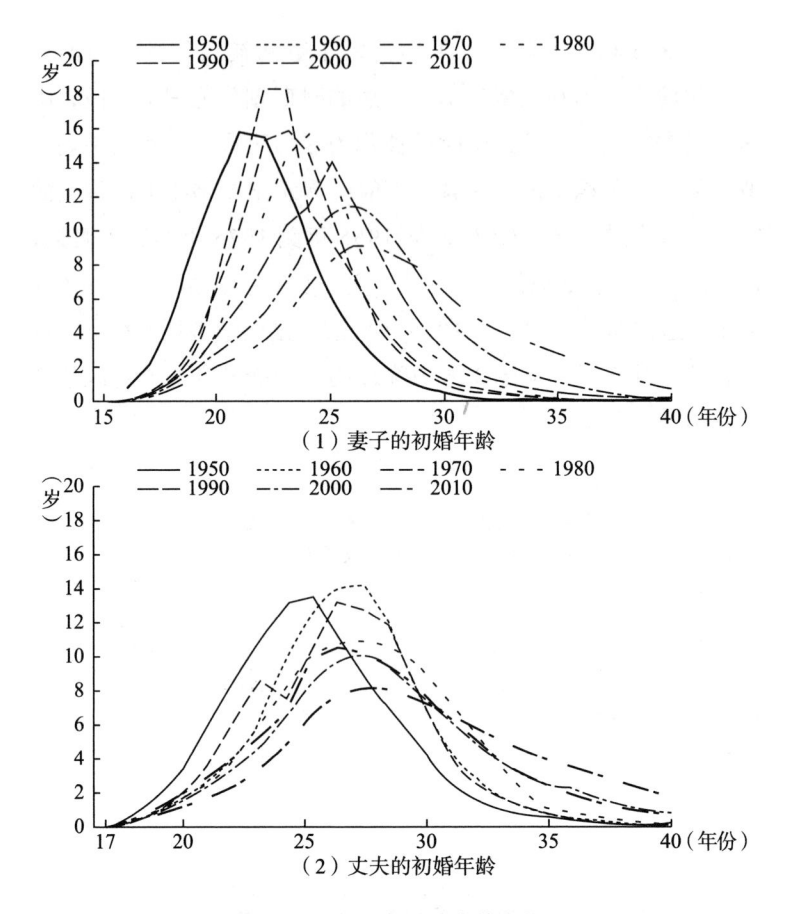

图 3-6 初婚年龄分布的变化

资料：厚生省·厚生劳働省「人口動態統計」。

资料来源：厚生省大臣官房統計情報部編「婚姻統計」：人口動態統計特殊報告、1997 年；厚生統計協会，内閣府『子ども・子育て白書』，2012 年。

经常说女性的结婚如圣诞节的蛋糕一样，"过了 24 岁就廉价出售了"。这虽是很不好的玩笑,但是这个结婚适龄的确符合从1955年到1975年日本战后时代的特征啊。战后这个时代的很多女性24岁时结婚成为全职主妇,生育两三个小孩,然后成为疼爱孩子、管理孩子的母亲。

"再生产平等主义"就是一方面给予每个人平等的留下子孙的机会,另一方面就是全体男女都得走整齐划一的路线,强制人们建立统一模式的家庭。试着想想,这才是像做噩梦一样的感觉。

第 4 章
核心家庭的真相

令人怀念的海螺太太

  为了陪孩子我常常看动画片，星期天的晚上总是看《海螺太太》，也看因主题歌而广为人知的《樱桃小丸子》。也因此发现《樱桃小丸子》的作者樱桃子一定和我的年龄相仿。因为樱桃小丸子的原型是作者自己，所以学校、街道的样子，还有一些看似平淡无奇的景象都让我倍感亲切，非常有日本 20 世纪六七十年代的味道。其实，狂热的《研究书》所连载的《海螺太太》，原本就因连载时间过长而使时代感有些模糊。而且因动漫版是采用了原著的四格漫画重新组合的，再加上生活中的小物件是现在人们使用的一些东西，更加让人觉得不可思议。但尽管如此，从整体上看，《海螺太太》还是较多地保留了 60 年代浓厚氛围的一部卡通片。
  我教的大学生当中，也有很多《海螺太太》和《樱桃小丸子》的粉丝。问及喜欢的理由，会得到"很有家的感觉，很有亲切感"等这样的回答，还有人会再加上"像那样的家庭今天已经很少有

第4章 核心家庭的真相

了"。但思考一下，不觉得很奇怪吗？20世纪60年代，他（她）们还没有出生，为何对自己出生之前的时代有怀旧之感呢？60年代的家庭究竟是什么样的呢？

还有一点，无论是"小丸子"的家还是"海螺太太"的家，都是和爷爷奶奶住在一起的三世同堂。这究竟是为什么？在这一章我们把这个答案暂时保留，先展开下一个话题。

首先回顾一下已经讲过的内容。我们探讨了"主妇"，之后探讨了"两个孩子的革命"。关于"主妇"，虽说战前已经出现了，但到经济高速增长期才逐渐大众化，然而从某一时期开始这一趋势又发生了逆转。在"两个孩子的革命"中，我已经通过图表展示了战后有两个出生率下降的阶段，而在这两个阶段之间存在一个平稳期，大致是在1955~1975年。这样看来不管是从"女性"的角度，还是从"孩子"的角度来看战后，我们都会发现在某一时期日本社会形成了相对稳定的结构，而这一结构随后又衰退了。我把这一稳定的社会结构称作"家庭的战后体制"。《樱桃小丸子》和《海螺太太》所处的时代，实际上就是"家庭的战后体制"的稳定期。也是在这个时期，战后家庭以它的牢不可摧自居。下一章将集中讲解关于"家庭的战后体制"。

从家到核心家庭

这里所探讨的战后家庭的变化，也许会让你感觉有些奇怪。因为这种说法与平常我们熟悉的有所不同。说到战后家庭的变化，总要提到"从家中获得解放""核心家庭化"等词语。那么，家和核心家庭化问题，究竟是放在哪个层面进行探讨的呢？难道战后家庭史就是"从家中获得解放"的历史吗？

说到"从家到核心家庭"，我们就要谈一谈"核心家庭"（nuclear family）了。它太流行了，以至于今天大家像使用日常用语般地使用它，但它其实是社会人类学、家庭社会学的学术用语。核心家庭中的核（nuclear）是核弹头的核、原子核的核，有不能再分裂之意。核心家庭是由夫妇和未婚子女组成的家庭。与核心家庭相比，如果一个家庭中有两对及以上夫妇，或者和夫妇的父辈中某一人生活在一起的话，我们就称其为扩大家庭（extended family），也就是两个以上的核心家庭组合在一起。核心家庭就像原子那样是不可以再分裂的基本单位，与其他形式组合后形成各种形式的家庭，这是其本意。人类社会学者乔治·彼得·默多克主张核心家庭存在于所有人类社会，这一"核心家庭普遍存在"的观点曾风靡一时[①]。

因此"核心家庭"这一词语广为流行，但它在家庭社会学中的含义，正确地说应该是"核心家庭户"。"户"是指居住在一起共同生活的人们。如果居住在一起，但仅仅是一个核心家庭的话，我们称其为"核心家庭户"。如果几个核心家庭组合在一起或与其他亲属居住的话，我们称其为"扩大家庭户"。日本"核心家庭化"的习惯说法是"核心家庭户"，也就是说没有任何累赘、彻头彻尾的核心家庭日益增多。"核心家庭化"体现为核心家庭户在全体普通户中所占的比例，是以核心家庭率升高为标志的。

[①] 参见 Murdock, George P., *Social Structure*, Macmitlan, 1949（内藤莞爾監訳『社会構造』新泉社、1978 年）第一章。

第4章 核心家庭的真相

在 20 世纪 60 年代的日本，这个比例的确上升了。据此，人们常常说出现了从"家"向"核心家庭"的变化。但上述内容的确能说明"核心家庭化"的含义吗？

在此，我们看一看图 4-1。曲线的前端表示核心家庭率的上升，从 1955 年的 59.6% 到 1975 年的 63.9%，即便经历了经济高速增长期，核心家庭率也仅仅增加不到 5 个百分点而已，并不像大家所说的那样核心家庭比例大幅提高。图 4-2 除显示核心家庭的比例外，下面的柱状图还显示了核心家庭的具体户数。其实，这其中蕴藏着"核心家庭化"的玄机。请看核心家庭（夫妻和孩子、母亲和孩子、父亲和孩子、夫妻户）的实际数字，核心家庭户数的确增加了，且从 60 年代到现在一直都在增加。但也看看其他相关的数据，如三世同堂等"其他的亲属户"（其内涵主要是扩大

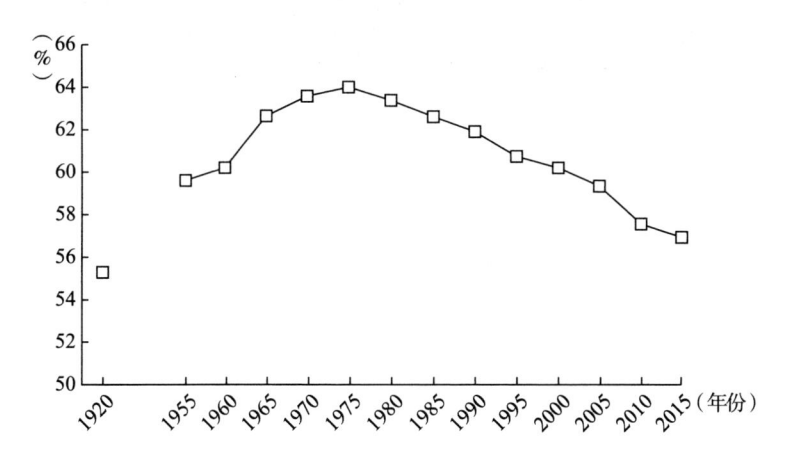

图 4-1 日本核心家庭比例的变迁

资料：総務省統計局「国勢調査報告」。

资料来源：国立社会保障・人口問題研究所「人口統計資料集」2018 年，「国勢調査報告」1965 年。

家庭)。都说"家"在衰退，但三世同堂等"其他的亲属户"的数量并未减少，到2000年为止都未减少，而是处于不增不减的状态。至今，日本的扩大家庭户数也没有减少。虽然用比例来计算的话它在减少，但那是由核心家庭（和单身户）数量增加导致的总户数增加所致，而它的实际情况并没有什么变化[1]。

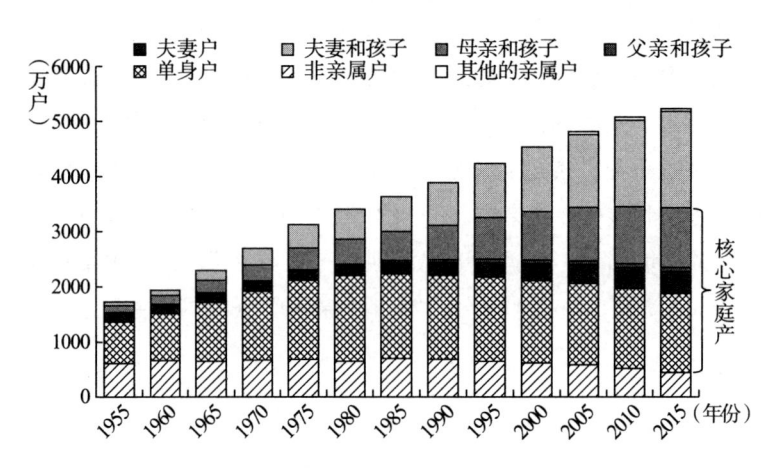

图4-2 不同家庭类型的家庭户数变化

资料：総務省統計局「国勢調査報告」。

资料来源：国立社会保障·人口問題研究所「人口統計資料集」2018年，「国勢調査報告」1965年。

梦想大家庭的小家庭

说到"核心家庭化"，我们很容易产生误解。我们也许有这样

---

[1] 湯沢雍彦『図説家族問題の現在』日本放送出版協会、1995年、16–17頁。

第 4 章　核心家庭的真相

的印象，三世同堂的"家"在日本经济高速增长期被破坏，从而分散成了若干的小家庭。但是，这个印象与事实有些不符。

那么，究竟发生了什么？扩大家庭的数量没有减少，而核心家庭的数量却增加了，这其中的秘密在哪里？答案就像哥伦布竖鸡蛋一样简单，因为那一代人兄弟姐妹多。即使存在和父母同住的行为习惯，也不可能两对、三对夫妇和父母一起居住。因为父母只和一个成年子女组成的家庭一起居住是日本直系家庭制度约定俗成的惯例，所以长子夫妇留下来，次子、三子及女儿们就可以去东京、大阪了。维系家这一制度只要拜托给老家的哥哥，弟弟妹妹就可以安心地在城里建立自己的核心家庭了。即便如此，我们还会被一些说不清的情绪所牵绊，比如万一哥哥出了什么事，总得有人回老家吧，或认为家就应该像哥哥的家那样，与爷爷奶奶一同居住。

20 世纪 60 年代是家庭电视剧最兴盛的时期，那个时期所反映的家庭模式，似乎映衬出当时人们"心中向往的家庭"，这让人觉得意味深长[①]。60 年代初期日本引进了美国的一些家庭剧，这些电视剧很受欢迎，大家憧憬着"爸爸无所不知"等，呈现的是以爸爸的包容、体贴为特点的理想的核心家庭模式。

但是，日本的家庭电视剧立刻就换了模样。召开东京奥运会的 1964 年也被称作"电视家庭剧的丰收年"，《七个孙子》《十一人》等上映之后，描写三世同堂的大家庭的家庭剧成了主流。就像被称作"下饭的电视剧"那样，家庭成员们在饭厅一起吃饭一起看电视剧，合家团聚的景象也是从那时开始变得非常多了。

[①] 落合惠美子「テレビの家族たちはどうして輝くのか」『八〇年代の正体』(別冊宝島一一〇号)、JICC出版局、1990 年、241-255 頁 (上述论文还同时被收录于『近代家族の曲がり角』、角川書店、2000 年、217-243 頁)。

这一时期家庭电视剧的特征是，将家制度所衍生出的附属品、父权和妻子的顺从等尽量淡化，以此减少观众的不悦。温馨的家庭之爱包容了所有的一切，这就是温暖的大家庭。在现实中难以相容的家制度的外壳和以战后民主的核心家庭为实质的家，在家庭剧中浑然一体，成为理想的家庭类型。如果你问为什么"家制度"和"民主的核心家庭"原本是矛盾的，却能让人浑然不觉地继续观看下去，其理由很简单——这些电视家庭剧的观众们正是由于人口学的原因，不需要否定大家庭便可以建立核心家庭的人。

这样看来，《海螺太太》将相互矛盾的两个家庭的理想毫不牵强地结合在一起了。此处的煞费苦心是该片成功的秘诀吧！和妻子的亲属共同居住便是让此剧获得普遍认同的技巧之一。就像最近出现的"马斯欧现象"[①]这样的词语那样，为人们描绘了大家庭的益处，又省略了"家"中说不清、理还乱的婆媳关系，将事实上所占比例很小的少数派，即与妻子的家人共同居住的家庭搬上了舞台。

60年代的家庭虽然在核心家庭化，但不难看出这些核心家庭中的成员对大家庭的渴望。由于他们认为核心家庭很好，家制度让人感到压抑，所以也就没有被战前的家庭观念所束缚，而且还不需要和家制度进行彻底的决裂。如果说必须和父母共同居住，但还想出去单过的话，那就需要相当大的勇气了，至少需要说明自己想单过的理由。这期间可能还会出现和父母的对立。但那个时代建立核心家庭的大多数人并没有经历这样的对立。因为他们认为总会有人和父母共同居住，自己也许仅仅是个需要和父母一

---

① 马斯欧为《海螺太太》中丈夫的名字。马斯欧现象指的是丈夫和妻子的家人共同居住的现象。——译者注

起居住的预备军而已。从一开始他们就认为不存在和父母共同居住的必要,所以心安理得地建立了自己的核心家庭,过上了舒心的民主的家庭生活。不需要和家制度决裂而形成的核心家庭化,便是60年代日本社会的特征。

人口学的世代

在思考战后日本的时候,绝对不能忽略的是与兄弟姐妹数量相关联的"人口学世代"的重要性。至此,很少被提及却对日本战后经济、战后家庭至关重要的"人口学世代",最近终于引起了人们的关注。听说过"人口转变理论"(Demographic Transition Theory)吗?虽说仔细思考的话一些社会中会有一些例外,但随着现代化程度的加深,社会的人口结构出现了从"高出生率、高死亡率"向"低出生率、低死亡率"转变的倾向。这一理论被称为"人口转变理论"。这里所说的"死"指的是婴幼儿在未成年时死亡。虽然生育孩子的数量很多,但他们当中的大多数在很小的时候就死亡了,与这种"高出生率、高死亡率"社会相对的是,生育的孩子很少但大多数都顺利地长大成人,即诸如现代日本、欧美等"低出生率、低死亡率"社会。如果非常程式化地解释就是,无论是"高出生率、高死亡率",还是"低出生率、低死亡率",每一对夫妇能够养育到成年的孩子大致是两个。这样的社会也就是人口规模没有太大变化的稳定社会。但介于两者之间的过渡期,常常会出现"高出生率、低死亡率"。即像过去一样生育很多孩子，但由于卫生、营养状况的改善，婴幼儿的死亡率逐渐降低，因此人口就会飞快地增长。而与"人口转变"相关的最后一个问题是生育率的下降，即"生育率转变"，有关欧洲的生育率转变是如何发生的，在上一章我们已经探讨过了。

现在我们常常听到这样的话，第三世界国家由于生育太多的孩子而使人口猛增，这可真令人担心。但事实上即使到现在，还有很多社会仍处于"高出生率、低死亡率"时期。追溯至19世纪，发生人口爆炸的是欧洲。今天的日本与江户时代（1603~1867年）的日本相比，人口增加了4倍。曾经人口稳定的日本社会，除了"高出生率、高死亡率"这一自然机制以外，还存在有意识或无意识地抑制人口出生的其他机制，以控制人口保持在一个增长不要过快的状态。当出现人口"打破平衡的社会"（也可称作"人口正在增长的社会"）时，便出现了人口爆炸。

关于"人口学世代"，厚生省人口问题研究所的伊藤达也认为将其划分为以下三个阶段是恰当的①。过渡期世代指1925~1950年出生的团块世代②，它将其前面和后面的两代人划分开来。但是，你不觉得这个时期太短了吗？只有25年，从父母和子女的角度来看仅仅是一代人而已。父母、儿女、孙辈，三代人就经历了人口转变的社会，日本可谓是最早以如此快速的节奏完成了人口转变的国家。变化实在是太快了，因此也产生了许多有别于其他国家的人口学特征。

---

① 伊藤達也「同時代を形成する人々」、『教育と情報』380号、文部省、1989年（上述论文还同时被收录于『生活の中の人口学』古今書院、1994年、187-212頁）。

② 团块世代是日本经济企画厅原长官界屋太一氏创造的新词，是指出生于1947~1949年间的第一次婴儿潮一代。——译者注

日本战后体制的人口学的特殊性

建立"家庭的战后体制"的是哪一代人呢？战后不久结婚，到 1975 年前后建立家庭的主角是过渡期世代中的第二代。因为 1925 年出生的人在 25 岁结婚时正好是 1950 年，1950 年出生的人在 25 岁结婚时正好是 1975 年。过渡期世代的人们生活在把结婚成家作为主流的时代，这便形成了"家庭的战后体制"。虽然我们看到"家庭的战后体制"中呈现女性的主妇化、少子化的特征，这似乎和世界史上所看到的家庭走着相同的现代化道路，而实际上在人口学上却有着它存在的特殊条件。

"高出生率、低死亡率"的人口过渡期世代，与其他世代相比有哪些特征呢？第一个特征是人口多。再看 1925 年的出生队列，与上一代相比人口大致增长了 2 倍。如图 4-3 所示，随着过渡期世代年龄的增长，日本的人口结构出现了很大的转变。与此同时，表 4-1 向我们展示了青少年人口、成年人口、老年人口比例发生了巨大变化。

二战后的日本之所以出现了世界上少有的经济高速增长期，可以说正是因为具备了过渡期世代的人口条件。也许你会认为具有劳动能力的人口数量增长，经济自然就会增长，但并不是只有这一种可能性。推行国民收入倍增计划的池田勇人首相已经考虑到如果不实现经济高速成长，日本国民就会饿死。据说，他的计划是在仔细斟酌、充分进行了人口预测后构思而成的[①]。

　　从国家的层面来看，人口增加了两倍，对于每一个国民来说意味着什么呢？相比于父母一代的人口，孩子这一代的人口将是父辈的两倍，所以简单地计算一下的话，平均每一对夫妇要抚养四个孩子长大成人。

　　站在孩子的角度来看，就是其兄弟姐妹多。我们常常说过去兄弟姐妹都很多，但正确地讲兄弟姐妹多且都能长大成人的，实际上仅仅是昭和前半期（1926~1945年）出生的那一代人的特征而已。由于过渡期世代是支撑日本战后社会的主流，所以容易将自己作为基准来进行思考。但我们现在就是想仿效他们这一代也

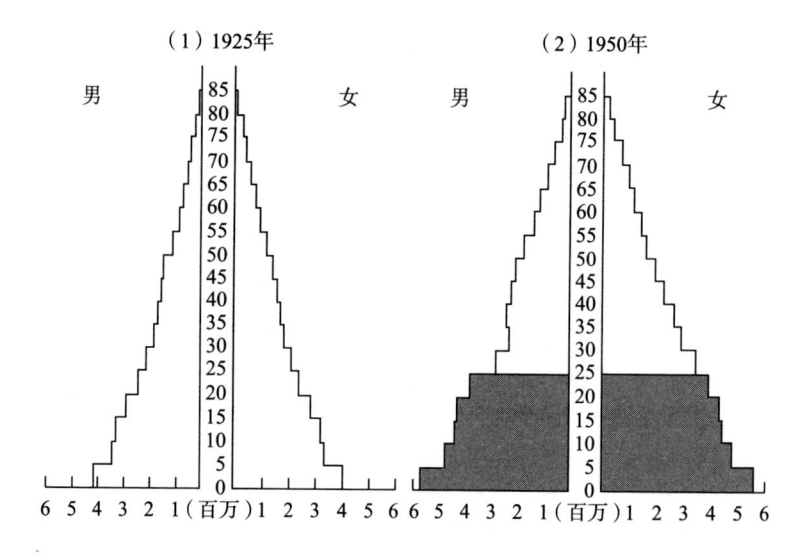

（1）1925年　　　　　　　　（2）1950年

[①] 伊藤達也「同時代を形成する人々」、『教育と情報』380号、文部省、1989年（上述论文还同时被收录于『生活の中の人口学』古今書院、1994年、187-212頁）。

第 4 章 核心家庭的真相

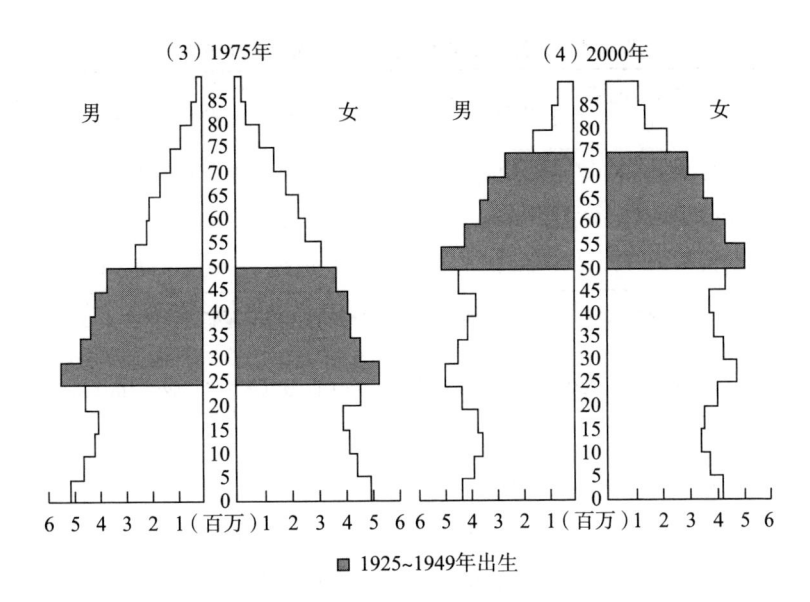

（3）1975年　　　　　**（4）2000年**

■ 1925~1949年出生

图 4-3　不同年龄段男女人口结构的变迁

资料：総務省統計局「国勢調査報告」，厚生省人口問題研究所「日本の将来推計人口」（1991年暂定推算）。

资料来源：图参考伊藤達也『生活の中の人口学』古今書院，1994年、190頁制作而成。

无计可施，因为那需要人口学的特殊条件。另外，如果对这一人口现象没有正确的预见，将会吃苦头。

由于过渡期世代成为战后日本社会的中流砥柱，"家庭的战后体制"便具备了几个特殊的条件。我认为这些条件大致产生了两个结果。其中之一，如本章所述的那样，是与日本家制度鼎足而立的核心家庭化的发展。当然战后的家庭，从它的本质上来讲已经有了很大的改变。但家制度并不存在彻底消亡的必要，至少并不需要取消直系家庭制度中共同居住这一社会规范。

· 103 ·

表 4-1　代际人口规模的比较（1925~2025 年）

代际的人口规模对比	1925 年	1950 年	1975 年	2000 年	2025 年
25~49 岁 /50~74 岁	2.17	2.17	2.12	1.09	0.88
0~24 岁 /25~49 岁	1.84	1.83	1.00	0.81	0.94
50~74 岁 /25~49 岁	0.46	0.46	0.47	0.91	1.14

资料：総務省統計局「国勢調査報告」、厚生省人口問題研究所「日本の将来推計人口」(1992 年 9 月推計)。

资料来源：本表依据経済企画庁『国民生活白書（平成6年版）』第 1-2-22 制作而成。

根据广岛清志运用精密人口模式进行的分析，我们知道直系家庭制度的规范自日本经济高速增长期以来逐渐削弱。孩子结婚后，与孩子共同居住的父母的比例到 1955 年一直保持在 90% 上下，到了 1975 年下降至 37.5%[1]。尽管如此，与此平行的是从半路开始共同居住的家庭模式[2]，换言之，虽然直系家庭制度的规范逐渐削弱，但事实上是换了个形式继续存活下来了。

在"家庭的战后体制"的时代，的确开始了"从家到核心家庭"的变化。但由于过渡时期的第二代成为社会的核心力量，这个变化与其说是由核心家庭数量的增加引起的，不如说是在缓慢地变化中展开的。其实，正是这个人口条件起到了延缓日本家庭变化的作用。

---

[1] 廣嶋清志「戦後日本における親と子の同居率の人口学的実証分析」『人口問題研究』169 号、1984 年、31-42 頁。
[2] 同上。

第4章 核心家庭的真相

兄弟姐妹网络

　　过渡期的第二代成为"家庭的战后体制"的核心力量，它带来另一个结果与家庭的社会网络有关。如前所述，20世纪60年代日本最前卫的生活方式是"团地族"。今天的日本人居住在公寓里是稀松平常的事，但当时因为集体住宅很少，所以非常流行"团地族"的生活方式。有调查发现，"团地族"很少与邻居交往。

　　虽然也有"都市使社区得不到发展"一说，但美国的芝加哥学派关于都市的调查，却证明了相反的结果。怀特对郊区住宅进行调查时发现，"公寓没有成为大家交往的屏障，人们敲门拜访是件平常的事，大家的往来相当频繁"[1]。但是，战后日本的"团地族"似乎真的不与自己的邻居往来。增田光吉在1960年这样写道："至今为止的调查结果显示，无论是年轻的业主还是家庭主妇，在邻里交往方面都很低调。"[2] 原因何在？这在当时已经成为社会问题。对此，常有人将诸如日本人公共意识低下，或者日本人的家庭主义观念等日本文化的特殊性作为主要原因进行分析，最后再赘上日本战败后自信心丧失的影响。总之，对于邻里往来的减少似乎带有浓厚的否定色彩。

---

[1] Whyte, William H., *The Organization Man*, Simon and Schuster, New York, 1956, p.248（辻村明・佐田一彦訳『組織のなかの人間』東京創元社、1959年）。
[2] 増田光吉「鉄筋アパート居住家族のNeighboring」『甲南大学文学会論集』11号、1960年。

· 105 ·

但有趣的是，到了 70 年代末，同样的事情却又被称作"日本的福利"，且备受赞扬。因为日本家庭能够自给自足，所以没有必要寻求近邻、公共领域的帮助。不需要"社会福利"，也就是舍弃了社会福利的理论。在日本，如果一个家庭只要像 60 年代那样稳固——不对，这个"家庭"稳固的部分指的是"一个家庭中的主妇"，更直白地说应该是：如果家庭主妇能用心地养育孩子、照顾老人的话，社会福利之类的就没有必要了。而最近正是主妇的懈怠才引发了问题。日本逐渐步入老龄化社会，所以主妇们啊，加油吧！

如此说来，"我们所做的努力还不够，这是我们的错啊。60 年代的母亲们确实是很了不起啊"。现在或者未来的主妇们都会这般顺从地思考问题吗？可能是我不够顺从，因此我根本无法赞成这样的说法。我查找了 60 年代的社会调查，对其重新进行核对。仔细解读数据后发现，由于一些事可能对当时的人们来说理所当然，所以就被忽视了。亲属网就是其中之一。

其实在日本 60 年代的论文中，有强调亲属网逐渐减弱的趋势。叔叔（舅舅）、婶婶（姨妈）、表兄弟（堂兄弟）们不太往来，只有父母的兄弟姐妹们，也就是在同一个屋檐下的家庭（定位家庭，family of orientation[①]）成员才交往。有人指出"亲人之间的往来只局限在父母或兄弟姐妹这样的至亲之间，这是新立门户家庭的特色"[②]。确实在家制度下，本家、另立门户的家庭、家族等之

[①] 日语中将 family of orientation 翻译成定位家庭，我国有"婚前家庭"的译法，近年来也有"原生家庭"的译法，并为大家熟知。另与 family of orientation 译成婚前家庭相对的是 family of procreation，被译成婚后家庭。——译者注
[②] 小山隆「日本における親族関係の農村と都市の比較」『第 9 回国際家族研究セミナー報告書』日本ユネスコ国内委員会、1966 年、47 頁。

第4章 核心家庭的真相

间创立了一种超出定位家庭范围的亲属体系，所以和那时相比亲属关系显得很单薄。但是与今天相比，1960年代的亲属网还是相当强有力的。

比如说针对幼儿的抚育，亲属们提供了什么样的帮助呢？据1986年我在兵库县进行的调查，来自兄弟姐妹的帮助几乎为零。父母仍然是主要的依靠，如今亲属网已经缩小为只有父母了[①]。与此相对的是支撑日本经济高速增长的人口学过渡期的第二代，他们的兄弟姐妹数量相对较多，进入城市后，他们互相支持、彼此照应。特别是抚育孩子时，姐妹之间的交往很频繁，而且表兄弟（堂兄弟）也如同亲兄弟般一起长大的现象屡见不鲜。1965年森冈清美等在东京都的云雀丘团地的调查发现，很多有婴幼儿的妻子都和她们的亲属有着频繁的交往（每月1次以上），按照妻子的父母、丈夫的父母、妻子的兄弟姐妹、丈夫的兄弟姐妹的顺序，交往频率逐渐递减，但其中引人深思的是和妻子兄弟姐妹交往的比例几乎与丈夫的父母交往的比例一样[②]。

60年代的调查显示，不怎么和近邻相处的主妇与自己亲属之间的相处就比较多，与之相反，和亲属来往不频繁的主妇则和近邻频繁往来（见表4-2）[③]。亲属和近邻之间是互相代替的关系，这两种关系直到80年代也没有太大的变化。因为60年代亲属网（实际上是兄弟姐妹网络）仍具有强大的力量，自然也就没有近邻关系出场的机会。但这并不是说家庭生活可以脱离一切社会网络

---

① 兵庫県家族問題研究所『核家族の育児援助に関する調査研究報告書』1987年。
② 森岡清美・本間淳・山口田鶴子・高尾敦子「東京近郊団地家族の生活史と社会参加」『国際基督教大学学報ⅡB 社会科学ジャーナル』7号、1968年、263頁。
③ 増田光吉「鉄筋アパート居住家族のNeighboring」『甲南大学文学会論集』11号、1960年。

· 107 ·

而得以正常运行[①]。

表 4-2　从与邻居相处的不同态度看主妇回娘家的频率
（每年回家的次数）

次数	好意的或积极的	中立的或没兴趣的	否定的或消极的
0	20.1%	10.0%	8.9%
1~2	45.5%	45.1%	41.5%
3~4	6.0%	15.3%	7.3%
5次及以上	27.3%	27.7%	40.5%
不明	1.1%	1.8%	1.8%
	100.0%	100.0%	100.0%

资料来源：増田光吉「鉄筋アパートの居住家族の Neighboring」『甲南大学文学会論集』11 号、1960 年。

总结一下，60 年代日本家庭的社会网络的特征是过渡期第二代的兄弟姐妹很多，所以亲属网比今天的要强大，即使不求助近邻网络、社会设施，也能养大孩子、照顾老人。但这并不是因为家庭自身强大，而是大家努力的结果，因为亲属提供了巨大的帮助。

试着想想，一定没有哪个时代，也没有哪个地方，一个家庭能够独自地抚养孩子、照顾老人。即使到了明治以后，各种各样的虚拟家长、做学徒或佣工时的东家夫妇，以及年轻人集体宿舍或女孩子集体宿舍中的同龄人等，很多人都参与了孩子的成长。

[①] 关于 1960 年代和 1980 年代家庭的社会网络的比较，详见落合惠美子「家族の社会的ネットワークと人口学的世代――六〇年代と八〇年代の比較から」蓮見音彦・奥田道大編『二一世紀日本のネオ・コミュニティ』東京大学出版会、1993 年、101-30 頁（还被收录于『八十年代の正体』別冊宝島 110 号、JICC 出版局、1990 年、89-127 頁）。

第4章 核心家庭的真相

即使随着时代的发展，提供帮助的网络在结构上发生了质的变化，它也不可能全部销声匿迹。

那种从养育孩子到人们生活中那些最主要的部分都应该由家庭来承担的幻想，并不是自古就有。下一章所要探讨的"现代家庭"的诞生，和上述观点应该是同一层面的问题。但欧洲的现代家庭也同样面临理论原则和实际情况不符的问题，如他们拥有强大的近邻网络。但60年代日本的都市家庭看上去连近邻网络都没有，而实际上人口学的条件在悄无声息中调度了亲属网来援助家庭。

一旦认识到人口学的过渡期世代在支撑着"家庭的战后体制"，无论是"家庭意识的残余"，还是"家庭自主性的弘扬"，种种被说成日本文化特殊性的地方，都在相当的程度上用人口学理论解释清楚了。文化当然是重要的，但当用其他的因素也能解释时，却还搬出文化这个要素使社会现象模糊化的理论方法是不可取的。我要再一次强调，在讨论二战后的日本家庭时，人口学世代的重要性不容忽视。

第 5 章
家庭的战后体制

何谓家庭的战后体制？

前一章出现了"家庭的战后体制"这一名词。如果想理解这个名词的含义，联想到《海螺太太》中的家庭会觉得有些不合常规，最好联想一下《樱桃小丸子》中的家庭，你就会比较确切地理解它了。妻子是家庭主妇，有两个孩子，三世同堂（尽管大家将三世同堂作为理想状况，但现实生活中核心家庭居多）。事实上，我所说的"家庭的战后体制"时代，就如第 1 章开始讲述的那样，大家度过了以战后家庭的安定为荣的时代。大家没有听过"家庭的战后体制"这个名词吧？那是当然，因为这个名词是我创造的。

说到日本战后家庭的变化，直到现在我们的脑海中还总是浮现"大家庭向核心家庭转变""家庭的功能逐渐丧失"等家庭缓慢地走下坡路的变化。"战后，女性进入社会的程度不断加深""生育率也随之下降，甚至已经低于正常的人口更替水平"

等，这些错误的认识导致了我们脑海中容易形成家庭在走下坡路的假设。

但只要细心地观察一下我所介绍的有关女性就业率和人口出生率的统计图表，就会立刻发现不应进行那样的解读。看 M 形的女性就业率曲线的底部，就会发现世代越年轻其就业率也越高。人口出生率的表格也同样清晰地展示了其中存在一个平稳期。换言之，战后的某个时期明显地出现了一个稳定的社会结构。可将战后的社会结构划分为三个时期，即形成期、稳定期和衰退期。我认为这样的划分更为妥当，在此，我建议将这个结构中的稳定期称为"家庭的战后体制"。

提到政治、经济中的战后体制，我们马上就能想到几个特征。首先是政治上的"五五年体制"。由于 1955 年的"保守合同"[①]和社会党的统一，自民党的稳定政权确立了，形成了以社会党为中心的相对弱小的在野党与自民党对立的态势。经济上的"战后"便是二战后日本经济高速增长的时期。在自民党的稳定执政下，日本经济迅速增长，上述所言的"战后体制"已成了不言而喻的事情。当然，还要加上外交上的东西方冷战和日美签订的安保条约。

从世界史上看，世界的战后体制以发达资本主义国家的学生运动和石油危机为契机，从 20 世纪 70 年代开始发生巨大变化。

---

① 1955 年 11 月 15 日，日本民主党和自由党联合成立了单一保守政党——自由民主党，简称自民党。1955 年的"保守合同"旨在希望日本政局维持稳定，以促进日本资本主义经济的发展，为此保守势力进行了政党联合。从结果看，日本战后政党格局长期维持执政党（自由民主党）与在野党（社会党）的两党政治格局，保守联合确保自民党进行了长达 38 年的执政期，创造了日本战后的经济繁荣。——译者注

即使此时欧美国家经济由于石油危机开始走下坡路,但日本正处于经济的上升期,所以依然保持景气。但即便如此,日本也因柏林墙的倒塌、泡沫经济的破碎、自民党的分裂,从90年代开始切身地感受到"战后体制"结束了。

关于一般的战后史,我们有了一定的了解。但在探讨家庭的时候,却从未这样加以关联性地思考,而总是将家庭的变化、男女关系的变化置于社会之外进行思考,把这些当成私事。

一般,我们总是将世界用公和私分开来进行思考。私人世界也就是私人领域,是人们的隐私部分。因此,说到历史和社会变化时,人们总是将目光投向公共领域的变化。时代也是按照公共领域的变化进行划分的。但与公共领域的变化相比,家庭的变化是否也被如此严肃认真地思考过呢?如果问这是为什么,那是因为私人领域总是被置于历史之外,人们认为公共领域才等同于社会。

然而,事实并非如此。谈到关于家务的诞生时,我曾反复地说过,家务劳动并非自古就从其他劳动中分化出来,而是在历史的某个时期、在现代化进程中被划分出来了。其实,公和私的分离本身就是历史事件。如此看来,仅仅关注公共领域的变化并将其称为历史的话,这样的思考方式会模糊我们分辨现代社会常识的双眸。

无论是公共领域还是私人领域,抑或是公和私的分离,涵盖它们全部的才可被称为社会。也许你会认为家庭甚至男女关系等和政治、经济会有什么关系吗?事实上,它们之间的关联性会令你惊讶不已。

那么,"家庭的战后体制"有什么样的特征呢?我将前述内容重新整理为以下三点：（1）女性的主妇化；（2）人口再生产的平等化；（3）处于人口转变期的世代作为社会的中坚力量。

就第一点——女性的主妇化而言，二战后，女性首先成为家庭主妇，说战后女性进入职场实际上是对趋势的误读。关于第二点，怎么讲才合适呢？虽然既可以称它为"少子化"也可以称它为"少生育化"，但称它为"人口再生产的平等化"更确切。其含义是大家都在适婚年龄段结婚，建立一个有两三个孩子的家庭。所谓"两个孩子的革命"，在此我再次申明，不仅仅是指孩子的数量减少了，还包括两三个孩子这样的绝对平均主义。不允许有特殊化，这就是"战后体制"中家庭的状态。

现代家庭的诞生

"家庭的战后体制"的三个特征已经说了两个。事实上，这两个特征并非日本独有。我曾讲过有家庭社会史这样的研究领域。这一领域中所提到的与前述的前两个特征有很多相似之处。比如，关于第一点，家庭主妇的诞生，介绍了德国的研究还有比通夫人的《家政教科书》，从中可知欧美国家也是到了现代才出现"主妇"。关于第二点，同样是引用阿里耶斯等经典著作，回顾了孩子至上、母爱是最崇高的情感、女性的第一角色是母亲等这些现代才会有的现象。日本二战后所呈现的家庭主妇的大众化以及少子化、母亲对孩子过分的关爱等现象，无论哪一个都和欧美国家有相通之处。如果是这样的话，不是就有必要将存在于日本的"战后体制"放于世界史的框架下重新进行探讨吗？

家庭社会史中提出来的重要概念之一，就是"现代家庭"[1]。一说到现代家庭，一般很容易让人联想到民主的家庭。家庭法领域的学者川岛武宜在《日本社会的家庭构造》（被称为二战后家庭论的开山之作）一书的开篇，写下了这样的内容[2]：

> 现在留给我们国民最大的课题，不言而喻，是我国的"民主化"……民主主义革命，绕过我们民族不容置疑的信仰对象——家制度当然是不行的，而且绕过它，我国的民主化也是无法实现的。

这是从封建家长式的旧民法的"家"进化到现代民主的新民法的"家"。这个家与其说存在于现实之中，不如说为表现理想的家庭而不得不创造出的"现代家庭""民主的家庭"这样的用语形式，此后这一用语形式成为讨论家庭的常规说法。

尽管我并非要指正家庭社会史中提出的概念与此截然相反，但它们所表达的含义却有很大的差异。那么，家庭史中的"现代家庭"是什么意思呢？虽然历史学家没有给出明确的概念，但通过文献可以发现这样一些特征[3]。

---

[1] 参见落合惠美子『近代家族とフェミニズム』勁草書房、1989 年。
[2] 川島武宜『日本社会の家族の構成』学生書房、1948 年、3 頁。
[3] 落合惠美子「近代家族の誕生と終焉」『現代思想』13 巻 6 号、青土社、1985 年（上述论文还同时被收录于落合惠美子『近代家族とフェミニズム』勁草書房、1989 年、2-23 頁）。

第5章　家庭的战后体制

①家庭从公共领域里分离出来。

②家庭成员间有强烈的感情纽带。

③孩子中心主义。

④家庭领域里的男主外、女主内的性别分工。

⑤强化了家庭作为一个群体的性格。

⑥社交的衰退和个人隐私的实现。

⑦对非亲属的排除。

（⑧核心家庭）

对于"⑧核心家庭"，在探讨像日本等国家创造了扩大家庭的社会时，我认为加上括号更为妥当。因为即使和祖父母共同居住，这个家也可能具有实质上的现代家庭的特征。

但说这是现代家庭的特征，让人难免有意外之感。对于"家庭原本是这样的"的陈述，总让人有这样的疑问："不是那样的话，不就不是家庭了吗？"我在课堂上曾经问过学生："什么是家庭？"得到最多的回答是②——家庭成员间有强烈的感情纽带，诸如彼此间能够互吐心声、在一起感觉到放松、无话不说、相亲相爱等。还有考虑到孩子是家庭的核心，父亲上班、母亲在家照顾孩子以及家人——这才是正常的家庭。如果是这样的想法，我们自然会认为无论上述哪一项都体现了家庭的特征。

家庭论的陷阱

如此看来，从①到⑧所罗列的条件是现代家庭的特征也就不言而喻了，而且大家一般会认为如果是家庭的话就会有这些特征。实际上，家庭社会学中的定义的确与这些特征有很多相似之处。以下为从美国和日本家庭社会学教科书中摘录的关于家庭的基本假设或潜在假设[①]。

（a）家庭是人类社会普遍存在的。

（b）家庭具有跨越历史和文化差别的不变的本质。

（c）家庭是群体。

（d）家庭基本上是由亲属构成的。

（e）家庭成员之间有强烈的感情联结。

（f）家庭最基本的功能是儿童的社会化。

（g）家庭成员因性别的不同而有不同的角色。

（h）家庭的基本形式是核心家庭。

从（c）到（h）所罗列的内容基本上与现代家庭的特征相互

---

① 落合惠美子「家族社会学のパラダイム転換」，上述论文还被收录于落合惠美子『近代家族とフェミニズム』劲草书房、1989 年、第六章、136–169 頁。本书研讨的家庭社会学教科书为：Waller, Willard (and Reuben Hill), *The Family*, holt, Rinehart and Winston, 1938（1951 年 Hill 修订）; Bell, Norman W. and Ezra F. Vogel, *A Modern Introduction to the Family*, Free Press, New York, 1960. 森岡清美・望月嵩『新しい家族社会学』培風館、1983 年。

第5章　家庭的战后体制

重叠。(a)和(b)这些特征被认为存在于所有社会之中。也许有这样的疑惑，这些内容既然和家庭的定义一样，为何还为它们特别地贴上现代家庭的标签呢？

事实上，这便是其独到之处。尽管上述从（a）到（h）是家庭社会学教科书上的主张，但从历史的角度来看，这样的家庭并非普遍存在，仅仅是某个时代出现的历史现象而已。家庭历史学不单单明确了过去家庭的存在方式，还推翻了到目前为止学术界通用的家庭的定义，提出了非常具有启发性的建议。

既有趣又具有讽刺意味的是，对于生存在那个时代的人来说，他们不会意识到那个时代最本质之处具有什么特殊的意义，而是认为它就宛如人的必备条件那样理所当然。只有重新回头再审视时，才会发现那些真正重要的本质。

将现代家庭的特征误认为是一般家庭的普遍本质，其主要责任要归咎于20世纪美国的家庭研究者。19世纪的欧洲盛行用进化论的观点来研究家庭，因此研究者们十分关注不同类型的家庭。但20世纪的美国，特别是第二次世界大战后，研究者们更加深信正是我们的家庭才是人类普遍存在的家庭模式。如前所述，人类学学者默多克在他的著作《社会结构》（1949年）中指出核心家庭才是人类社会普遍存在的家庭形式，是一切家庭结构的基础。这一观点也深深地影响了塔尔科特·帕森斯等社会学学者，可以说它成为20世纪最具代表性的家庭论[1]。

战败的日本不得不顺从地接受这样的理论框架，从具有日本特色的"家"一下子步入了人类社会普遍存在的"核心家庭"。现

---

[1] Parsons, Talcott & Robert F. Bales, *Family*, Routledge and Kegan Paul, New York, 1956（橘爪貞雄等訳『家族』黎明書房、1981年）。

代家庭也被称为核心家庭，基本上可以说它们拥有同一种含义，而且它不仅在价值上是最理想的，甚至还获得了理论上的支持，也就是现代家庭成为战后日本必须铲除一切障碍得以实现的家庭的基本模式①。

但这样的理论框架是有局限性的。之所以这样说，是因为如果说我们所到达的"现代家庭"是家庭最根本的形式，那么对于这之后的变化我们将无法解释。本应是人类最根本形式的家庭一旦开始动摇，那可就成为天大的事了。早在20世纪60年代前期，山室周平就曾对"将单一的理想家庭强加于人"、现代化以后的家庭的"危机"、"连解决危机的防范意识都没有"等表示担心②。这真是真知灼见。

但正是由于现在的家庭变得岌岌可危，我们才知道当时的人们所认为的"这才是真正的家庭"的家庭模式，实际上仅仅是现代家庭作为历史的一个存在所固有的特征而已。社会史创造出"现代家庭"这一概念的最大功绩是，让我们开阔了视野，让我们知道我们所认为的"这是不容置疑的家庭"事实上并非理所当然。它告诉我们不要因为家庭变化了，就担心人类即将消亡；不要因为女性工作了，就认为家庭要迎来末日了；也不要因为丁克家庭增多了，就认为社会要灭亡了。

---

① 这样的研究框架清晰地体现在户田贞三战前的著作中。从更广阔的视野来看的话，与其说它来自日本战败这一经历，还不如说正是日本在现代世界中所处的位置要求用这样的研究框架。
② 家族問題研究会編『山室周平著作集　家族学説史の研究』垣内出版、1987年、308頁。

20世纪的现代家庭

最后还需要进一步思考，现代家庭只有一种形式吗？不会因时代、文化的不同而有所改变吗？

社会史学界认为现代家庭的成立是在18世纪后半期到19世纪。因为那是现代家庭最辉煌的时期，所以历史学家在进行现代家庭研究时大多倾向于将19世纪的家庭作为研究对象。但是，将19世纪的家庭作为现代家庭的典型来考察真的是正确的吗？

我们不能总是依靠社会史来进行思考。开门见山从结论讲起，我认为因为"19世纪的现代家庭"和"20世纪的现代家庭"是相当不同的，所以需要将它们区分开来探讨。

19世纪至20世纪，世界出现了巨大的变化，那就是现代家庭的大众化。19世纪的现代家庭有佣人，而对于佣人来说，他（她）们的家庭绝不是现代家庭。而是雇用女佣的"夫人"和"老爷"的家庭，也就是中产阶级家庭才是典型的现代家庭。

在19世纪以前的欧洲，劳动者的家庭和中产阶级的家庭完全不一样。孩子喝酒、父母相互殴打，这些虽然是出自中产阶级的坏话，但至少夫妻不是因爱而结合，孩子不是天真烂漫的，女性也不是贤妻良母。但劳动阶级认为这样的家庭挺好的。尽管在中产阶级的眼中劳动阶级的家庭已经濒临解体——准确地说，在劳动者中"家庭"还未成立。

之后，由于来自中产阶级的启蒙和劳动者自身的上升志向，劳动者家庭也发生了变化。19世纪后半期，那些没有专心照顾孩子的劳动阶层的母亲也开始萌生了愧疚之感。从生活富裕的阶层开始，女性逐渐专心从事家务事了。随着这样的变化，可以说现代家庭的大众化才在20世纪两次世界大战期间得以完成。

事实上，正是那个时候，在欧洲发生了人口学上的"革命"。在欧洲的家庭史中不得不谈的是，我们在第3章已经讲解过的"欧洲的婚姻模式"。由于以晚婚、少婚为特征的欧洲婚姻模式的衰退，早婚化、皆婚化产生了。另外，从1870年前后开始下滑的有配偶出生率到达最低点时正好是1930~1940年，此时开始建立有两三个孩子且父母倾注无微不至的爱给孩子的家庭。在第3章我把这个特征称为"人口再生产的平等主义"，正是它成为统计上的一个标志，即现代家庭超越阶层进入大众化阶段。

也正是在这个时期，女性的就业率也下降了。这也是现代家庭大众化在统计上的一个标志。如第1章图1-3所示，20世纪初，美国和英国的女性就业率非常低。有两三个可爱的孩子和做全职太太的母亲，我们认为的"这就是家庭"的家庭虽说是现代家庭，但它在整个社会范围内得以普遍存在，也就是大家都建立了我们认为像家庭那样的家庭，在欧美国家却是20世纪的事情。

的确，在此之前也有"现代家庭"，但那仅仅是社会中几种家庭形式中的一种而已。19世纪的人们理所当然地认为即使那种家庭被称为"最理想的家庭"，但还有人以其他方式在生活。但今天的我们却认为唯有那样的家庭才是家庭，大家都要建立那样的家庭。而这是20世纪的思考方式。

将"19世纪的现代家庭"和"20世纪的现代家庭"分开来

第5章　家庭的战后体制

看，我们会发现社会学等这些社会科学中关于家庭的概念，是将"20世纪的现代家庭"作为基础来思考的。在这些研究领域中谈到"家庭"时，没有设想女佣的存在，而是认为家庭主妇自己在从事家务。而且我也不能认为其对现代家庭做了有八个或十个孩子的假设。其中最明显的是，其研究的前提是：认为无论对社会上处于哪个位置的人来说，都一定建立了同样模式的家庭。无论是普通人的常识，还是社会科学的理论，浮现在其眼前的事实上都是"20世纪的现代家庭"。至此，社会史的研究主要将焦点置于"19世纪的现代家庭"，所以我们有必要更多地关注"20世纪的现代家庭"。

再回过头来看何谓"家庭的战后体制"，它正是指"20世纪的现代家庭"在日本也成立了。即使进入了20世纪，大正时期的日本更应该被认为是"19世纪的现代家庭"的时代。因为现代家庭并不存在于整个社会之中，仅仅是都市的中产阶级建立了有女佣的现代家庭。这样的家庭逐渐地大众化，在日本可以被称为"20世纪的现代家庭"的家庭还要等到二战之后才出现。

除此之外，日本家庭以外的一些变化也大都出现在二战之后，特别是在经济高速增长期，而这些变化从世界的角度来看大都始于两次世界大战期间。日本人倾向于用战前、战后，即第二次世界大战前后来进行时间的划分，而欧美国家的人却不同。对于欧美人来说，第一次世界大战后出现了一些变化的趋势，但起决定性作用的还是第二次世界大战。俄国十月革命和美国势力的壮大都发生在第一次世界大战爆发后，第二次世界大战以后的时代，就仅仅是巩固而已。

是不是日本的特殊性？

我们似乎可以听到这样的声音：战后家庭在全世界完全是共通的相同的模式。难道它只不过是家庭向现代化转变的一个事例而已吗？不存在日本固有的特征吗？回答是否定的。在二战后的日本，"现代家庭"那样的家庭已出现，但被封建家庭意识所束缚，又因为日本人强烈的家庭观念，所以我们称它为被文化所制约的"日本的现代家庭"。如果这样回答的话，你应该就能理解了。

但是，我却不想这样回答。虽然"文化"的重要性不容否定，而且我也想用"社会规范的地域性"来进行解释，但在做这样的探讨之前我还是停下了脚步。因为"文化"是个具有魔力的专业术语，它很容易将所有的事情轻而易举地加以解释。但在做那样的解释之前，一定还可以运用其他的理论做更多的尝试。

现在，即将亮相的是"家庭的战后体制"的第三个特征。"家庭的战后体制"的时代，正是日本社会处于人口转变之际。把目光投向直至今日依然常被忽略的人口学，我们将看到过去许多不曾注意到的信息。日本的"家庭的战后体制"的确与欧美国家的"20世纪的现代家庭"有不同之处。比如说，尽管日本在不断地核心家庭化，但仍怀揣着三世同堂的梦想；不太与社区进行交往，而是躲在自己的小家庭至上观念的巢穴里；孩子的抚育和老人的赡养由家庭来承担，且的确承担得不错。至此，这些特征都被文化的原因来加以说明了，但其中有很大一部分可以用人口学的理论来解释。比如，为了继承家业而采用和父母共同居住的直系家庭制，文化当然在其中起了一定的作用。但正是有了人口条件的支撑，在核心家庭化鼎盛期直系家庭制才得以继续存在。而且所谓的人口学的条件，也就是指人口转变，它是伴随着现代化而发生的一般性的变化。在日本，其变化的速度相当之快，或许可以称它为日本人口学的特殊性。而之后进入现代化的后发国，其人口转变的速度更加迅速，也因此经历了比日本更加"压缩的现代性"。[1]

从欧美国家的经验中提取出来的是一般规律，不在其规律范畴之内的就被认为是文化的特殊性，对于这样的解释我们应该与它道别了。相当一部分广泛出现的现象由于各种组合与变化速度的不同，可以用地域或者时代的不同来解释。而且与上述相关联的同时，文化也在相同时间发生了变化。

---

[1] Chang Kyung-Sup, South Korea under Compressed Modernity: Familial Political Economy in Transition, London: Routledge, 2010.

第 6 章
女性解放与家庭解体

何谓女性解放？

到前一章为止，我讲述了有关"家庭的战后体制"的形成及特征，并总结了"家庭的战后体制"的三个特征。但到此为止，我讲的都是现在和过去。那么，日本的"家庭的战后体制"在成型并稳定之后又发生了什么？

正如之前给大家展示的图表那样，统计数字所显示的变化在1975年前后开始出现，但本章所要探讨的时期与此相比稍前一些。虽说家庭的变化很少以社会性事件和社会运动的形式出现，但那样的事件却在20世纪70年代初发生了。它就是通常所说的"女性解放运动"。"女性解放运动"对于家庭变化来说，究竟意味着什么呢？

首先，让我们一起了解一下人们对"女性解放运动"有哪些具体的认识。大众会对从事女性解放运动的女性有这样的刻板印象：很男性化、想成为男性等，或者认为她们是歇斯底里的、不

第 6 章　女性解放与家庭解体

知廉耻的。当时就很盛行"整天谈论女性解放、男女差异的女人一定都是头脑迟钝，性饥渴而又得不到满足的干瘪的老处女"①诸如此类的漫画式的形象。但所谓"女性解放运动"，果真是女性想消除性别差异，成为男子的运动吗？或者说女性解放运动是那些没有魅力的女性们歇斯底里的发泄吗？女性解放运动的真实面目，无论是当时还是后来，竟都没有什么切实的记录。

我经历的女性解放运动

"我的女性解放运动"这样的说法，听起来似乎我对当时很了解，但遗憾的是那时我还只是个中学生。我是通过电视和报纸看到了女性解放运动者的示威游行和集会，比如从电视里看到了快速部队在东京大学的安田礼堂的喷水事件，所以于我而言，最初的女性解放运动的"经历"来自媒体。

当时媒体对女性解放运动的态度非常恶劣，并没有把它当作真正的社会运动来对待，并冠之以"只有女人的示威游行""女人的嚣张"之类揶揄性的标题，还有"听说在美国有女人们在集会时烧掉了胸罩"之类的传言（这并不属实）。也就是说，一说到女性解放运动，媒体就立刻表现出对性的巨大兴趣。而且媒体并不太关注女性在运动中有哪些主张，而是进行一些惊世骇俗式的报

---

① 女性解放連絡会議準備会·田中美津「便所からの解放」1970 年 8 月（上述论文同时被收录于溝口明代·佐伯洋子·三木草子編『資料日本ウーマン·リブ史Ⅰ』ウィメンズブックストア松香堂、1992 年、205 頁）。

道。现在的报纸也依然将与女性相关的报道排挤到家庭专栏,对女性的歧视并没有完全消除。然而当时有关女性解放运动的报道放到今天,也是可以在公司内引起一阵骚动和热烈讨论。

周刊杂志就更可怕了。"从《女性·性爱》一书看猛女们的性感觉","女性解放运动的才女们暴露女性上位的强奸、避孕术","疾驰而来参加大会的猛女们的'可爱处'"……总是这样将一切和性联系在一起,而不是从正面对女性解放运动进行探讨。不像个女人——用这个男人在侮辱女人时常用的说法,媒体也对女性解放运动污名化①。

中学时代的我,某天晚上翻开了父亲买回来的周刊杂志,凝视着这样的报道。虽然为"真有做如此恶劣之事的女性吗"感到不可思议,又不知为何心里七上八下、怦怦直跳。即便如此,我也从扭曲的报道中得到了不同的信息。即便当时我还是个孩子,而每每听到:是女孩子所以不能做这不能做那时,就会产生很多"为什么"。看了那些报道后,我知道原来有这样感受的不只我一个人,这种心情可以这样来描述:笼罩在心头的闷闷的情绪也一下子云开雾散获得了解放。我希望认为"女性解放运动只是一小撮女人的跳梁之技"的人知道事实并非如此,希望他们知道即使没能参加游行和集会,像我一样"经历"了女性解放运动的女性也很多。

尽管如此,参与女性解放运动的女性究竟有何言论呢?我始终不想受媒体报道的误导,想自己了解真相,但还是在上了大学

---

① 江原由美子的"嘲弄的政治学(「からかいの政治学」)"恰当地分析了当时媒体对女性解放运动的报道所起的权力作用。此论文还收录于江原由美子『女性解放という思想』劲草書房、1985年、172-194頁。

之后，才离真相近了一步。那时女性解放运动已经进入低潮，女性解放运动的鼎盛时期是1970~1972年。尽管如此，从传闻中得知一些当时的事情后，我如饥似渴地阅读了《女性·性爱》等与女性解放运动相关的杂志和内部出版物。

我之所以如此坦白地公开自己的心里话，是为了说明自己对女性解放运动有多少发言权，我又将从哪个层面开始探讨它。实际上就社会运动而言，即便是当事者也会由于立场的不同而产生完全不同的看法。而且即使不是当事者，也未必就一定对其没有任何感觉，我就对女性解放运动有同感，并且还经历了女性解放运动之后的一些遗留问题。这便是我的立场。

直到今天，关于日本女性解放运动的书籍也实在是太少了。此前为纪念女性解放运动20周年，几家杂志社组织编写了特辑。非常具有划时代意义的是，出版发行的《日本女性解放运动史资料》是当时的传单和宣传册等珍贵的原始资料的汇集。通过该书，我们就能从女性解放运动的初期开始追溯运动的发展，并体验同时代人在当时的一些感受。接下来，我将依据该书和之前提到的《女性·性爱》等，来回顾女性解放运动的历史和她们的主张。

忠实于女性性别

日本的女性解放运动在20世纪70年代成为引人关注的社会运动。那么，女性解放运动是因何而起的呢？那时是学生运动和反体制运动非常盛行的时代，年轻人的造反、学生运动席卷了发达资本主义国家。这些不单是政治运动，而是伴随着包括摇滚乐和嬉皮士在内的与主流文化对抗的盛行动摇了整个社会。尽管女性解放运动受到这些运动的影响，但它又是作为对这些运动的反抗而出现的。

> 1969年震动了全日本的安保斗争——在校园斗争中，女人们究竟在哪里？例如：后卫部队——援助、运送食品、搬运石头等，换言之，她们在后方，或者是在前线——用男人们的言语鼓动大家，拿着棍棒，变成了男人①。（地铁巴黎，1970年10月21日）

> 斗争中的女性被分为可爱型和暴力武斗型。对于女性来说，斗争又是什么呢？（女性解放联络会议准备会，1970年8月）②

即使在同一场学生运动中，女性同男性一样在战斗吗？答案是否定的。投石、提出斗争方案的是男性，"给予特殊照顾，享受和男子同等的待遇"的普通女子，主要负责做饭团、做会议记录，还会经常被当作"性伴侣"。

> 人啊、人啊、人啊，是我们在斗争中一直使用的字

---

① 溝口明代・佐伯洋子・三木草子編『資料日本ウーマン・リブ史Ⅰ』ウィメンズブックストア松香堂、1992年、148頁。
② 同上书，第201页。

第 6 章　女性解放与家庭解体

眼。……由于这个词是中性词，所以我们究竟在不停地对什么发牢骚呢？人＝男性，女性只能在男性的价值观之上建立起来的世界中随波逐流。……男性们将"人"命名为女性的极限性。但我们没有什么极限性，我们只有从作为与男性不同的性别，从忠实于女性这一性别开始做起，否则我们的斗争就无从谈起[1]。（思想集团 S.E.X，森节子，1970 年 5 月 14 日）

这样，她们与男人们分道扬镳，开始了自己的运动。这就是女性解放运动的起源之一。实际上，并不是只有学生运动没有把"女人"放入"人"的范围之中。学生运动中的她们，只不过是触碰了一直以来存在于女性问题中最要害处的问题而已。

接下来希望大家注意的是，就如"忠实于女性性别"那样，女性解放运动从一开始，根本上就不是女性想成为男性的运动。女性想成为男性，这一点是对女性解放运动的严重误解。女性解放运动的原动力是——让女性自己肯定自己，女性完全可以做原本的自己，并非只能在成为像男性那样的人或者在成为享有"特别待遇"的"名誉男性"之间进行选择。暂且别说成为男性了，就是做完完全全的女性、做女人究竟指的是什么，要在思想上探讨个究竟也不是一件易事。"女人的理论"[2]这个词语，经常被大家当作口号一样使用，其实就连女性自身也无法摆脱一直以来的思

---

[1] 同上书，第 172 页。
[2] 最知名的是河野信子在《无名通信》中刊登的以"女人的理论"为题的连载。这一连载的一部分后来被编辑为『女の論理』柳下村塾出版、1973 年。

维定势——套用"男人的理论"制造出这个词语。

并非私人问题

在"女人的理论""忠实于女性性别"之类的说法中,参与女性解放运动的女人们想要将什么视为问题呢?写了"忠实于女性性别"的作者还在类似的文章中这样写道:

> 将精神世界和客观世界明确区分开来的男性们,一边在斗争,一边把对待女性的那一部分作为私人领域,不知廉耻、毫无障碍地按照旧的体制在行事。……但对于女性而言,我们所感到的孤立无援正是这些日常生活中所有的一切,从一日三餐到床榻之事,它们无处不在,在现实生活中一切都显得孤立无援[1]。

相比于迄今为止用宏大的理论来论述国家或社会的政治运动,恋爱、性、家务实在是不足挂齿的"个人的事情",而女性解放运动瞄准了它们。不,更准确的说法是,女性解放运动将公共部分和私人部分区分开来,并对决定它们的优劣高低的社会常识提出了异议。

---

[1] 溝口明代・佐伯洋子・三木草子編『資料日本ウーマン・リブ史Ⅰ』ウィメンズブックストア松香堂、1992年、175頁。

第6章 女性解放与家庭解体

我们还是要这样断言,没有私人问题[1]。

"个人的问题就是政治的问题",这是美国女性运动的口号。个人的事情属于私人领域,与权力、政治无关,这是现代社会的共识。但女性解放运动的控诉是,权力无孔不入甚至浸入私人的社会关系、男女关系的各个细节。

> 做饭、洗衣、缝补,
>
> 为什么都是女人的工作呢?
>
> 你能让我想明白吗?
>
> 喜欢吃美味的饭菜,
>
> 喜欢穿干净的衣服,
>
> 缝补好开线的地方。
>
> 但是每天等你回家,
>
> 必须准时为你做好饭菜,那实在痛苦。
>
> ……
>
> 被强迫的痛苦是奴隶的痛苦。
>
> 女人应该是和你一样自由的人。
>
> (蕾法姆、中山洁子《给男人们》,1971年7月4日)[2]

---

[1] 同上书,第172页。
[2] 同上书,第71页。

慎重起见，我要再加以补充的是女性解放运动并非不关注"私人问题"以外的问题。今天我们在回顾女性解放运动时常会想到一些相当生硬的左翼用语，当时女性解放运动还探讨了"国家""资本"的问题。但无论讨论什么问题，她们都依据性、生育、女性角色等相关视角，这一点可以说是女性解放运动中的独特之处，就像论述劳动时以保护母性、论述"亚洲"时以卖淫和随军慰安妇为首要根据一样。

性和流产

即使在性行为中也可见以力量悬殊为后盾的强迫。而且围绕着性，男女之间的力量悬殊问题绝不仅仅是一个个人问题，这其中隐藏着社会共有的关于性的传统习惯。

> 一个人走夜路很害怕。……作为自卫手段，或许随身带着能保护自己的东西为妙。……但作为被袭击的对象这一点，却没有任何改变。问题就在于：女人就是作为被侵犯的对象而存在的。……作为个案来解决是绝对不可能的。（集团女人，1971年10月30日）[1]

性作为隐私中最核心的部分，也是女性解放运动的中心议题。

---

[1] 同上书，第137页。

第6章　女性解放与家庭解体

避孕的失败、流产、意外怀孕……这些看起来描述的完全是个人体验的事情。但性与怀孕形影相随，因此其所带来的不安、恐惧绝不只是个人问题。

> 因为"爱"，因为他要求了，因为不想被讨厌，所以和他睡了——不能快点结束吗？如果由于上述理由而闭上眼睛拼命地忍耐的话，还不如一开始就不要和他睡，因为这样毫无意义。害怕怀孕、被染上性病的噩梦缠绕而手脚冰凉的你，不用科学知识来武装自己、不解放你自己是不行的哦。（集团女人，1971年10月30日）[1]

反复提及性，相当于授媒体以把柄，因此女性解放运动又被添上"无耻"的色彩。但女性解放运动与街头巷尾间流传的不一样，并非极力称赞"性自由"。

> 性自由仅仅是指在将女性当作厕所的男性意识中，不顾后果的前卫的表现形式而已。我们所立志的性解放不是那种平常简单的性解放。
> 首先从不再做男性的厕所开始获得解放。（女性解放联络会议准备会、田中美津《从厕所开始的解放》）[2]

---

[1] 同上书，第127页。
[2] 同上书，第206页。

> 对我而言，交流是一种亲切的形式，而性是亲切的肉体表现。①

女性解放运动达到高潮的标志是1972年阻止《优生保护法》改革运动，原因在于人们认为从整个运动所关心的议题来看，1972年的这场运动相当具有象征意义。前面也讲过，战后的日本由于人口政策上的需要制定了《优生保护法》，所以即使由于经济原因也可以做人工流产。但由于出生率下降，却又开始站在尊重生命的立场来限制做人工流产。很快，女性组织了全国规模的反对运动，散布在全国各地的小群体运动也由此升格到新的阶段。

在此我本想多讲一些关于吸收了"集团·战斗的女人们"的"新宿女性解放运动中心"，以及因采取戴着粉红安全帽接受媒体采访的战术而被捧为女性解放运动代表的"中P联"（反对禁止流产法，要求解禁口服避孕药的女性解放联合）之间主张上的不同，但因有内容更加丰富的文献已经介绍了它们之间的不同之处，就请读者参考那些文献②。

---

① 同上书，第205页。
② 井上辉子『女性学とその周辺』勁草書房、1980年；江原由美子『女性解放という思想』勁草書房、1985年；藤枝澪子「ウーマンリブ」『女の戦後史』朝日新聞社、1985年；秋山洋子「榎美沙子と中ピ連——リヴ私史ノート」（『女性学年報』12号、1991年、109–115頁）等是从同一时代的运动参加者的角度对"中P联"的批判。上野辉将「出産をめぐる意識変化と女性の権利」女性史総合研究会編『日本女性生活史』第五巻〈現代〉（東京大学出版会、1990年），虽说对运动的介绍只偏重于"中P联"，但也详细介绍了在法律层面推进法案修正的来龙去脉。
关于女性解放运动，其他的还有井上はねこほか『あさってに虹を駆ける』（とおからじ舎、一九八六年）、『インパクション』73号（特集·リブ20周年、1992年2月）、『状況』1992年6月号（特集·フェミニズム重層的支配構造を撃つ）等。溝口ほか編『資料日本ウーマン·リブ史』全三巻。

总之，女性解放运动在这一时期达到高潮后气势就逐渐变弱了。虽说媒体和社会由于"国际妇女年"的原因在1975年开始正视女性问题了，但具有讽刺意味的是，女性解放运动的中心势力却转移到其他运动中去了，诸如"以国际妇女年为契机发起运动的女子社团"等。这个社团告发了一个名为"女性是做饭的，男性是吃饭的"的电视广告，因此社会也广泛地认识到批判性别分工的观点。就这样，日本女性学在20世纪70年代后半期也发出了诞生时的第一声啼哭。

对女性幻想的否定

那么，女性解放运动对我们这本书所涉及的"家庭"，又采取了怎样的态度呢？之前已经介绍了女性解放运动的一个起源是学生运动，年轻的单身女性并非运动唯一的承担者，主妇和"拖儿带女的女性"也不少，如何让"拖儿带女的女性"也能参加运动呢？就如同带着孩子上班这样的问题一样，它是一个充满生活气息的问题。

"集团·战斗的女人们"的一个主妇会员用不同于"主妇论争"的言辞道出了女性的心里话。

你们这些臭男人是托了谁的福才当上了一家之主。一有了孩子就变成甩手掌柜，说养孩子是女人的天职，说我们每天在家有吃的、喝的！说我们三个饱一个倒！

别风大不怕闪了舌头，现在就是啥事不干、光看家那工资也不少。有孩子没法子啦，自己的孩子自己爱、自己养吧，这回又说我们对孩子管教太多是教育妈妈，难道这不是夺走了我们生存的意义却又在乎我们吗？

保家、爱国，为了日本的明天生育下一代，为了整顿风纪禁止堕胎，我已经不想生孩子了，没有比这更蠢的买卖了……（集团·战斗的女人们，1970年12月）[1]

但尽管如此，女性解放运动并不应该朝向评价主妇劳动这一方向发展。对优待妻子而进行的税制改革，她们提出的是"粉碎"的建议[2]。如前所述，女性解放运动是以女性的自我肯定为出发点的，由于对女性进行全面的自我肯定，所以应该从根本上打破现在社会所赋予的主妇、妻子、母亲等女性角色的幻想。她们对此进行批驳时，常常使用的是同位对立物的理论，将妻子、母亲与娼妇作为对立矛盾的两面，又各自包含对方的某些方面。

妻子、母亲的忍耐与顺从维持着体制的全部。抨击忍耐、顺从的美德的时代已经来临。（集团·战斗的女人们、佐佐木和子，1970年10月）[3]

---

[1] 溝口明代・佐伯洋子・三木草子編『資料日本ウーマン・リブ史Ⅰ』ウィメンズブックストア松香堂、1992年、224頁。
[2] 同上书，第162页。
[3] 同上书，第212页。

第6章　女性解放与家庭解体

对斗争中的男人，由于女性贴近权力而自己瓦解了自己内心对爱、夫妻、男人、贞洁、孩子、家庭、母爱等诸多的幻想，女性在谋求自己建构主体的同时也考虑帮助男人建立他们的主体。（女性解放联络会议准备会、田中美津《性爱解放宣言》，1970年8月）①

对于男人来说，所谓女人，就是母性的温柔＝母亲吗？性欲处理机＝厕所吗？女性被划分为两种不同形象的存在。……之所以如此，是因为男人的"母亲"或者"厕所"的意识，是从把性看作污秽之物而对性的否定意识构造中滋生出来的两个极端的意识。（女性解放联络会议准备会、田中美津《从厕所开始的解放》，1970年8月）②

"集团·战斗的女人们"等组织了"杀子的女性联合"集会，认为女性的角色被肯定的一个极端是神圣的母亲，是建立在"接受并非'自己的自己'"，并被"没有真实生活"的空虚感所粉碎的未来的"杀子的女性预备军"的意识基础之上的。

母性幻想才是女性幻想的核心，对女性来说，母性幻想是来自内心最强烈的束缚自己的幻想。有时站在女性的立场，控诉为

---

① 同上书，第195页。
② 同上书，第202~203页。

了当一名好母亲不得不舍弃自己的痛苦,有时又从孩子的立场暴露自己以主观臆断强加于孩子的母爱。女性解放运动反复批判了母性幻想。

与孩子共同生活……这是所有有了孩子的女性要面对的永恒的课题。但希望你们不要搞错,女人不是为了孩子而活,而是与孩子共同生活。有孩子才算是女人,有母亲才算是孩子,绝对不是这样的。无论是孩子还是女人,真正感受到自己活着的生活方式才是正确的。(集团·战斗的女人们,1971年5月16日)[1]

在"家里"非常珍视做"屋里的",为了做你理想中的女人,我用掉了19年的时间来坚持不懈地努力。但是,就从此刻开始发出轰然崩塌的声响……

我害怕你。

无法想象我能违背你的意志。所以,我没吃过哪怕是最便宜的点心,你讨厌的东西我也要全部讨厌,连我喜欢的朋友,只要是你讨厌的,我就不会叫到家里来做客。(集团·战斗的女人们《给母亲》,1971年8月)[2]

---

[1] 同上书,第246页。
[2] 同上书,第246页。

家庭的解体

女性解放运动还朝向否定婚姻制度和家庭制度的方向发展,因为这些制度只能让女性的"一部分"得以生存。

> 婚姻制度对于"生"或"不生"孩子这个问题,施加了巨大的压力,采取了强硬的裁决。……一方面不承认女性的一部分是母性,另一部分是产性,却又在其他方面对此进行强制性管理。(女性战线,1970 年 11 月 19 日)①

> 对于男人来说,女性是性欲的对象。对于国家来说,女性是以"家"为舞台通过孩子来实现自我的,其次她还完成了将男人纳入社会体制的职能,女人是通过无偿的家务劳动间接地为资本家的利益做贡献之人。我们(女性)所要的解放就是将"家"的解体作为目标,就是与以性解放否定性别意识潮流的变革相互呼应,以及把孩子作为社会的孩子来养育。女性解

---

① 同上书,第 109 页。

放运动就是围绕以此为起点的保护劳动者的斗争而展开的。（女性解放联络会议准备会、田中美津《性解放宣言》，1970 年 8 月）[1]

在《女性·性爱》一书中，每一期都介绍了女性的各种经历和对其经历的思考。例如，《挖掘主妇的状况》（6 号）、《朝向家庭解体》（13 号）等专辑，记录了女性和男性的关系、生育、流产、结婚、与丈夫及婆婆的争执、改变生活方式、挫折、希望等，这些也是对各个"'家'的解体"的实践记录。

在各种生活记录中，有让人印象特别深刻的文章。从时间上看比前述的时间要晚一些，1979 年《思想的科学》刊登了坂元良江先生的《继续尝试家庭解体》[2]。尽管他倡导"（夫妇）共同分担家务、养育孩子""理想的双职工夫妇"，但"还是觉得有些沉重"，为了"重建夫妇关系，先从破坏一次夫妇关系开始"，所以办理离婚、注销户籍，虽说两个人都照应儿子，却一会儿分居并各自建立了恋爱关系，一会儿又同住在一个屋檐下。在此期间，上小学的儿子进入了英国的住宿学校，原来的丈夫被停职而远赴西班牙，在他回国后，他们又成了住在相邻公寓里的邻居。难道这一切是由令人压抑的家庭所致吗？其实并非如此，而是因为家庭本身就是压抑的，所以才解体……从上面的故事，我们能感受到他们从根本上对家庭的怀疑和顽强的尝

---

[1] 同上书，第 195 页。
[2] 坂元良江「家族解体を試み続けて」『思想の科学』102 号、1979 年 3 月。后来作者将自己的经历结集出版，参见『結婚よりもいい関係——非婚の家族論』人文書院、1988 年。

试,以及他们的真挚。

家庭的解体和关于家庭的尝试已成为时代的趋势。在日本出现了许多被称为"自治共同社会"的共同生活群体,而它并非家庭的共同生活体。即使在媒体领域,对这些主题的报道也超越了小范围的传播,经常出现在公众媒体的电影、杂志上。电影方面也吸收了女性解放运动的主题,除创作《极端个人的性爱·恋歌1974》之外,讲述由水谷丰扮演的杀死自己父母的年轻人的故事的《青春的杀人犯》(1976年)等也是这一时期的作品。80年代流行的以家庭解体为主题的电影,我认为比70年代的作品更直接、更生活化。

女性解放运动的两次浪潮

至此,我们通过资料,力求用从事女性解放运动的女性自身的语言再现她们的主张。最后,我们完全换一个角度探讨家庭的变化和女性解放运动之间的关联①。

我们将谋求女性地位的提高和女性解放的社会运动叫作女性解放运动。从历史上看,女性解放运动出现过两次浪潮。19世纪末到第一次世界大战是最初的兴盛时期,也就是"女性解放运动的第一次浪潮",60年代末开始的运动被称为"女性解放运动的

---

① 落合恵美子「近代とフェミニズム」女性学研究会編『講座女性学 4 女の目で見る』勁草書房、1987年、233-258頁(此论文又被收录于落合恵美子『近代家族とフェミニズム』勁草書房、1989年、214-239頁)。

第二次浪潮"。在两次浪潮之间竟有长达50年的空白,这被认为是一个谜。为解开这个谜,接下来我将提出一个假设。

在日本,当我们思考女性解放运动的历史时,一般将其分为战前和战后两个时期。由于战败和美国占领政策的实施,女性获得参政权等取得了划时代的转变。但这些在战后所实现的权力,实际上是大正时期以来女性在女性运动中一直寻求的。从内容上来看,还是应该把包括从战前到战后不久的这一时期的运动称为"第一次浪潮",把女性解放运动以后的运动称为"第二次浪潮"更为妥当些。

那么,从内容上来看,"第一次浪潮"和"第二次浪潮"存在哪些方面的差异呢?如前所述,在现代社会,公共领域和私人领域是相互分离的。战前的"第一次浪潮"的女性解放运动发生在公共领域,也就是将注意力集中在政治和经济上了。上文所说的女性参政权当然就是政治领域的问题。其次说说经济,处于"第一次浪潮"的女性解放运动并不是主张女性们都应该工作,保护不得不去工作的劳动阶级女性拥有相应的劳动条件才是主流。

女人是主妇,是妻子和母亲,并没有成为"第一次浪潮"的中心问题。不,准确地说运动并没有那么单纯。在运动初期,存在反对结婚制度,主张性自由的势力。但她们不仅遭受世人的谩骂与攻击,而且被认为是运动中扯后腿的、令人讨厌之人并遭到排斥,在运动组织的内部逐渐失去了势力。

因此,还不如说女性解放运动的主流把与家庭角色难以区分开来的女性特质(被社会建构的),作为提高女性地位的依据。当她们看到"女性应该与男性平等"的理论不易取得显著效果,女性获取参政权的运动也逐渐转换了理论。"女性是德行高尚的"，"女性的本性就是体贴并富于情感的，能够填补冷冰冰的现代社会所缺失的东西"。总而言之，正是因为女性的品行不同于男性，所以女性参政世界无疑会充满和平，也能保证社会向更好的方向发展[①]。

研究女性解放运动的社会学者琼·傅里曼（Jo Freeman）这样总结道，在第一次浪潮时，"女性解放运动初期，这场运动显示出对女性生活方方面面的关心，是广泛而多面向的运动"，"到了末期，主要分成两种女权论者——女性参政权论者和改良主义论者——能引起女权论者兴趣的也不过如此"[②]。改良主义者就是想用女性的德行来改造社会上的人们，也可以称她们为"母性主义者"。将两种女权论者联系在一起的关键是女性在家庭中的角色分工。与其讨厌，不如先对家庭中女性的角色分工表示认可，不如积极地肯定它、利用它，以获得公共领域中的平等。这是"第一次浪潮"的主流在运动中逐渐认识到的。

现代家庭和女性解放运动

成为美国女性解放运动导火索的是贝蒂·弗里丹所著的《女性的奥秘》（在日本，它译为《新女性的创造》）一书[③]，该书1963

---

① 姫岡とし子『近代ドイツの母性主義フェミニズム』勁草書房、1993年。
② Freeman, Jo, *The Politics of Women's Liberation*, David Mckay Co., 1975. 奥田暁子・鈴木みどり訳『女性解放の政治学』未来社、1978年、17–18頁。
③ Friedan, Betty, *Feminine Mistique*, W.W. Norton, 1963. 三浦富美子訳『新しい女性の創造』大和書房、1965年（1977年増補版）。

年出版后成为畅销书。弗里丹到研究生院后一直成绩优秀，一心想成为心理学者，但突然她对此感到了恐惧：这样下去可能就一直结不了婚了，女人的幸福还是在婚姻中。因此她放弃了当一名学者，结婚并成为养育三个孩子的"郊区主妇"。而这时她又被"我到底是什么呢"这样"无名的烦恼"所困扰。之后她作为杂志的记者在和很多同龄女性的交谈中发现，当时美国大多数女性都被这种烦恼所困扰。过着如此理想的家庭生活，女性们为什么还有这样的烦恼呢？从挖掘自己内心深处开始，她写了《女性的奥秘》这本书。这本书在主妇之间掀起了"不只我一个人如此"的共鸣。之后，弗里丹成为全美女性会议（NOW）的领袖。

20世纪50年代之前的美国是主妇的时代。战争年代，为替代当兵的男性，女人们在很多行业中工作，但到了50年代她们却宛如被从战场归来的男人们赶出了职场一样，回到了家庭中。美国女性解放运动的"第二次浪潮"，就是对女性返回家庭，即返回"现代家庭"的反抗。

关于现代家庭和女性解放运动的关系，我有一个假设[1]。如前所述，19世纪欧洲的现代家庭存在于中产阶级，到20世纪30年代就遍及社会的所有阶层，被称为现代家庭的这一历史性的家庭类型便成立了。与此同时，公共领域和私人领域被明确地区分开来，男性和女性被分别分配到各个领域中去了。但由于新社会秩序的出现，初期还因社会规则不健全，社会出现混乱。那么，男性和女性各自都有哪些角色和职责？男女之间应该是何种关系？是要尊重女性和男性作为人所应具有的平等，还是强调两性之间

---

[1] 落合惠美子，「近代とフェミニズム」女性学研究会編『講座女性学4　女の目で見る』勁草書房、1987年，参照本书第9章内容。

的差异呢？在这个规则混乱中脱颖而出的，难道不就是"第一次浪潮"的女性解放运动吗？

但随着男性在公共领域工作、女人在私人领域持家这一体制的稳定，渐渐地也只剩下与这个体制不相矛盾的形式上的女性解放运动了。男女获得了形式上的平等而现实中却分而治之的"进步"。在混乱的秩序稳定后的50年左右的时间里，不容置疑的现代家庭体制也延续下来了。

之后的秩序又开始混乱了，此时就涌现了女性解放运动的"第二次浪潮"。但这次运动的方向发生了变化——现代家庭体制不是成立了，而是坍塌了。因此，女性解放运动是作为质疑公私领域分离和女性在家庭中的角色而兴起的运动。换言之，女性解放运动就是宣告一个时代结束的预告。

但像已经谈到的那样，日本出现了更加复杂的事态。女性解放运动针对家庭解体所提出的主张中，频繁地使用"'家'的解体"这一词语，但应当解体的是现代家庭还是传统的家，她们对此并未有意识地加以区分，而是混为一谈了。从内容上看，她们将主妇角色、母亲角色等现代家庭中的女性角色作为主要的批评对象，这一点很明显，同时这一点也有别于战后不久出现的"从家中获得解放"的论点。毫无疑问，女性解放运动是在一个新的层面被探讨的。但在日本的女性解放运动中，特别是在对具体经历的陈述中，婆媳关系、无血缘关系等说不清的对家庭制度的诅咒，依然占据了不少的篇幅。还有，期望两性真实的爱与性的结合建立在"沟通交流的性"的基础之上，从这一点也能看出她们在寻求彻底实现现代家庭理念[①]。"从（传统的）家获得解放"和"从（现代）家庭获得解放"，这一问题恐怕要成为下一个世纪的议题了。

[①] 由诸如吉本隆明、大熊信行等男性知识分子所提出的具有批判性的家庭论成为这一时期的特色，但一般认为如吉本的"对幻想"等概念所展示的那样，他们的家庭观也并未脱离现代家庭的理想。

第 7 章
新家庭的思秋期

之后的团块世代

　　上一章我们探讨了女性解放运动。在这一章，我们将时间稍微向后推移，但关注的大致是相同的一代人，不管她们是否参加过女性解放运动，都让我们聚焦她们——那些女性解放运动时代的年轻女性。在 1970~1972 年，她们的年龄在 20~25 岁，也就是以二战后婴儿潮时期出生的"团块世代"（1947~1949 年出生的人）为中心的一代人。她们在女性解放运动后是怎样度过自己的一生的呢？

　　在女性解放运动后不久的 1974 年前后，日本开始流行"新家庭"这样的词语。虽然现在这个词语依然具有新家庭这一含义，但已经让人感觉那是历史上的用语了。总之，那是当时风靡了一个时代的词语。据说"新家庭"在人们心中的形象之所以被广泛接受，是因为丸井百货商店里的那些"和睦友好"、"爱情永恒"和"情人红酒"广告做出了很大贡献。

当我试着查阅当时的报纸和杂志时，我发现"新家庭"这个词语出现频率最多的是1976~1977年。比如说，刊载于《平凡动人》的《新家庭大研讨》这篇文章的开头部分。

> 总觉得这就像是美国式的，年轻的情侣们穿着一样的衣服，完全是去散步的模样。但再细看，发现旁边一定会有穿着同样衣服的孩子，他们是一家三口，完全都是一样款式的穿着搭配，这样的情侣和家庭最近真是非常的多啊。

为反映这种潮流，1977年《国民生活白皮书》中比较了新家庭和旧家庭，书上称"新家庭是指一般的年轻夫妇，他们出生于战后，不仅有新观念，还将此付诸行动"[①]。不了解战争的孩子们、参与妇女解放运动和学生运动的那代人，几年后他们"为爱情而朝气蓬勃"创造了"新家庭"。

"新家庭"这个词语原本是指美国嬉皮士团体的共同生活的方式已经超越了"家庭"的范畴，所以用"新"这个词表现这种生活方式。从这个意义来看，女性解放运动所追求的"家庭解体"与这个词语的意义相近，但在日本新家庭却是作为与本家（嫡系家庭）完全不同的意思被使用的。在日本，"新家庭"究竟指的是什么呢？

---

① 经济企画厅『国民生活白書（昭和51年度版）』、1976年、139頁。

第 7 章　新家庭的思秋期

新家庭的神话

　　首先，让我们一起来看一看，在当时"新家庭"被认为是怎样的家庭。《朝日新闻》在 1976 年以"战争的子女和夫妇"为题，进行了长期的连载，其中以新家庭为主题的就有八次[①]。第一次的连载列举了新家庭的行动特征："夫妇、父母和孩子尽量一起行动，家务也一起做，对时装用心、彼此间的关系就像对待朋友一样，都喜欢穿牛仔裤、喜欢音乐、喜欢休闲娱乐，以及到餐厅用餐。乍看上去是享乐主义。"新家庭中的丈夫大部分都是职员阶层，夫妇共同工作的也很多。

　　这个连载也是如此，首先能列举出来的是，他们和上一代人的消费观念不同，比如说"买红酒"。现在这是理所当然的事，但在以前喝红酒这样的事都是和外国人有交际的人才去做的。当时，二十几岁的人因在家吃饭还喝红酒而引起哗然。这恐怕就是一种从炕桌吃饭向餐桌吃饭的生活西式化的表现。但又好像不仅仅如此。他们对食物本身的喜爱变得淡薄了，只是一味地努力营造气氛，尤其是在富裕生活中成长起来的年轻一代。不，正是因为吃

[①] 「戦後っ子夫婦」（朝日新聞連載、1976 年）的副题和刊登的日期如下：
夫と妻の力学　2 月 9 日～23 日
ニューファミリー　3 月 15 日～25 日
子産み・子育て　4 月 20 日～29 日
二つの世代　6 月 21 日～7 月 1 日

· 149 ·

饭成了家庭成员进行交流的场所，吃饭才被赋予各式各样的解释。为了收集自己喜欢的东西而丝毫不吝惜金钱，然而对于自己不喜欢的东西，白给也不想要；而自己想要的东西，即便借钱也要即时买到。他们有不拘泥于既定形式的舒适生活的志向。与新的生活方式紧密相连的消费生活的变化，被认为是新生活的第一特征[①]。

与消费生活并列被指出的是夫妻关系的平等化[②]，也就是"朋友式夫妻"。看一下那些登载在报纸上的新家庭夫妇的照片，当然有一些是故意安排的，但这些夫妇太"朋友化"了，甚至让人感觉奇怪。穿牛仔裤的话两个人都穿牛仔裤，穿休闲毛衣的话就都穿休闲毛衣，这些衣服并非套装，但他们打扮成相似的模样，让人感觉不到性别上的差异。而且两个人会感情甚好地回答道"我们是同年级的学生，而且年龄相同哦"。

二战前日本男女初婚时的年龄差为 4 岁，到了 70 年代年龄差已缩小到 2.7 岁[③]。与对方相识的地点分别是："同一个公司"的占 36%，"在工作中认识"的占 12%，"在学校中认识"的占 17%[④]。可见，伴侣是同龄或年龄相近的同年级同学、同事的比例在增加。而且，在选择结婚对象时的侧重点中，丈夫认为是第一位而妻子认为是第二位的都是"彼此间的价值观相近"[⑤]这一点。这样，据

---

① 参照连载（ニューファミリー），同上。
② 参照连载（夫と妻の力学），同上。
③ 総理府「婦人に関する意識調査」，1973 年。
④ 「最近の夫婦の意識調査」朝日新聞，1976 年 2 月 2 日、3 日。调查于 1976 年 1 月中旬实施，调查对象是东京都内的以 20~39 岁的居民居多的住宅区的丈夫 206 人、妻子 274 人。
⑤ 朝日新闻的调查，同上。

第 7 章　新家庭的思秋期

说婚后两个人无话不说像朋友那样的夫妇数量在增加。除此之外，相互叫名字的和爱称的[①]、丈夫相对比较多做家务的，这些都被认为是新家庭的特征。调查结果表明，和其他年代的丈夫相比，二十几岁的丈夫经常去购物、做饭、收拾餐具、打扫卫生和洗衣服[②]。真不愧是女性时代啊！你认为女性解放运动的效果这么快就显现出来了吗？事情并非如此简单。

这以后，新家庭所面临的命运是，它作为市场营销的一个教训被流传下来。首先，出现了新家庭，便引起了大骚动。恰巧在那时因为经济不景气而烦恼的小型企业，就想在人口众多的"团块世代"身上赚一笔，这的确成了小型企业的救命稻草。因为消费生活的不同，面对新家庭的商品层出不穷，并陈列在百货商场里。商家在重视顾客喜好的统一性的陈列品上也下了一番功夫。面向新家庭的《月牙小面包》和《ARURU》这两份杂志也创刊了。但是，结果怎样呢？这样的商品卖出去了吗？实际上并没有。

仅一年的时间，这回"新家庭是个妖怪"（此说法并非基于实际调查得出的[③]），人们开始带着怨恨讲着完全相反的话了。日本新闻广播网数据库调查显示，买红酒和点心的反而是中年夫妇居多。第百生命调查显示，日本年轻一代人中买保险和定期储蓄的比例并不低[④]。领潮流之先的丸井百货商店也将1972年开始的新家庭路线在1977年6月开始改成新一代人路线。"新家庭到孩子出生为止购买力还是很强的。现在，花在孩子身上的钱太多了，所

[①] 朝日新闻的调查，同上，以及「ニューファミリーの生活レポート」『クロワッサン』1977 年 7 月号，后面的调查实施的时间为 1976 年，调查对象为全国的年轻夫妇。
[②] 朝日新闻的调查，同上。「戦後っ子夫婦」2 月 18 日介绍了此内容。
[③] 「実はお化けだった？ニューファミリー」朝日新闻、1977 年 9 月 16 日。
[④] 新闻报道同上，以及湯沢雍彦「総説」『家庭科教育』（増刊）1978 年 3 月。

以才不再买那么多东西了",这是丸井百货商店社长的辩解之词。

"新家庭"到底是什么？这个问题没有明确的答案，新家庭就莫名其妙地成了"妖怪"。而令人意外的是，研究者的调查和相关研究竟然对此也没有了下文①。

虽说是朋友式夫妻

虽说是面向新家庭而研制的商品却没有被卖掉，最典型的例子就是杂志《月牙小面包》。以"夫妻两人一起阅读的新家庭杂志""an·an famille"这样的广告词而风光华丽地创刊的杂志《月牙小面包》，结局却很悲惨。据说，发行一年后就要停办了。但真不愧是杂志社，也就是当时的平凡出版社，一年后更换了要瞄准的读者群体，不仅增加了发行量，还把该杂志培养成代表那个时代的杂志。但到底是怎样更换了读者群体的？将此作为线索，也许可以探寻到"新家庭"的真实面貌。

首先来看看销售不佳的《月牙小面包》吧。这本杂志1977年5月创刊，封面用了颜色鲜艳的插图，刚刚提到的那些广告词也被印

---

① 虽然在「ニューファミリー」的实际状况调查方面需要加注释，当"新家庭"这一名称淡出人们的生活之后，社会上却不断地发行了针对团块一代的意识调查报告。月刊アクロス編集室『大いなる迷走——団塊世代さまよいの歴史と現在』パルコ出版、1989年。「団塊世代の意識調査」『アクロス』1990年8月号。総理府広報室「戦後ベビーブーム世代の生活意識」1990年。兵庫県家庭問題研究所「団塊の世代の生活意識に関する調査研究報告書——女性のライフコースを中心に」1992年。貝塚康宣「JNNデータバンクから・二一六・団塊の世代（主婦）はジュニアの尻を叩くのがお好き」『調査情報』1990年10月。

第7章　新家庭的思秋期

在封面上。虽说以家务、育儿、流行时装，这些和女性杂志一样毫无变化的内容是主打内容，但在这本杂志上能看到诸如把古谷三敏的漫画《闲来无事的妈妈》中的"家务是男人一生的工作"（1977年10月号）这样的插图，这也被看作此杂志的独特之处。另一个特征就是对看起来非常像新家庭的夫妇进行采访，就连广告的版面上也密密麻麻地登载着那样的模拟访问。比如1977年7月发行的访问报道上添加这样一张照片，留着长发的丈夫"米奇"和几乎没有化妆的妻子"草莓"相互拥抱，或是一起盖着小毯子，两人从相遇开始又有三年的同居生活，"至今为止依然在热恋中"，就这样以两人热恋关系为主轴进行介绍。多么像朋友式夫妇，不，我们也可以称他们为恋人式夫妇。

　　但若是以我们现在的眼光来看当时登载于《月牙小面包》上的朋友式夫妻，就会感觉到很奇怪。比如图7-1的这张照片所示，同样是从1977年7月刊登的广告上截取的。背对背骑在自行车上的这一对情侣，二人都穿着牛仔裤配T恤这样的休闲装。丈夫看上去很体贴，看上去多么像朋友式夫妻。但请看一下两个人的姿势，骑自行车的是丈夫，妻子一边背靠着丈夫一边很自在地晃动着双脚，如果丈夫突然间躲开的话，那么妻子一定会摔倒吧。这张照片给人的印象是，看上去夫妇两人是对等的，妻子看上去也是自在的，但骑着"家庭"这辆自行车的是丈夫，妻子只是依靠着丈夫。其他杂志上也经常看到这种，在新家庭的视觉表现上，不自觉地提高了男性地位的例子。有人会说照片存在偶然性，还有人会说照片有表演的成分，但是否选择某个图片登载在报刊上，则反映了编辑的意图，或者是以编辑和读者双方默许为前提的，所以这些图片值得分析①。

图 7-1
资料来源：『クロワッサン』1977 年 7 月号。

那么，报纸上是怎么写新家庭中的妻子们所做的事情呢？报道上只是写了妻子"草莓"十分认真地做料理。图 7-1 中的妻子还"把结婚作为一个契机辞掉了印刷美术设计师的工作，进入美好的家庭生活"，而她的梦想是"重新开始学弹电子琴"和准备家庭旅行。丈夫是音乐人，可能辞掉公司职务自己创业。这些可能是当时受欢迎的工作类型，因此常常出现在报刊上。但这些报道传递给我们的是：新家庭的存在目的是珍惜家庭和私人生活，但对女性自身的新生活方式的提案基本上没有。

---

① 关于二战后日本女性杂志中出现的前卫男女形象的变迁，请参见落合惠美子「ビジュアルイメージとしての女」女性史综合研究会编『日本女性生活史5現代』東京大学出版会，1990 年，203-234 頁（同『近代家族の曲がり角』角川書店，2000 年，171-216 頁，修改后收录）。

第 7 章　新家庭的思秋期

　　对于新家庭实际状态的调查，就如前面所说的那样很少，但《朝日新闻》（家庭版）在 1976 年以东京都的夫妇为对象进行了名为"最近夫妻们的意识"调查，该调查为了解被称为"朋友式夫妻"的新家庭中夫妻关系的真实面貌提供了宝贵的资料①。新家庭夫妇的特征之一是：同事、同年级同学之间结婚的是最多的。另外作为结婚的条件，丈夫最重视的仍是刚才介绍过的"价值观相近"，其次是"兴趣一致"和"父母的赞成"。女性的选择顺序从高到低分别是"职业发展""价值观相近""父母的赞成"。虽说是朋友式夫妻，但妻子理所当然地将丈夫的前途和自己未来的幸福重叠起来看待。在"希望对方有""自己想要"这个项目中，丈夫和妻子的理想伴侣分别是"可爱的妻子"和"可靠的丈夫"。用这样固定的模式寻找伴侣，妻子这一方的倾向似乎更明显。

　　这个调查还添加了新问题，对当时已成为谈资的"以国际妇女节为契机，采取行动的妇女联合会"对"我是做饭的，你是吃饭的"广告提出抗议一事，询问读者对此是否赞同。调查结果是，对抗议表示理解的妻子占五成，丈夫占三成；认为抗议很奇怪的妻子占四成，丈夫占六成。在对性别分工的不同看法上，男女之间的意见存在明显的差异。女性们虽然对性别分工有一些模糊的疑问，但妻子却舍弃不掉想做一个依赖丈夫的可爱妻子的想法也是真实的。

---

① 上述《朝日新闻》调查。

转瞬即逝的现代家族

现在我们再来看看图1-2中不同年龄段的女性就业率情况。图中的C组，也就是1946~1950年出生的人口队列，这些人被称为创造了新家庭的女性。请回想一下，M形曲线的底部最深陷的那一条线就是这一代人。这是妻子成为家庭主妇的比例最高的一代人。《月牙小面包》将妻子设定为家庭主妇来设计报道路线，其实这也是理所当然的。作为新家庭的特征，《朝日新闻》指出，"夫妻共同工作的并不少"，但这也仅仅是在生育小孩之前的很短的时间内的特征而已。孩子出生后，消费方式发生了变化，也是因为妻子没有收入而引起的。

说到新家庭这一代还真的有点讽刺意味，虽然给人一种夫妻关系平等的印象，但在经济上却是最不对等的一代。不，如果新家庭原本的理念就是：虽然存在丈夫工作、妻子在家这样的性别分工，但夫妻彼此对等，那么这也许不算讽刺。就如《阿库罗斯》所刊载的文章，在媒体创造的新家庭形象上，几乎看不到一定要改变男主外、女主内的性别分工的理念。

也就是说，所谓的新家庭的理念，如果用上一章的话来表述的话是"从家族中解放出来"，不，这样说有点陈旧，是指追求"从家庭中解放出来"。家庭是民主的，无论是夫妻还是父母和子女之间都是平等的，是用爱编织而成的家庭。这就是二战后的民主主义所梦想的现代家庭。虽然日本二战后结婚的第一代并没有完全将这个理想变为现实，但下一代人一定要实现这个梦想。即使在《朝日新闻》的连载上，也报道了新家庭所碰到的障碍，比如夫妇结婚后改姓的问题、婆媳之间的争执等，而这些是最具"家"的特征的。

时间稍微向前追溯的话，新家庭的夫妇在结婚以前是什么样的恋人呢？在这一点上也有值得深思的地方。仍是通过媒体所得到的印象，学生运动始于1968年，因为性解放的风潮，当时流行迷你裙和透明质地的衣服，那些尽情裸露身体的性感女性的形象成为时髦。但这次的"新家庭"不同，这次是情侣休闲装。看一看图7-2，这是1986年4月29日和5月6日合并号的《女性自身》上登载的广告照片——穿着十分大胆的花纹的超短连衣裙的少女，被一个潇洒的男性叫住的瞬间，这样的照片设计中女性过分地将大腿向内侧并拢，还有她紧握的拳头。那一瞬间女性的身体就像被固定住了一样，照片故意将这个女孩表现得很内向的样子。在1968~1970年的这一时期的杂志上，可以经常看到运用同一手法的广告照片[①]。十分性感大胆的服装和极端内向、害羞的动作之间的不平衡，女性虽然打扮得很性感，但也只不过是为了吸引男性的目光。看到当时这样的时代背景，就更加理解妇女解放运动时的女性为什么那么焦躁愤懑了。"平凡动人"（隐喻为宛如男性杂志）的性解放，哪里是解放女性，反而是将女性作为露骨的性对象而暴露在男性的目光下而已。

---

① 参照落合惠美子「ビジュアルイメージとしての女」女性史総合研究会編『日本女性生活史5現代』東京大学出版会、1990年、157頁。

图 7-2
资料来源：『女性自身』1968年4月29日、5月6日合并号。

在性解放的呼吁下，很多年轻男女恋爱到了有性关系的程度，甚至还有同居的。婚前性行为比例从这时期的年轻一代开始逐步上升[1]。但是领导权在男性手中，这样的两性关系仍然没有什么改变，很多类似的两性模式，不久都被放置于婚姻制度中了。女性成为家庭主妇也变成了理所当然的选择。

基于爱情和性而建立的婚姻虽然采取了性别分工，但也建立了平等的家庭成员关系。在日本，"团块世代"这一代人把现代家庭理念引入日本，并将现代家庭作为最标准的家庭形式。恋爱结婚比例高于相亲结婚比例，也正好是这一时期日本男女婚恋的特征（见图7-3）。但妇女解放运动就好像已经察觉到了这样的事实一般，即现代家庭的建立和完成绝不等同于实现了理想家园。

---

[1] 共同通信社编『日本人の性』文藝春秋、1984年、233-236頁。

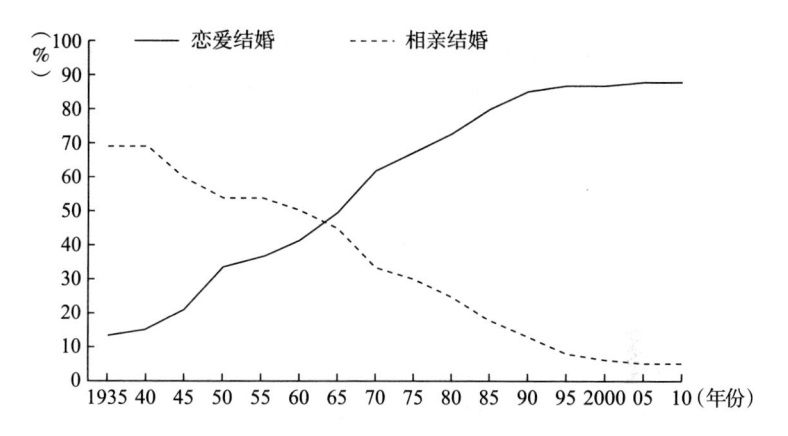

图 7-3　相亲结婚和恋爱结婚的比例的变迁
资料来源：国立社会保障・人口問題研究所「出生動向調査」。

虽说新家庭被说成是"妖怪"，但事实上主张这种"妖怪说"的是瞄准新家庭的家庭消费的企业家和媒体，而社会学者们从一开始就对此有不同的见解。

汤泽雍彦这样写道："1920 年的社会学者巴杰斯说，美国的社会'正由制度型家庭向友爱型家庭转变'，我们国家也在推迟了半个世纪后，终于出现了这种真正的友爱家庭"，"颠覆传统的夫妇关系，不在意世人的眼光，按照自己的喜好贯彻夫妇中心主义，显然以上这些主张得到大多数年轻人前所未有的支持，也可以说这是日本家庭史上最具有跨时代意义的事情。"①

井关利明与 20 世纪 60 年代成为话题的"My Home 主义"进行了比较，"工作第一、家庭其次的'社畜'职员对"My Home 主义"的叫法有负疚感，那是因为就如住宅（home）所呈现的那

---

① 湯沢雍彦「ニューファミリー管見」『UP』六六号、1978 年 4 月。

样，住宅等耐久消费品给人以物质丰富的印象。但是，在新家庭中没有这样的负疚感。对于新家庭来说，比起住宅，他们认为构成家庭的成员才是关键，在他们的家庭意识中，诸如买东西、休闲娱乐这种在生活空间中进行的，需要以夫妻、子女作为行动单位一起行动，才是幸福家庭"①。

中野收又从青年人的逻辑中阐述道"房间是自我的一部分"，"密室志向"的青年所认为的"单独空间的构成人员指的是夫妻或者是拥有子女时的三人家庭，这样的生活空间才能看出是新家庭"②。中野收基于对基督教的狂热者和自恋者的观察进行了如上独特的分析。

无论怎样，在日本这种新家庭都可以被解释为最先贯彻现代家庭理念的新锐家庭。就像一直以来我所说的那样，我也基本上赞同这种见解，不能因为"新家庭是妖怪"这一观点出现，就让所有其他和新家庭有关的见解都付诸东流。

但是，在日本出现的这种友爱家庭的黄金期并没有持续多久，它甚至像转瞬即逝的海市蜃楼一样仅仅浮现了一下就无影无踪了。这不是因为新家庭完成得不够彻底，而是因为一朝建成后，新家庭所有的矛盾问题就一下子如火山爆发一样。讨厌新家庭的人们常常批评道那是女性的生活方式，但讽刺的是这些对新家庭举起反对旗帜的也是女性。

---

① 朝日新聞連載「戦後っ子夫婦」给新家庭的第一次评语（1976年3月15日）。
② 中野收「歩きはじめたニューファミリー」『創』1976年9月号。

第 7 章　新家庭的思秋期

自立和思秋期

　　让我们重新回到杂志《月牙小面包》上来。《月牙小面包》从第二年开始取得了成功。究竟怎样更换了读者群？答案就是：宣传词变成了"女性报纸"。杂志从由男性和女性、夫妇一起阅读的关于新生活方式的杂志，变成了只有女性阅读的新生活方式的杂志。也就是说，编辑部门抛弃了男性。这一代的男人们一点都不新潮，新潮的只有女人们。

　　在性别分工上男女之间存在意识上的不同，之前我已经做了说明，"新家庭"在今后将会加深男女之间的鸿沟。应该这样说，鸿沟在依然相信朋友式夫妻这一表面平等现象的女性和在现实的男女力量关系面前将错就错的男性之间越来越深。为了和改版前的《月牙小面包》进行比较，让我们来看一下已经变成"女性报纸"的《月牙小面包》的版面设计。首先，可以经常看到职业女性的形象，而比起职业女性，报道更多的虽然是家庭主妇，但她们是自己努力创业，或者自己开店的女性。刊载女性的个人经验，普通女性的大幅美丽照片被刊登在报纸上。还有那些思考的女性、读书的女性等，这些之前根本无人看好的女性形象却被设计成一种"完美"形象，并被装饰到封面上。这就是新的《月牙小面包》。从 20 世纪 70 年代末到 80 年代初，"女性自立"成为口号，《月牙小面包》在当时的女性中拥有绝对的影响力。

· 161 ·

但无论是多么地憧憬《月牙小面包》中的女性，对于一旦进入婚姻的新家庭女性来说，"自立"并不是唾手可得的。关于这样的烦恼，1982年的畅销书——齐藤茂南在《妻子们的思秋期》中进行了细致的描写①。"思秋期"是作者创造的词语，和女性青春期的烦恼相比，人生的"秋天"更会让女性陷入深刻的烦恼之中。结婚，成为地地道道的家庭主妇，在孩子们都上了小学或者中学可以脱手后，才突然意识到：我已经不再年轻了；我在做什么，这样做到底对不对……她们会被这种没有缘由的不安所侵袭，这就是"思秋期"。

这本书中也列举了一些事例，如80年代初的"主妇酒精中毒"问题。那时还出现了像"厨房综合征"和"厨房酒鬼"这样的词。那时的主妇们就像现在的人们常说的那样，被一种莫名的不安所包围，不知道该做什么好。连至今为止一直得心应手的家务，她们也毫无心思了。这时，主妇就把手伸向了眼前的厨房里的料酒。当丈夫看到妻子酒精中毒时，训斥着让她去看医生。但是，丈夫却丝毫不明白她们烦恼的原因。丈夫认为已经把工资全都拿回来了，还有什么不满的，怎么就连做饭都做不了。之后，心灰意冷的丈夫即使看到家里变得又脏又乱也只能假装没看见，最后甚至连家也不回了。

这难道不是妇女解放运动所言及的吗？在美国，女性解放运动的背景是20世纪50年代全部妻子成为家庭主妇后的不满。与此相同，在日本女性解放运动则是由那些主妇化程度最高的"团块世代"这一代的妇女发起的。

---

① 斋藤茂男『妻たちの思秋期』共同通信社、1982年。

第7章 新家庭的思秋期

　　1983年是《妻子们的思秋期》(『妻たちの思秋期』)出版的第二年，那一年，热门电视剧《给星期五的妻子们》(又被称为《金妻》)上映了，剧中出现的三对夫妇都被设定成经历了学生运动的婴儿潮出生的一代人，背景音乐则故意播放女子合唱。虽然《给星期五的妻子们》被说成是出轨电视剧的经典之作，但这个电视剧和"白天播放的电视剧"的味道不一样，这一连续剧初期的脚本制作也是很认真的，家庭主妇的烦恼、夫妻之间的隔阂和女性之间的友谊，电视剧中很深刻地描绘了这些，这难道不是引起强烈共鸣的原因吗？

　　电视剧中仔细地解释了出轨的原因。第一部是从小川知子离婚开始讲起的，电视剧中把她设定为原来是一名空姐，工作认真而麻利，后来是个完美的家庭主妇，而且还是个十分重视教育的妈妈。但是，她总是烦躁不安。最终，丈夫喜欢上了其他年轻女性。电视剧一开始就描写主妇们的不满和焦躁不安。到了第二部就更简单了，电视剧的设计是普通的家庭主妇并没有对家庭和丈夫有什么不满，但总觉得生活有些平淡得让人没有满足感，于是就出轨了。

　　无论是《妻子们的思秋期》还是《给星期五的妻子们》，至今为止没有认为有任何不满足的生活中，日本主妇们开始对这样的生活感到不满，电视剧将这一问题竭力地展示在大众面前。对于这一问题，日本大众异常惊讶——已经成为妻子的女性们除了三餐外还有午睡时间，还有什么可不满的呢？但这一问题在10年前的女性解放运动中已经被提出来了。对女性解放运动有一定了解的日本"团块世代"这一代女性追求新家庭的幻影而成为家庭主妇，等孩子长大不用再去照顾时，她们却陷入了茫然之中。这就

· 163 ·

发生在20世纪80年代的日本。

从家庭主妇的角色中脱离出来

请再看一下，不同年代不同年龄的女性就业率情况（请参见图1-2）。日本女性史上进入家庭最多是的"团块世代"，也就是曲线C，在通过了M形的底部以后，她们的生活怎样了？从图中可以看到一个陡坡，因为是M形，所以下降之后，会再一次地上升，但这个上升的方式实在是迅速。这种冲向外部的强大能量，当然也可以说是伴随着她们强烈的烦恼和痛苦而来的。

正如图1-2所示，比曲线C年长10岁的曲线B的女性也以缓慢的速度再就业了。但"团块世代"这一代的再就业年龄提前了，并且大家在同一个时间段一起再就业了。因为年长10岁的女性考虑孩子们不需要自己照顾、自己应该干些什么的时候，已经是孩子们高中毕业的时候了，所以这个阶段的女性比起找工作，更流行到文化中心去学习、充实自己。但"团块世代"这一代似乎认为只要孩子上了中学，她们就可以不用再照顾他们了，而这时她们才三十几岁。虽说钟点工的工作比较多，但还是有再就业的机会的。自石油危机以来，丈夫们的工资水平也到了瓶颈期，没有了上涨的希望，而教育费和住宅费等也必须由妻子的工资来加以补充了。也就是说，经济条件也在促使女性再就业。

但原因也不仅仅是再就业。即使没有工资，从参加社会活动中找到人生价值的女性也有很多。"团块世代"这一代以后的年轻主妇的特征是：不仅为了发展自己的兴趣和提高自己的教养，还参加生活协助活动和消费者运动、居民运动。因此，还出现了受到以上网络支持而参加选举的女性。

日本人数最多的一代女性一起进入了家庭，她们又一起走出家庭进入社会。整整一代人一起左右摇摆，这样的现象不仅仅动摇着她们的内心，对于整个社会来说也是个大事件。

在日本，80年代经常被称作"女性的时代"。"女性的自立"成为媒体的流行语，很多人都觉得女性真的应该有所改变。"女性的改变"用一句话概括就是"女性不再是家庭主妇"。80年代，一些有代表性的主妇杂志都接二连三地停刊了，在剩下的那些杂志中，像"做一个真正的家庭主妇""真正的夫人"这样的题目也消失了[1]。无论是杂志中还是现实生活中，穿短裤、上下都是劳动布的服装——这些完全分不出已婚和未婚区别的服装，正是现代已婚女性展示自己形象的一种方式。

如此便很清楚地看到，20世纪80年代女性解放这层含义上的"男女平等"再次引来大众的关注，这是女性解放运动同一现象中的一环。女性解放运动的预言在十年后的创建新家庭的"团块世代"这一代女性身上得以大规模地实现，并且她们再一次寻求能够表现女性苦难和怨恨的一系列的词语。80年代，成为男女平等理论焦点的就是"家庭主妇"和"家庭性"（domesticity）[2]。

---

[1] 参照前已列出的落合的论文，第164页。
[2] 落合惠美子『近代家族とフェミニズム』勁草書房、1989年。

花子一代的未来

到目前为止，我们主要是以"团块世代"这一代为焦点进行论述。团块女性成为整体从家庭主妇这个角色中脱离出来的一代，这就是日本20世纪80年代的女性脱离家庭主妇的现象。

但在80年代女性脱离家庭主妇的现象中，还有一点我们必须关注，就是由更年轻的一代女性所发起的新运动。人们给她们起了"花子一代"或者"大姐大"这样带有讽刺性的名字，就是快到30岁了还迟迟不结婚，或者过了30岁还继续工作的女性，而她们的数量确实在增加。

请再看一下图3-5，20世纪70年代中期的确是一个转折点，之前比较平稳的初婚年龄也开始迅速上升。现在的女性结婚年龄不再是"圣诞节的蛋糕了"（24岁前是最佳适婚年龄，译者加）。如果一定要说的话，就是日本"新年的年糕"了，到了30岁、31岁仍然"卖"得出去。从现代的年轻女性不做"主妇"这个方向上看，她们参与了脱离家庭主妇的运动。

让我们再看图1-2，现在我们将注意力放到年轻10岁的曲线D上。就像第一章所说的那样，在这10年间，趋势发生了逆转。曲线D在M形的底部，20年间下降的部分开始反弹上来了。再年轻10岁的女性就业率曲线E，上升得就更高了。通过各种调查数据进行验证，发现一生都不休息一直持续工作的女性并没有增多。但与晚婚化同时进行的是再就业年龄的年轻化,也就是女性一直待在家中专门做家务的时间的确变短了。再加上图 3-6 所显示的那样,平均初婚年龄变得分散了,或者说,结婚年龄的范围正在变得宽泛。而留在家中的时期因人而异,有到二十多岁的,也有到三十多岁的。这两种倾向相交重叠,曲线 D 和曲线 E 这两代女性就构成了 M 形曲线的底部[①]。换句话说,比"团块世代"这一代年轻的女性,很少会成为家庭主妇,即使成为主妇也只是在人生中很短一段时间做家庭主妇而已,而且她们这一代绝不是都在同一时间段成为家庭主妇的。

流行文化研究所在 1987 年进行的调查显示了不同年代的女性在夫妻关系中有不同的女性意识,这是其中很耐人寻味的内容[②]。"团块世代"这一代女性选择"妻子不要总是听从丈夫的,要努力提高自己的爱好和工作,要珍惜自己的生活方式"的比例比其他年代的女性高很多,而其他年代的女性又对另一些内容显示出很高的支持率。在比团块一代年轻 10 岁的一代人中得到绝对支持的是,"妻子和丈夫共同分担家务和养育小孩,在工作和其他活动上相互帮助"。这便将夫妻之间那种对立的状态变成了协调的状态。分析者指出:"也许这才是真正的男女平等,不需要特别地指明'女性不要一切都听从丈夫的,要重视自己的生活方式',这已经成为人们理所当然的认知。如果婚姻会打乱自己原本的生活,还不如不结婚。"

在行动上表现出新趋势的一代,即使在认识方面也和目前的

---

① 高橋久子編『変わりゆく婦人労働』有斐閣、1983 年、第一章、第三章。
② 兵庫県家庭問題研究所『団塊の世代の生活意識に関する調査研究報告書——女性のライフコースを中心に』1992 年、29 頁、35 頁。

认识不同,她们正沿着新的方向前进。尽管团块这一代女性的婚前性行为经验率上有所上升,但这一比例真正开始上升却是出现在比她们稍年轻的下一代①。

接下来给年轻一代女性提问了。在你迎来"思秋期",也就是到了35~39岁、40~45岁,你会陷入"思秋期"的茫然吗?如果认为那是将来的事情而无法预测,那么我们转换一下看待问题的视角。比"团块世代"这一代年长10岁的女性是否有"思秋期"?为了弄清这个问题,必须整理一下20世纪80年代这一现象产生的条件。为什么"团块世代"这一代爆发出如此强烈的"不想当主妇"的情绪呢?

我认为思秋期成为社会现象的条件大致可以有两个。当然,一个条件就是女性正在家庭主妇化。因为如果不想成为主妇的话,就不会产生那种模糊的不安了。在店铺老板娘和农家媳妇占大多数的时代,女性没有时间去想"我无事可做,所以烦躁不安"或者"从此以后我该怎么办",工作自然就会落在自己的身上。如果孩子不需要再照顾了,"啊,那就得为家里的产业多出些力气了"。生活的目标在最初就已经给她们设定好了。

除此之外,"思秋期"还有另一个条件。即使成了家庭主妇,如果不是少子化程度加深的话,也不会出现孩子脱手后的空巢期。应该说是女性生命周期的变化,就是孩子们离开身边之后的人生变长了,这是一个很大的变化。这个空闲时期是从什么时候开始变长的呢?是从少子化不断加深的战后结婚一代开始的,也就是20世纪50年代结婚的一代开始的。从那一代开始,出现了孩子

---

① 共同通信社編『日本人の性』文藝春秋、1984年、233-236頁。

离开父母身边后的空巢期。在此之前的女性因为养育很多子女，所以当把最小的孩子养大成人后自己也老了。正是因为主妇化和少子化——这两个在家庭的战后体制的特征中列举出的条件存在，"思秋期"才会出现。这在"团块世代"最典型的一代人身上表现得最为明显。

因此，针对这之后的年轻女性中也会出现"思秋期"的这一问题，就必须考虑是否会出现这两个条件。少子化这个条件会改变吗？以后也不会有人考虑生五六个孩子吧。这样一来，"少子化"这一条件今后也不会有什么改变。

那么，另一个条件——"主妇化"今后是否还将持续下去？这个问题的答案，我们可以在第11章中思考——原因在于"团块世代"后的劳动环境和婚姻形式发生了重大变化。但至少有一点可以讲，新家庭这一代的女性，在日本几乎是第一次集体地被"莫名其妙的烦恼"纠缠住的一代。因为前车之鉴很少，所以她们为了找出烦恼的真正问题所在，也只能是跌跌撞撞。但对于这之后的人来说，就有大量的"新家庭一代的前车之鉴了"。年轻的一代就能从这些宝贵的经验中收获很多知识了。

第 8 章
家长已经无能为力了吗？

质疑家庭危机论

"现在的家长不会养育孩子。现在真是个让人感到遗憾的时代啊","今天的家长缺乏母性"。当问到对今天家长的印象时,就如前文所说的那样,除了上面这些感叹,还常常听到"女性脱离主妇"这样的回答。说到"母性",一般仅仅指母亲,所以后来又创造了"亲性"(家长的品性)这样的词语,并且需要"培养亲性的教育"这一呼声也不绝于耳。

之前在报纸上有相关的连载,比如这样的报道"过于依赖育儿教科书的母亲在增多,这可不行"。还有以下让人难以置信的事:自己的孩子只喝多少毫升的牛奶,这样孩子的成长就比平均水平低了,所以强迫孩子喝奶要达标,结果孩子把手伸到喉咙让自己呕吐。有记者这样分析,之所以会出现这样的异常之事,是因为他们是偏差值的一代①。

但是，这个分析有说服力吗？按照这样的思考方式讨论的话，这之后的家长都是偏差值的一代，所以他们全都成了不合格的家长。这样的文明批评，在抚育孩子时一点帮助都没有。对于这些，我不认同，不应该说是家长的原因。我们应该思考：为什么现在的家长陷入了被称为无能家长的困境？

在探讨"两个孩子的革命"时，我曾提到过"母原病"这个词语。一对夫妇生育孩子的数量减少后，每一个孩子都被给予了比以往时代的孩子更多的爱和关心，但这反而成为孩子的重压，患上小儿哮喘、口吃等身心疾病的孩子增多了。"母原病也就是现代家庭的疾病"，这就是我的分析。现代家庭的建立和完成在"主妇"中带来了被叫作"思秋期"的这种病，同时还带来了"母原病"。

但将这样的病命名为"母原病"，就好像母亲是病原体一样。《母原病》的作者久德重盛的分析和我的分析，分别是从两个不同的立场出发的。久德重盛最强调的论点是，日本经济高速增长期促使社会发生巨变，这使"母亲抚育孩子的本能"被毁坏了，因此而产生的"文明病"是"母原病"的真正原因。"孩子少一些好""与在家抚育小孩相比，在外工作更愉快""在孩子0~3岁时，把孩子和父母分开交给其他人抚育，自己也不在意"等，对于上述的内容，有哪位母亲觉得很像自己的话，那就该注意了②。

---

① "偏差值"是指相对平均值的偏差程度，20世纪60年代中期在日本被使用后逐渐成为各大考试中反映学生成绩和能力的标准，并于1979年被日本大学考试制度采用。——译者注
② 久徳重盛『母原病』サンマーク出版、1991年、185-186頁。

依据上述观点思考的话，参加女性解放运动的女性说着不喜欢做母亲，可一旦当了母亲就不得不接受"自己不再是原来的自己"，这才是"文明病"的患者。现在所有家庭一旦出现问题，无论是什么，都把原因归于"女性的自立"，而"母原病"的解释也属于这一类型的逻辑推理。

20世纪80年代出现了各种各样的"家庭问题"，并引发人们的议论。妻子的"思秋期"最为有名，还有诸如离婚率的上升、独居老人的增多，以及校园霸凌、自杀、家庭暴力等与孩子相关的问题。因为"家庭暴力""家庭解体"这些词语与"女权主义"一词蕴含着相反的忧虑，这让媒体热闹非凡，"家庭遇到危机"的意识也在民众中不断升级。大平内阁接受了《充实家庭基础的要领纲要》(自民党政务调查会，1979年)，在1983年的《国民生活白皮书》中竟增加了家庭特集，并说每年的国民生活指标中只有家庭领域在不断恶化①。

说到上述"家庭危机"的原因，通常给出的解释是家庭脱离了原本应有的样子。"女性的自立"成了众矢之的，因为它被看作家庭变坏的证据。

但正是这样的家庭观，我想通过这本书来加以质疑。就如第5章已经讨论的那样，在对待家庭危机的背景时，有理论上的先入为主，认为正是现代家庭才是人类普遍应有的家庭。但如果我们看穿了一个事实，那就是现代家庭只不过是历史上家庭的众多

---

① 如本书"导论"部分指出的那样，将由人口学的原因导致独居老人的增多纳入负的指标中，并将儿童在学校中发生的问题也作为家庭问题来看待，以显示家庭的恶化，可以说这些指标在预先设定时就存在问题。汤泽雍彦对国民指标中关于家庭指标的设定进行了多次批判。参见汤沢雍彦・森まゆみ『いま「家族」に悩むあなたへ』コンパニオン出版、1985年等。

类型中的一个而已，就会很容易发现家庭危机不能被认为是人类的危机，而应冷静地观望变化的方向，并制订一些相应的对策。

重新回到亲子关系的问题上，对"母原病"的看法，其实就是家庭危机论的典型表现。这种"母亲抚育小孩的本能"，从它的定义上说是绝对不会消失的，但因"文明"这一社会变化，它被破坏了。

因此在本章我将其作为"家庭危机论"的一个事例，展开进一步的探讨。请大家注意以往的框架和我将提出的分析框架之间的不同，以及两种框架对现实的解释与分析的不同。

真的是 3 岁神话吗？

《母原病》的作者说要尽量避免将 0~3 岁的幼儿送到保育所。每一天早晨重复着被妈妈抛弃的体验，对幼儿来说是难以忍受的痛苦，是对幼儿心灵的一种伤害。也就是说，孩子需要"到 3 岁为止都由母亲亲自照料"。

"到 3 岁为止都由母亲亲自照料"这一观点的影响力是非常之大的。这并非学者一个人的倡议，母亲对女儿、婆婆对儿媳、丈夫对妻子、街坊邻里对年轻的妈妈……在各种场合，都说同样的话。

年轻的花子一代[①]的女性，也因这个魔咒而失去了自由。珍

[①] 指 1959~1964 年出生的女性。她们成长于日本经济直线上升的 20 世纪 70~80 年代，是"相信明天一定会比今天更好、更富裕"的一代。她们还被称为日本泡沫经济的产物，是消费欲望旺盛的"时代的主角"。

惜自己的生活方式是理所当然的，有这种观念的花子们尽管在女性生活方式中开辟出新的趋势，但她们仍认为一旦生育了孩子就要给予孩子充分的爱，让孩子穿可爱的衣服、接受精英教育。"3岁神话＝母性神话"，这比主妇神话具有更强劲的力量。

在20世纪80年代末期，歌手陈美玲带孩子上班成为大家热议的话题。一边紧紧地抱着孩子，一边去工作地点的陈美玲被看作"贪心"的花子一代人的心灵写照[①]。但陈美玲这样的解决方法，并不是所有人都能够做到的。事实上，有很多单身者和坚持丁克家庭的人反驳道："与其没法好好地照顾孩子，还不如干脆就不要。"

即便如此，花子一代依然无法摆脱"到3岁为止都由母亲亲自照料"的理论，且被其束缚。那么，理由究竟是什么呢？

3岁神话可以追溯到精神分析理论。弗洛伊德说婴幼儿期的母子一体的感觉在俄狄浦斯情结被打破后，婴儿的自我才发展起来。而能否被打破，幼儿体验是起决定性作用的。弗洛伊德的这一理论实在有名，基于这一理论，埃里克森提出了人格发展八阶段理论。该理论认为每一个发展阶段都有必须完成的人格发展任务，如果没有完成这一任务，个体将无法跨越到更高阶段。因为人生最初阶段的人格发展任务是在和母亲关系的基础上"确立基本的信赖关系"的。所以与母亲的关系一旦出现问题的话，那个人的人生在之后将会有不可弥补的成长缺陷。

第二次世界大战结束后，美国开始盛行科学主义和实证主义，

[①] 落合恵美子「新人類女性はアグネスをめざすか」『婦人公論』1988年8月号（前述论文还被收录于『近代家族とフェミニズム』勁草書房、1989年、280-294頁）。

第8章　家长已经无能为力了吗?

用科学的方法测定母子相互作用论成为认知研究的主流[1]，其中影响力最大的是依恋理论（Attachment Theory）。依恋理论的观点主要来源于动物行为学。你一定知道动物行为学学者康拉德·洛伦茨著的《所罗门王的指环》这本书。书中有洛伦茨被当成灰色雁的父亲这样的精彩论述，灰色雁会把自己破壳出生时看到的第一个会动的生物当成家长，这叫作"印记"。虽然人类没有这样单纯，但人类基本上也具有同样的爱的能力，这是依恋理论的创始人约翰·鲍比的观点。比如，出生后的婴儿因早产而被送进育婴室，母亲可能很难爱上这个孩子或者之后对自己养育小孩没有信心。

母子相互作用论是基于先进的技术测量提出的，不仅关注婴儿出生后的状况，还要追溯到胎儿期的状况，证明了婴幼儿就已经具备对外界刺激相当强的感知能力。所以，小婴儿出生后即使没有什么反应，母亲也要和他说话，和他对视着喂奶。这些都是最近育儿书上常见的具有代表性的育儿内容。

婴儿在很小的时候就具有人际交往能力，这一观点之所以能够得到广泛传播，确实是母子相互作用论的功绩。但婴儿人际交往的对象必须是母亲，或者必须有一个人与之互动，这些并不是依据实验结果得出的结论。实际上，在母子相互作用论提出的初期，并未考虑到婴儿与母亲以外的人的关系，所以连相关的测试或实验都没有进行过。可以说，现代家庭的意识已经潜入科研人员建构假设的前提中了，这导致了偏差。原本作为母子相互作用论基础的精神分析理论，本身就是以现代家庭的人际关系为前提

---

[1] 关于母子相互作用的论述，参见 Klaus, M. H. and J. H. Kennell, *Maternal-infant Bonding*, The C. V. Mosby Company, 1976（竹内徹・柏木哲夫訳『母と子のきずな』医学書院、1979年）。

的一门学问。

　　此后在美国，只是强调母子关系的依恋理论就逐渐式微。近年来，父亲、保姆和孩子的玩伴等角色的作用也成为研究对象。从各种各样的实验结果来看，如果人际关系的对象为固定的几个人的话，就用不着只限定一个人，也许男性也行，与婴儿相同的毫无能力的孩子也可以，目前的研究结果大概就是这样。

母性剥夺和母子依恋

　　鲍比在将母子相互作用论正统地继承下来的同时，又在理论上开创了一个不同的研究方向。他的分析方法巧妙地展示了理论视角转换的具体过程。接下来让我们一边以他提出的"认生"和"分离不安"的分析为例，一边进行探讨吧[1]。

　　所谓"认生"，就如大家熟知的那样，就是孩子因为见到不认识的人而边哭边躲到母亲等人的身后。所谓"分离不安"，是指家长一离开，孩子就会感到不安，又哭又闹。孩子产生认生和分离不安，是因为和某人有了依依不舍的感情纽带，他把这个人和其他人区别开来。所以"认生"和"分离不安"本身并不是一件坏事，是人类发展其认知能力必须经历的。但是过于强烈的话，仍然让人感到为难。

---

[1] Bower, T. G. R., *A Primer of Infant Development*, W. H. Freeman and Company, 1977（岡本夏木ほか訳『乳児期』ミネルヴァ書房、1980年）；落合恵美子「現代の乳幼児とその親たち——母子関係の神話と現実」『現代人のライフコース』（三沢謙一他と共著）ミネルヴァ書房、1989年、1-53頁。

第8章 家长已经无能为力了吗？

比如，面对一个认生和分离不安过于强烈的孩子。如果有人向你倾诉类似烦恼的话，你认为原因是什么？你会给出什么样的建议和忠告？常常听到的建议是这样的："是吗？您的孩子认生和分离不安过强啊。如果是这样的话，那是因为您和孩子间的感情纽带太脆弱了吧。妈妈应该一直守候在孩子身边，好好地抱他。如果两个人的感情纽带很紧密的话，他会相信即使母亲去了他看不到的地方，也一定会很快回来，就不会大声哭叫。而且，即使来了他不认识的人，只要和母亲之间有紧密的情感纽带——笃定有母亲会守候着自己，就不会有那样认生的事了。"

这是一个建立"更紧密的母子关系"式的建议。别说是婴儿的分离不安，为了治愈十几岁的少男少女的家庭暴力，也可用相同的逻辑。比如会有这样的建议"把他当成婴儿，好好地拥抱他吧"，用这样的方法重新攀登一回埃里克森的人格发展阶梯。

但是，鲍比所说的分离不安和认生在某段时期内非常强烈，之后就慢慢地减弱了，不会持续一生。分离不安的强度与年龄的关系如图8-1所示。婴儿出生不久完全没有分离不安，到了1岁分离不安就会变得强烈，到了2岁左右达到顶峰，接着就一点点地减弱，4岁半到5岁左右几乎完全消失。那么，这个成为分离不安的分界线的2岁意味着什么呢？这是开始学习掌握语言的年龄，而5岁是一个语言表达方面几乎没有障碍的年龄。这两个年龄段中无论哪一个，都是语言表达和交流的十分重要的发展阶段，这是鲍比非常重视的地方。因为语言是不能选择对象的，所以可称其为"一般性地交流"。如果幼儿能够说那门语言，那么他就可以和懂这门语言的人交流。这样即便是初次见面的过路人也可以向他问路，虽然这看起来没什么，但这是一件非常了不起的事情。

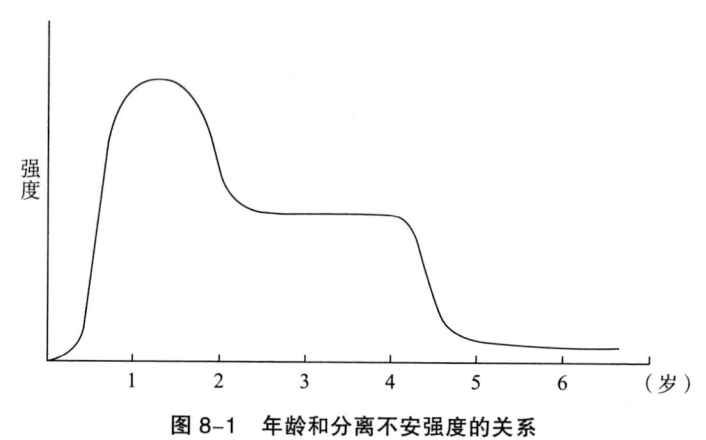

图 8-1　年龄和分离不安强度的关系

资料来源：T. G.R. バウアー『乳児期』、1980 年，具体参见第 176 页注释①。

对于婴儿来说，能掌握一般的交流能力是需要经过一些时间的。婴儿虽然没有达到和"任何人"都能交流的程度，但"如果是那个人"就可以交流，婴儿有这样一个特殊交流的阶段。就像父母看见孩子的表情，就知道他要尿尿、要喝奶一样。可以把这认为是肢体语言。像肢体语言所表现的那样，婴儿用身体记住这些东西。这样，便到了只与某个人进行交流的状态，这种状态被称为"依恋"。鲍比认为，依恋是特殊交流的路径。

请重新思考认生和分离不安，假如婴儿身边没有和他有依恋关系的人，这对婴儿来说就像自己到了外国一样吧。于是，听到外国人来问路就逃跑了，这就是"认生"。成人也会有"分离不安"，比如在外国旅行时，因与会说日语的人失散而产生恐惧。但如果一个人掌握了那门语言,那么他就不会有自己是"外国人"的感觉。所以只要培养出一般的交流能力,认生和分离不安就不存在了。鲍比认为这就是分离不安在 2 岁和 5 岁时急剧减弱的原因所在。

从这个角度去思考,就会对认生和分离不安有完全不同的建议。

> 您的孩子认生和分离不安是否过于强烈了?那是因为您独自占有孩子所引起的。如果与其他的孩子和大人有更多的交往机会的话,孩子就会更容易掌握一些普通的与人交流的方法。所以,当妈的您,请不要把孩子总放在自己身边,请把他带到更多人当中去。虽然也许会感到有些困难,但孩子会在人群中学会与人交往。

所以,我们常会听到:店铺老板家的孩子不认生。因为母亲一边背着孩子一边在店铺里工作,还要招呼客人。在这样的环境下,孩子自然而然就会知道如何和他人交流。

我们不用耗费周折绕道思考了,这样想来,反而觉得不可思议。认生的孩子就让他适应与人交往,这是很容易就可以想到的答案。

但奇妙的是,至今为止的专家都绕弯式地提出了完全相反的建议。一旦孩子出现问题,无论什么原因最终都归结为母子关系薄弱,这种现代家庭式的想法首先就跳了出来。受到思考框架的束缚,原本只要虚心地观察思考就能立刻明白的事却全然看不透了，而这样的事常常发生。"过于宠爱孩子""和母亲间的关系薄弱""孩子即使与父母完全分开也是可以的""情感纽带薄弱"……这些就像记在脑子里的顺口溜。这被称作"母性剥夺论"（Maternal Deprivation Theory）。

但试着想想看，这其中的很多建议不是都产生了相反的效果吗？近年来与孩子相关的社会问题的出现，与其说是母亲和孩子过于疏远导致的，不如说是母亲和孩子过于亲密导致的[1]。如果对这样的母亲继续劝告"再紧密一些""还不够亲密"的话，事态会向怎样的方向发展呢？

与人类和社会相关的理论不是在真空中飘浮的，而是以特定的社会条件为背景形成的。在弃婴很多、父母不照顾孩子的社会，警告大家"母性剥夺"的危险性是有意义的，而在母亲和孩子都像是长时间地待在密室里的社会，依然反复强调相同的警告，这就过于滑稽了。

如前所述，在日本从现代家庭体制的建立开始到这一体制出现摇摆不定，只用了20年的时间。再继续倡导创建现代家庭，也许并非不可能。但应该意识到像那样的现代家庭体制再继续下去将是危险的。

---

[1] 馬場謙一・木村栄『母子癒着』（有斐閣、1988年）。这是一本从母亲的角度深度挖掘母子依恋这一问题的具有独特视角的书籍。从那时起，育儿不再仅仅是医生、教育者关注的领域，母亲也登场了。其他类似的著作，如平尾桂子『子育て戦線異常アリ』（汐文社、1991年）、結木美砂江『みんな悩んでママになる』（汐文社、1990年）等。

第 8 章　家长已经无能为力了吗？

抚育幼儿焦躁不安的因素

　　如今出现了以当下的时代变化为背景，从新的视角探讨父母与子女关系的研究。从孩子身边离开，给孩子自由，这与形成更好的育儿态度是相关的，已经有研究者得出如此明确的结论了。这就是牧野胜子花了 10 年的时间进行长期调查得出的研究结果："育儿焦虑症""育儿不安"[1]。

　　到此为止，探讨亲子关系问题时，都是从儿童出现了哪些问题来入手的。这次，从父母的角度来看看有哪些问题吧。父母无法采取恰当行为来抚育孩子，最具代表性的现象是"虐待儿童"和"育儿焦虑症"。1986 年，我在兵库县家庭问题研究所承担了"关于核心家庭育儿援助的调查研究"这个课题，那一年兵库县发生了两起与"育儿焦虑症"相关的自杀事件。两起事件都发生在相同的地区，也就是在房屋相似的密集型住宅排列而成的新型住宅区。在这里，即使没有到"育儿焦虑症"的程度，任何人也都会感到"育儿不安"。所谓"育儿不安"，如牧野所说"那是对孩子和养育子女过程中积攒的说不清的恐惧的情绪状态"，这是"育儿焦虑症"的一个测量标准（见表 8-1）[2]。

---

[1] 牧野カツコ「乳幼児をもつ母親の生活と〈育児不安〉」『家庭教育研究所紀要』3 号、1982 年、34-56 頁。

[2] 牧野カツコ「育児における〈不安〉について」『家庭教育研究所紀要』2 号、1981 年、41-51 頁。牧野カツコ「〈育児不安〉概念とその影響要因についての再検討」『家庭教育研究所紀要』10 号、1988 年、23-31 頁。

· 181 ·

表 8-1 育儿不安的尺度

题目：最近，你有以下一些征兆吗？

1. 每一天都筋疲力尽。（N）	Ⅰ 一般疲劳
2. 早上睁开眼睛感觉浑身轻松。（P）	
3. 要考虑的事太多，让人烦躁。（N）	Ⅱ 精力下降
4. 每天都充满了紧张感。（P）	
5. 生活中感到游刃有余。（P）	
6. 孩子让人感到烦恼，心情急躁。（N）	Ⅲ 情绪急躁
7. 认为自己把孩子养育得很好。（P）	
8. 有时对孩子的事情不知道怎样做才好。（N）	Ⅳ 出现育儿不安的症状
9. 认为孩子都是自己一个人带大的。（P）	
10. 独自外出（不带孩子）时，担心得不得了。（N）	
11. 因感觉是自己一个人养育孩子而压力很大。（N）	Ⅴ 育儿意愿低迷
12. 因养育孩子而感到自己成长了。（P）	
13. 认为每天都只是反复做着同样的事情。（N）	
14. 为了养育孩子，感觉自己一直都在忍耐。（N）	

注：P 为积极，N 为消极。

资料来源：牧野カツコ「＜育児不安＞概念とその影響要因についての再検討」『家庭教育研究所紀要』10 号、1988 年、23-31 頁。

在进行调查时令我们感到惊讶的是，谁都说自己有可能成为"育儿焦虑症"患者，连养育孩子的互助小团体的领导者们都异口同声地这么说。"实际上，我在进入这个小组织之前就已经得了很严重的育儿焦虑症。"而她们看上去都是生机勃勃、干脆利落，和育儿焦虑症相距甚远的母亲们。

介绍个实例吧[①]。听说现在充满活力的她，在结婚后不久就

[①] 兵庫県家庭問題研究所『核家族の育児援助に関する調査研究報告書』、1987 年。

第8章 家长已经无能为力了吗?

住在她出生、成长的老家附近,并开始养育孩子。那时她和邻居关系也不错,一切都是顺风顺水。但丈夫调动工作后,她搬到了其他的县(相当于中国的省)。因为那是转职族很多的地域,大家认为最终还是要搬走的,所以在那里人们和周围的人没有太深的交往。到搬家为止都和邻居热热闹闹相处的她,立刻陷入了孤独之中。而且,丈夫因刚刚调动工作,想在新岗位上好好表现一下,所以每天都工作到很晚。在新家里,直到深夜也只有她和孩子两个人面对面地生活,她变得因一点儿小事就开始对孩子破口大骂。"遇到困难这是没有办法的,只有孩子是自己可以发泄的对象。"正是在那时,以前的朋友偶尔来玩时,提醒她不能再这样了。朋友听到她训斥孩子,就说:"你啊,有点奇怪。以前可没有这样训斥过孩子呀。"她突然间恢复了理智,对自己说:"现在这样可不行,就算不太情愿,也要试着去积极交朋友吧。如果邻居不行,即便是坐公交车,无论如何也要多交些朋友。"她这样做了,遇到了现在她也在参与的抚育幼儿的小团体,并解决了自己的问题。这个实例告诉我们,由于搬家以及与邻居相处出现问题,即使平常充满活力的人也非常容易陷入育儿焦虑的状态。

现代人养育子女,似乎从社会结构上就容易引起育儿不安。到底是什么样的社会结构使母亲们容易陷入育儿不安?从牧野胜子的调查中,可以明确地看出有两个重要原因[1]。一个原因是缺少父亲的帮助。丈夫回来的时候,妻子想和他谈谈养儿育女的烦恼,但是丈夫也筋疲力尽,想在家里好好休息。所以丈夫

---

[1] 牧野カツコ「〈育児不安〉概念とその影響要因についての再検討」『家庭教育研究所紀要』10号、1988年、30頁。

会说:"家里的事不是都交给你了吗?不要和我抱怨。"这样,一切都压在妻子一个人身上,从而引发其育儿不安。另一个非常重要的原因是母亲自身社会网络过于狭窄。这不只是与育儿有关的网络,如果帮助抚育小孩的人过少的话,也容易引发育儿焦虑症,这一点大家应该很了解,也很认可吧。但即使和育儿没有关系,在兴趣俱乐部等团体,母亲和其他人建立联系,类似于这样的社会网络也都是很重要的。有人会说"因为孩子还小,就不去文化中心了",但牧野的调查发现去了文化中心的母亲们,有育儿不安的概率明显低得多[1]。总之,不要只通过孩子来寻求自己生存的价值,在某个地方让自己转换心情后,对待孩子的心情也就放松了。在孩子还小的时候,有意识地创造这样的时间才是良策。

无论母亲是否有育儿不安的倾向,她们在回答"除了养育子女外,自己有一定想要做些什么的想法吗?"时,都选择了"经常会有""有时会有"。但如果说有育儿不安和没有育儿不安的妈妈之间有何不同的话,则体现在"孩子长大从身边离开后,自己能够做些事"的选择上,那些回答"经常会有""有时会有"的人不会产生育儿不安;而回答"完全没有""几乎没有"的人产生育儿不安的概率明显很高[2](见图8-2)。拥有育儿以外的生活目标的妈妈,不容易患上育儿不安。这样,鼓励女性放弃自我实现去安心养育子女这类的忠告,反而会产生相反的效

---

[1] 牧野カツコ「乳幼児をもつ母親の学習活動への参加と育児不安」『家庭教育研究所紀要』9号、1987年。
[2] 牧野カツコ「乳幼児をもつ母親の生活と〈育児不安〉」『家庭教育研究所紀要』3号、1982年、34-56頁。

果。消除负疚心理之类的不良情绪，把握好自己的时间吧。改换心情，恢复精气神儿，成为一个朝气蓬勃的好母亲，就能重新回到孩子身边了。

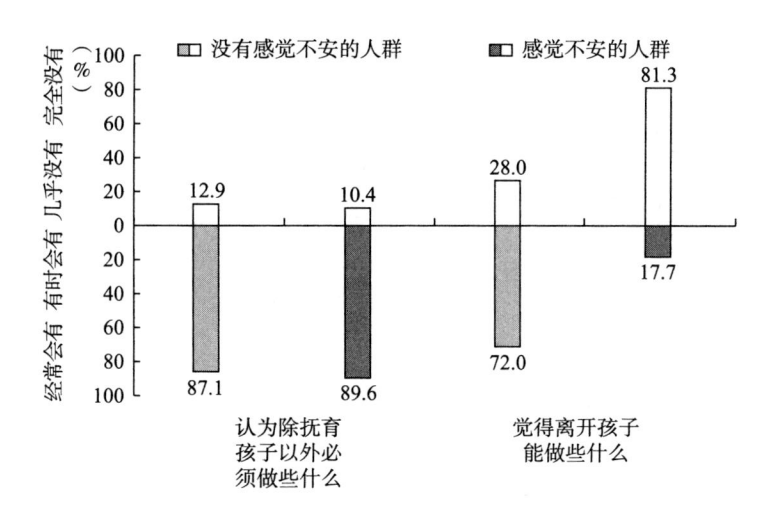

图 8-2 抚育孩子以外的生活目标

资料来源：牧野カツコ「乳幼児をもつ母親の生活と〈育児不安〉」。

而"缺少父亲的帮助"和"母亲自身社会网络过于狭窄"，这两者都是"女性主妇化"引起的，社会性别分工将女性封闭在家庭这个领域里了。"少子化"之后，母亲将全部的能量和精力都放在一个或两个孩子身上，母子共同失去和他人的情感纽带关系，封闭在一个被叫作"家庭"的密封容器里。于是，陷入育儿焦虑症的母亲把烦闷发泄给了孩子，而孩子也没有发展自身社会性的机会并继续依附于母亲。在当代日本，频繁发生的亲子关系问题的病理就是这样的，是通过母子依附的原理而产生的。

前一章探讨了女性的"思秋期",即袭扰主妇们的莫名的不安,本章探讨了母子依附这一亲子关系的病理。"思秋期"的条件是女性的主妇化和少子化,而母子依附同样是由女性的主妇化和少子化引起的。这两个条件又被看作"家庭的战后体制"的特征。"思秋期"也好,母子依附也好,并不是特殊家庭才有的现象,这是战后的日本家庭中不足为奇的现象,或者说这些是无论哪个家庭都会存在的潜在问题。换言之,这些是"家庭的战后体制"在结构上已经被决定了的命运。进一步来说,这两个特征不仅局限于战后的日本家庭,在20世纪欧美的现代家庭中也广泛地出现过。主妇的不安和孩子的依附是现代家庭结构上的弱点。

育儿网络的重组

那么,今后的育儿将向哪个方向发展呢?让我们从近几年观察到的现象入手来思考这个问题。继续用猜谜的方式来想一想吧。因育儿而与邻居交往的,究竟是在都市地区还是在农郊地区更加盛行呢?

通常的邻里交往,与社会大众普通的想法相同,在农郊地区更盛行。但在抚育婴幼儿时,都市地区的邻里往来更加频繁一些。表8-2是以1986年我在兵库县家庭问题研究所工作期间负责实施的、将县内长子为2岁的母亲作为研究对象所做的随机抽查为基础制成的①。这一调查结果也很清晰地呈现了这一倾向。在其他地域进行的调查也得出了同样的结果②。

表 8-2　以育儿为中心的与邻居之间交往的地域差异

	几乎每天	每周两三次	每月三四次	几乎没有	总计
都市	136（40.6%）	96（28.7%）	45（13.4%）	58（17.3%）	335（100%）
农郊	27（17.4%）	42（27.1%）	38（24.5%）	48（31.0%）	155（100%）

资料来源：兵庫県家庭問題研究所『核家族の育児援助に関する調査研究報告書』、1987 年。

这究竟是为什么呢？结合家庭类型进行思考的话，就很容易明白其中的缘由（见表 8-3）③。在农郊地区有幼儿的家庭中，有六成以上是扩大家庭。因为和祖父母一起居住，有足够的人手来照顾孩子，所以不用刻意和邻居交往。而在都市地区有三成半是孤立的核心家庭（本调查将核心家庭操作化为与孩子的祖父母居住距离为坐车要花 40 分钟以上）。问到与邻居来往的契机时，农郊地区被访者中回答"在孩子出生前就开始有来往了"的占了近五成，而在都市地区回答"因为孩子想要玩伴，有意识地去寻找"的占了近三成。现代在都市地区兴盛起来的

---

① 兵庫県家庭問題研究所『核家族の育児援助に関する調査研究報告書』、1987 年、22 頁。这个要点也参照了落合恵美子「育児援助と育児ネットワーク」『家族研究』創刊号、兵庫県家庭問題研究所、1989 年（『近代家族とフェミニズム』勁草書房、1989 年、93-135 頁）。
② 矢澤澄子「現代女性の今日と明日」『横浜市民女性の生活実態と意識調査』第二部、横浜市市民局婦人行政推進室、1988 年。
③ 兵庫県家庭問題研究所『核家族の育児援助に関する調査研究報告書』、18 頁。

育儿网络组织，是父母受育儿需要所迫而创造出来的，可以称得上是"新的领域"。

表 8-3 拥有婴幼儿家庭的家庭类型的地域差

	与夫家同居	与妻家同居	与夫家邻居	与妻家邻居	与夫家近居	与妻家近居	孤立核心家庭	合计
都市	67（20.0%）	12（3.6%）	32（9.6%）	23（6.9%）	62（18.5%）	23（6.9%）	116（34.6%）	335（100%）
农郊	83（53.9%）	17（11.0%）	13（8.4%）	7（4.5%）	15（9.7%）	9（5.8%）	10（6.5%）	154（100%）

资料来源：同表 8-2。

现在，请回想一下第 4 章所说的 20 世纪 60 年代家庭的兄弟姐妹网络，亲属网络和近邻网络是互相替代的。这从当时的调查中也可以看出来。在 20 世纪 60 年代，因为那时的父母是有着众多兄弟姐妹的人口学的第二代，即使他们居住在都市地区，也常常与姐妹们互相帮忙，所以他们不怎么发展与近邻的交往。

将 20 世纪 60 年代和 80 年代进行比较的话，可以发现 60 年代的家庭过于遵循家庭现代化理论而发生了变化。让人吃惊的是由于育儿的主力军转移到了兄弟姐妹很少的人口学第三代（80 年代的家庭）身上，都市地区家庭大多失去了亲属网络，他们不得不发展近邻网络。从世界范围来看，尽管"家庭的战后体制"时代的日本家庭是"现代家庭"，但由于其依靠人口学条件的兄弟姐妹网络组织，"现代家庭"的孤立性和脆弱性才得以避免，得到了一定的保护。但失去了这个保护条件之后，日本的家庭也彻底变成了赤裸裸的"现代家庭"。各种各样的"家庭问题"从 70 年代后半期开始呈现在人们面前，其理由之一恐怕就在这里。

第 8 章　家长已经无能为力了吗？

然而，母亲与子女已经不仅仅是被动的存在了，他们也设法创造必要的社会网络组织。像上文介绍育儿焦虑症时举的那位女性的例子那样，想着"这样下去可不行"，然后就加入育儿小团体中去了。在 20 世纪 80 年代的日本都市地区发展起来的近邻网络组织，是被迫无奈但坚持不放弃的母亲们创造出来的成果，可以称得上是在摸索中自然生长起来的新时代养育子女的方法。

说实话，即使是和祖父母共同居住，育儿网络组织也是必需的。就算大人能一直陪孩子玩，也做不成孩子的朋友，因为即使大人会说"不行！"，也不会说"不跟你玩了！"。

某幼儿园里开办了全都是 2 岁儿童的班级。契机是这样的：将入园前的孩子集合起来，说"好，和小朋友们一起玩吧"，并让孩子们围一圈做滚球的游戏，将球滚到某个孩子那里时，他却将球当作自己的东西，而不会传给其他的孩子。因为一直和大人一起玩，他不能理解将玩具与其他孩子共享、按顺序来玩儿这样的事情[①]。在不轻易相互谦让的孩子之间，如果不反复进行自我主张和等待的话，是不能掌握平等的人际交流方法的。

归根结底，抚育孩子时没有相似经历的同伴是很难的。有同为家长的朋友是很必要的，而对孩子来说有能一起玩的伙伴也是必要的。在这一点上，即使遇到一些困难也要有意识地去做才好。近邻之间的往来会是件很麻烦的事情，但在这件事上不用心的话，是无法建立抚育孩子的近邻网络的。

因为近年来孩子的数量在逐渐减少，在农郊、都市地区或高级住宅区等，有些地方几乎没有孩子，在这样的地方寻找同龄玩

---

① 兵庫県家庭問題研究所『核家族の育児援助に関する調査研究報告書』，115-125 頁。

伴是极其困难的事情。父母不得不每天用私家车送孩子到孩子比较多的公园，让孩子去交朋友、建立网络，这是被现实逼出来的对策[1]。

很明显，单靠近邻网络组织自发的活动，仍然会遗留一些无法应对的问题。实际上，那位从育儿焦虑症中振作起来的女性所参加的育儿小团体，也是以行政部门召开的抚育子女讲座为契机而建立起来的。说到育儿的行政援助，大家可能会想到行政部门会将所有的事情都包揽下来，事实上并不需要那样做，有太多的途径可以向家庭提供育儿支持。比如，以建立育儿网络组织为契机，让公民馆、儿童馆提供地点等；已经在各地开始的育儿电话咨询也能提供有效的帮助。此外，不仅仅是幼儿园、保育所，面向所有婴幼儿的各种被认定的保育园纷纷登场，入园规定也在不断地完善。

阿里耶斯曾指出："看似是家庭危机的事情，实际上是都市的危机。都市甩手不管的职能只能由家庭自身来背负，所以家庭陷入了功能不全的境地。"[2]"家庭"独自抚育孩子，这在任何一个时代都是没有过的事情。孩子一直是在由邻居阿姨和亲戚家的叔叔、游戏玩伴和学校同伴等组成的各种各样的网络中成长起来的。

现在抚育子女看上去似乎进行得不顺利，这是因为与孩子成长相关的社会网络组织在不断地变动，而这些育儿网络的重建并不顺利。我们需要思考，在育儿无法依靠亲属的地区、育

---

① 兵庫県家庭問題研究所『核家族の育児援助に関する調査研究報告書』、14-15頁。
② Ariès, Philippe, "The Family and the City," Daedalus, 106-2, p. 235, 1977.

儿援助体系不完善的地区，如何寻求公共领域的援助，或者进一步将这些灵活地结合起来，摸索适合这个时代的、崭新的育儿模式。

生孩子的意义

20世纪70~80年代是隐藏在"家庭的战后体制"的矛盾大爆发的时代。不是因为战后家庭的理想没能实现，而是因为它实现了，之后才发生了这些家庭问题。本以为实现了现代家庭的理想，却意外地发现家庭功能表面化了。虽说这是常有的事，但还是让人觉得有讽刺意味。

这些家庭问题的暴露被说成是家庭危机、家族解体等，并引起了相当的骚动。暂且不论如何从这些家庭问题的难关中脱离出来，事实上，在不知不觉中家庭不是已经迈出了走向新变化之路的步伐了吗？

如前反复强调的那样，1975年前后，"家庭的战后体制"开始在统计数字上显示出变化。它的第一个特征——主妇化趋势发生逆转，女性开始不做全职主妇的原委在前一章已经详细地阐述了。

那么，其第二个特征又是什么呢？1975年开始的出生率的第二次下降，确实表明某个变化即将发生。在总和生育率降至1.53和1.46时，政府和大众传媒的骚动让人记忆犹新。

如第3章最后阐述的那样，出生率可以从有配偶率、有配偶出生率的角度来加以思考。1975年以后出生率的下降，与20世纪50年代出现的出生率的下降在类型上完全不同。有配偶率的下降主要是由晚婚化所致。对于担心人口减少的人们来说，他们认为这是"不结婚的那些人犯下的错误"。尽管在意识调查结果中显示持有终身独身信念的人并未增多，但从结果可以推定终身独身的男女比例还将上升。1975年以后，包括认为"生育时间推迟了，所以生一个孩子已经是极限了"的这些人在内，有配偶出生率开始下降。

　　结婚还是不结婚？如果结婚，是早结还是晚结？生孩子还是不生？如果生孩子，是生一个还是生两三个？人们在不同时期做出不同的选择，从与结婚和生育相关的情况来看，可以预想未来会出现比现在更多类型的生存方式。就是说，再生产平等主义已经是过去的事情了。

　　再生产平等主义的结束意味着大家都结婚，大家同样生两三个孩子，建立现代家庭这一体制结束了。如此一来，亲子关系会发生怎样的变化呢？没有孩子的家庭不是家庭，或者说作为一个人，既然被生下来了，自己也应为人父母的想法已经式微。要孩子不再因为必须要或是责任感使然，所以亲子关系也变得比以往更加自由了。但这样最终也会使孩子真的变成"耐用消费品"——孩子变成和车、海外旅行并列的选择项目。既然有孩子，那么就必须尽全力地疼爱他并且享受其中的快乐，如果做不到，就不要生育孩子了，新的时代诞生出不同的追求生活的方式。

　　但是，请不要对这样的人进行批判。你不要从心怀天下的角度说人生育孩子是为了确保"劳动力"，或应对"老龄化"，而要用日常生活中的语言来说明为什么人要生育孩子。

第 8 章　家长已经无能为力了吗？

人为什么要生孩子呢？在今后的社会，这个问题一定会成为一大谜团。如果不是因为孩子可以带来经济效益（将孩子作为生产资料），不是因为大家都生（现代家庭的规范）的话，人变得自由后就必须自己找出生育孩子的理由。因为高兴所以生孩子（将孩子作为耐用消费品），如果用更冠冕堂皇的理由就是因为养育孩子本身使人拥有了无可替代的人生体验，最终也许就只能是这个理由了。但只是想生个孩子感受一下的话，那么你就能明白：如果与快乐相比，难以承受的感觉更强烈了，怎么办？随着孩子的成长，孩子的可爱之处消失了，养育小孩变得不那么愉快了，怎么办？孩子和车、电脑是不同的，是不能作为二手货卖掉的。

现在，对不生育孩子有紧迫感的不是个人，也不是家庭，只有国家才考虑无法确保未来劳动力的问题。实际上，如果可以自由地跨越国境迁移劳动力的话，就不会有这种担心了。但那样做的话，"国家"存在的根基就会变得不可靠。近年来，围绕出生率的下降，日本政府、媒体所掀起的骚动，就是以这样一些情境为背景的。

第 9 章
双系化和家庭的发展方向

　　无论对于哪个年龄段的人来说，本章所涉及的内容都是会引起热议的话题。我的一个学生在毕业几年后来到我的研究室时谈道："我最近打算结婚了，但是有些烦恼。"向她询问缘由时，得到了如下回答。

　　她是两姊妹中的长女，男友是家中长子。两人恋情进展到了谈婚论嫁的地步，男友却提出了这样的条件："将来我们的父母可能会有同时生病的时候，到那时无论怎样，你都很难兼顾两边。所以真到那时，可不可以把你的父母送进养老院？"她男友说这是结婚的条件。以上是一个真实的故事。换作是你的话，你会怎么办？若你是那位年轻女性，即便如此，也要和故事中的男友结婚吗？若你是那位年轻男性，你的真实想法会和故事中的男友一样吗？如果站在快要结婚的女儿或儿子父母的立场，你又会怎样想呢？

　　20 世纪 80 年代，家庭变化的关键词是"女性的自立"。实际上，这背后隐藏的仍是旧式家庭的问题。我认为从 20 世纪 90 年代开始到 21 世纪初，这将成为日本人必须应对的最明显的家

第9章 双系化和家庭的发展方向

庭问题。

在谈及"家庭的战后体制"的终结时，提到了1975年这个数字。1975年，在多种意义上都是具有划时代意义的一年。经济上，石油危机平息了，日本也迎来了经济高速增长的新局面；再者，1975年被定为国际妇女年，在此后"联合国妇女十年"期间，日本女性逐渐摆脱了家庭主妇的角色，转变了生活方式。此外，再生产平等主义在这个时期也开始走向瓦解。

从人口学的视角来看，这一时期正是日本人口学的第三代——"低出生率低死亡率"的一代，即1950年以后出生的一代准备结婚成家的时候。如果将25岁视为他们的平均结婚年龄，50年代出生的人会在1975年前后结婚。因此，1975年以后出现了很多与人口学相关的第三代问题。我也属于第三代，所以请允许我使用"我们这一代"这个词语。我们这一代是兄弟姐妹很少的一代，与60年代创造"家庭的战后体制"全盛时期的人口学第二代相比，我们这一代组建的家庭的形式不得不发生改变。而这一变化与人们的好恶无关，家庭中的人口结构已经悄然开始变化。换言之，所谓"家庭的战后体制"的华丽转身，是由于人口的原因而不得不改变家庭原有的形式，无论你愿意与否，这一变化都已经开始了。

到上一章为止，我们聚焦于"家庭的战后体制"的第一个、第二个特征，即现代家庭多个侧面的变化。本章我将依据第三个特征——"日本家庭的特殊性"，探讨在失去背后支撑它的人口学条件后，日本家庭将如何变化。

已达顶点的核心家庭化

让我们一起回顾一下，"家庭的战后体制"呈现的人口学上的特殊性——成家的主角是兄弟姐妹多、人口规模庞大的第二代。它使这一体制可以兼顾已婚子女与父母共同居住的比例以及核心家庭化。此外，表面上看来拥有很强独立性的家庭，实际上拥有着兄弟姐妹网络的支持。

由人口学条件的变化引发的1975年以后日本家庭的诸多变化中，最明显的便是核心家庭化达到了顶点。虽然似乎很多人认为现在核心家庭化仍在不断扩大，报纸等媒体也有相关报道，但它们彻底搞错了情况。再看看图4-1，1975年以后核心家庭率与其说达到峰值，不如说在减少。与单身家庭增加的原因相似，每对夫妇所养育的成人子女数的减少也是核心家庭率不增反减的原因之一。我们所处的时代已经从一对夫妇有四个孩子的人口学第二代，向一对夫妇有两个孩子的人口学第三代转变。扔个小石头都可以砸到长子、长女，"替补的"孩子已经不见踪影。若是严格遵守直系家庭共同居住规范的话，核心家庭也就不会出现了。

话虽如此，由于种种缘故，孩子中的任何一个都没有或不能与父母同住，从父母的立场来看，不和孩子们一起居住的比例上升了。与欧美国家相比，日本的老人（65岁以上）和孩子们

第9章　双系化和家庭的发展方向

的共同居住率更高，但从60年代起，这一比例开始下降（见图9-1），80年代以后尤为明显，老人与子女的共同居住率1980年为69.0%，1990年为59.7%，2001年为48.4%，数据明确显示共同居住率在下降①。上述数据也常常被视为是日本老年人口数量的增加、独居老人的数量增加等问题的具体体现。

但从子女的角度来看，情况又会如何呢？根据广岛清志的分析，或许正是因为兄弟姐妹数量的减少，20~29岁、30~39岁这一年龄段的子女与父母的共同居住率在1975～1985年出现了上升的倾向，虽然增加得不多②。虽然这个比例在这之后又下降了，但与"老年人独居户增加"这一词语所带来的亲情淡薄的印象不同，我们这一代（兄弟姐妹减少的一代）其实是难以与父母割舍亲情的一代。在1986年和1987年播出的电视剧《七人男女夏天的故事·秋天的故事》大受欢迎，剧中的主角（男女主角分别是明石家秋刀鱼和大竹忍）被设定为我们这一代人，他们对父母和代替父母职责的姐姐总是心怀愧疚，却为了让自己的恋人喜欢上自己而非常努力。电视剧生动地描绘了他们的困境——即便遭到父母反对，也无法像团块世代那样，选择离家出走，和恋人厮守。种种情景令人不禁苦笑③。

---

① 1980年以后的数据来源于各年的厚生省統計情報部「国民生活基礎調査」。
② 廣嶋清志「若年有配偶男子の世帯形成動向——過去と未来」『人口学研究』16号、1993年、1-15頁。
③ 落合恵美子「テレビの家族たちはどうして輝くのか」『80年代の正体』（別冊宝島110号）、JICC出版局、1990年、241-255頁（此论文同时被收录于『近代家族の曲がり角』角川書店、2000年、217-234頁）。

· 197 ·

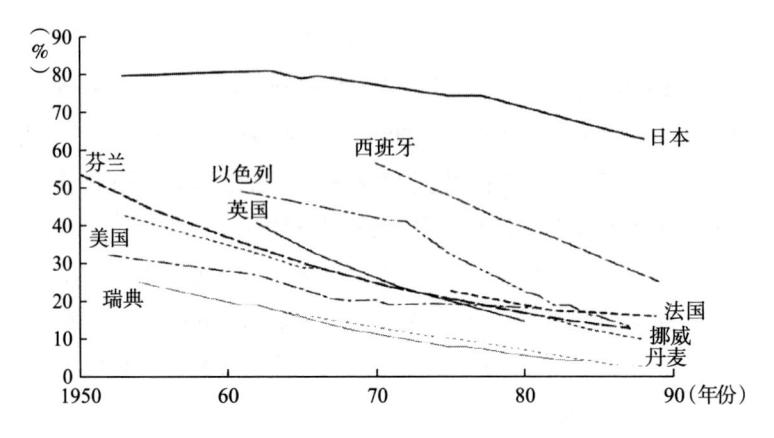

图9-1　老年人和子女的共同居住率

注：65岁以上人口占总人口的比例（其中1953年的挪威和1954年的瑞典为67岁以上，1990年的法国为60岁以上，丹麦的所有年份都为70岁以上）。

资料：OECD, *Caring for Frail Elderly People*.

资料来源：経済企画庁『国民生活白書（平成6年版）』第Ⅰ-4-7图。

女性继承人的悲剧

说起这个话题，或许会让人觉得家制度正在走向复苏。但并非如此，在我看来那反而说明了日本家庭正在走向相反的方向。说到核心家庭，虽然"传统的家制度已经消亡"这种观点在战后颇为盛行，但我曾强调战后很长一段时间内直系家庭制这一家庭模式普遍存在。而现在，我总算可以宣布"传统的家庭制度消亡了"。如今，这一观点虽然不会像二战刚结束时那样引起热议，但

第 9 章　双系化和家庭的发展方向

依据人口学的理由，家制度终于走向了消亡，退一步说，我们也正处于不得不从本质上改变家庭性质的境地。

说到家制度，我们大概都会认为它是父系制度。实则不然，日本的传统家庭并不完全是父系制度。在纯粹的父系制度下，如果某家的家业由一个没有血缘关系的男性继承，这家的香火便彻底断绝了，然而在日本有人会选择招婿入赘。关于这一点，暂且不予讨论，下面我们按照被普遍使用的社会共识，在原则上将日本的家庭视作父系家庭来进行讨论。

我们来做一道排列组合题：假如每个家庭都有两个孩子，是纯粹的父系家庭，即儿子继承家业，女儿嫁到别家去。如果还有一个儿子，那么次子（或非继承人）离开家另立门户也无妨，总之家中会留一个儿子继承家业。那么，只有女儿的家庭就会消失。让我们来看看，消失的家庭在所有家庭当中所占的比例会是多少。

问题非常简单吧。如果每家有两个孩子，某家全是女儿的概率为 1/4，因为会出现"男、男""男、女""女、男""女、女"四种组合，所以每四个家庭中会有一家是"女、女"。若仍按照父系制度来维持旧式家制度的话，一代人中每更换一次户主，四个家庭中就有一个家庭会消失[①]。这可是非常不得了的事情。由于四组老年人夫妇当中就有一组没有孩子来照顾，1/4 的墓就成了无主之墓了。

没有兄弟的女性，和只有女儿的父母，这是你们真正要面对的一个实际问题。请多加留心，若不改变想法，女性继承人和她

---

① 坪内玲子『日本の家族』(アカデミア出版会、1992 年) 2-3 頁。作者在书中也指出了这个问题。

· 199 ·

的父母今后都会陷入困境。

我有许多朋友也是如此，身为女性继承人，她们难以进入婚姻。即使恋爱了，四个男性当中就有三个是长子。但是，有些父母天真地认为可以招上门女婿做养子。如果有丰厚的财产可以让人攀高枝的话就另当别论，如果家庭实力一般，女儿结婚的事情就容易陷入两难的境地。因为仅仅是婚后女方是否改姓都会成为一个争论不休的问题，为此拖上两三年都不能结婚。

最后，她们当中的大多数还是被迫选择了丢掉自己的姓氏来解决这个难题，但后面等着她的还有婆婆的责难。"你回娘家的次数太多了。你是嫁到某家的人了，所以回去跟父母撒娇什么的，差不多就得了。当初我嫁过来的时候……"然而，与拥有众多兄弟姐妹的第二代情况不同，她们并没有可以将父母安心地托付的"老家的哥哥"。这和婆婆出嫁时的情况是不同的，如果自己不去看望父母的话，就没人去探望他们了。

接下来看看墓地。在日本，被允许改成夫姓的女儿继承父母墓地的寺院逐渐增多了。然而一旦打算认真地扫墓，就会一年到头都忙于双方亲属的法事——在狭窄的公寓中并列摆放两个祭坛，到了盂兰盆节和春秋分时，从这个墓地到那个墓地，奔波于整个日本，难免会手忙脚乱。

养子和夫妇别姓

正如前文所述，日本的家庭并非纯粹的父系家庭，父系家庭

第9章　双系化和家庭的发展方向

得以维系的原因在于人口学条件和家制度连接在一起[1]的婿养子制度发挥了极其重要的作用。具体而言，在日本人口学第二代之前的第一代是"高出生率、高死亡率"的一代，他们当中最后能长大成人的孩子的数量与如今的第三代相比几乎没有变化。尽管如此，当时为了不让家消亡，维持家制度的秘密就在于养子习俗的盛行。我们使用历史人口学的研究方法进行了调查，结果显示幕府末期全部农民户主中大约有两成是养子[2]。武士中收养养子的比例最高[3]。例如，当时家中的次子或三子被其他人家收为养子，进而继承家业，是一种司空见惯的人生选择。

然而第二次世界大战之后，养子的数量减少了[4]。与其说是因为民主化，不如说是因为兄弟姐妹较多的日本人口学第二代中，必须通过招养子来继承家业的情况变少了。那时，人们已经接受了男人不能改姓的习惯。如此说来，日本的家庭是在第二次世界大战后，才越来越接近纯粹的父系家庭。

如今，人口学条件又变得与第一代基本相同，男性会像以前一样毫不犹豫地改姓吗？如果他们可以，日本的家庭制度尚可安然无恙，但如果他们做不到，四个家庭中就有一个家庭要消

---

[1] Kurosu, Satomi and Emiko Ochiai, "Adoption as an Heirship Strategy Under Demographic Constraints: A Case from Nineteenth-century Japan," *Journal for Family History*,20-23,pp.261-288,1995. 黒須里美、落合恵美子「人口学的制約と養子——幕末維新期多摩農村における継承戦略」(速水融編『近代移行期の家庭と歴史』ミネルヴァ書房、2002 年、127-160 頁)，将此处作为焦点进行了考察。
[2] 对明治三年多摩的 33 个村子进行调查的黑须、落合的前列论文中推算有 20%。湯沢雍彦「日本における婿養子縁組の統計的大勢」(『新しい家族』30 号、1983 年、21-29 頁)，介绍了在同一时期的静冈县全体成年男子中 23% 是养子。
[3] 服藤弘司『相続法の特質』(創文社、1982 年)，指出在幕府的金沢藩为 39.7%。
[4] 湯沢雍彦「日本における婿養子縁組の統計的大勢」(『新しい家族』30 号、1983 年、21-29 頁)。

失——这样充斥着痛苦的世界就近在眼前。短时间内上门女婿的数量似乎有所增加①，但终究比不上江户时代养子占两成的比例，女性继承人的悲剧仍没有结束。

最近，在日本夫妇别姓备受瞩目。所谓"夫妇别姓"（夫妻婚姻后不改变各自姓氏），指的是在法律上即使二人结婚了，夫妇也可以不改成同一姓氏的婚姻制度。虽然也可以用所谓"俗称"的形式继续使用旧姓，但现在通过法律，便可以光明正大地不改姓。强烈支持"夫妇别姓"的有两种人：一种是苦于婚后改姓会导致职业中断的职业女性；另一种是只有女儿的父母，他们不想断了自己家族的姓氏，而现在不会有想入赘的男性了。

从与家制度的关系上来看，会觉得这实在是非常奇妙又微妙的事情。让只有女儿的父母发声的是一种强烈的意愿，想让自己的家永远得到延续，不想让家族的姓氏就此消失。

如果按照这个方向推进，家制度虽说没有终结，但其内在性质却发生了巨变。有人认为，对于家制度来说，和系谱性同样重要的是集团性。一个人是不能同时属于两个集团的，但若是"夫妇别姓"的话，这一原则就不适用了。由于夫妇间很难清楚地区分——你属于这家人，我属于那家人，所以夫妇都需要和双方的亲属（包括父母）交往。

即便夫妇没有在法律上保持各自的姓氏，但现实生活中，这一现象也已经开始了。现在的父母会这样对即将出嫁的女儿说："即使嫁过去了，这里到什么时候都是你的家，如果过不下去了，什么时候回来都可以。"另外，最近把并不是上门女婿的丈夫的家

---

① 湯沢雍彦「日本における婿養子縁組の統計的大勢」『新しい家族』30号、1983年、21-29頁）。

叫"娘家"的说法也在广泛流行,这大概也可看作夫妇与双方家人以对等的方式相处的一种表现。

何谓双系化

在此,首先请允许我提出"双系化"这个概念。"双系的"(bilateral)是人类学用语,用来表示亲属关系的构成方式。围绕"双系制",人们进行过一系列的探讨。姓氏、地位和财产这些是按照从父亲到儿子这一父系社会规范,还是按照从母亲到女儿或者以女性为中心从兄弟(舅舅)到其儿子(姐妹的)这一母系社会规范——在人类学早期研究阶段,就已经清楚地认识到这两类社会的存在。但似乎还存在不管怎样都不隶属于以上两种形态的社会,这便是一系列研究的源起。难道这个社会既不是"父系的"也不是"母系的"?还是说这个社会既是"父系的"又是"母系的",即所谓"双系的"?或者说,它是根据具体情况可以灵活应对的"可选择的系"呢?以上见解被人们反复讨论,我们可以认为双系化就是比起(父系或者母系的)系谱性,人们更重视依据与个人关系的远近来建立亲属关系(与人类学中的 kindred 相近的关系)。

众所周知,如东南亚是双系制发达的地区。据说当地的耕作方式与人力无法控制的大河泛滥周期相适应,所以那里没有发展治水组织的需求。虽然核心家庭的比例很高,但夫妇会根据情况选择住在娘家或者婆家的附近,所以亲属之间的关系并不疏远。

而且，核心家庭并不是很团结，基本上以个人为中心，事实上离婚率也很高。由于孩子可以放到亲属那里由亲属帮忙照看，所以离婚之后孩子的抚养也不成问题[①]。

与此相对，东亚是父系社会发达的地区，由于日本和东南亚关联颇深，所以也有人认为日本古代曾是"双系制"。高群逸枝曾主张古代日本为母系制，但基于人类学的知识重新审视的话，就发现称古代日本为"双系制"更为恰当。或许正是由于日本有着灵活的养子习俗，"双系制"这样的传统才得以存续。

下面我们不再深入讨论古代日本是"双系制"还是"父系制"，抑或是"母系制"。但当我们将日本的"夫妇别姓"和墓地作为问题，面对现在亲属关系摇摆不定的话题时，我建议用"双系化"来看待。

现代欧美的城市家庭，其亲属关系也被指出是双向的[②]。但是西欧、北欧和美国的家庭在产业化以前就是核心家庭，所以几乎没有人把是父系还是母系这样的系谱化当作问题[③]。而像日本这样的原来就是直系家庭的国家，和欧美国家在传统上有着本质区别的社会[④]，但是几乎没有太多的研究分析人口转变对家庭制度产生了什么样的影响。为何没有相应的研究成果，莫不如说因为日本

[①] 坪内良博・前田成文『核家族再考』弘文堂、1977年。口羽益生・坪内良博・前田成文編『マレー農村の研究』創文社、1976年。坪内良博・坪内玲子『離婚』創文社、1970年。

[②] 例如，Parsons, Talcott and Robert F. Bales, *Family*, Routledge and Kegan Paul, New York, 1955, p.10。

[③] Laslett, Peter ed., *Household and Family in Past Time*, Cambridge University Press, Cambridge, 1972。

[④] 在诸如印度、中国这样将父系联合家庭作为规范的社会中，甚至把杀死女婴或对怀女婴的女性实施流产作为确保男孩出生的策略，从而实现家庭制度和出生力的并存。

第9章　双系化和家庭的发展方向

作为除了欧美以外最早进入现代化的国家，这样的问题也才刚刚出现。因此，至今没有任何研究成果，也是理所当然的。

当然，提出"双系化"这一用语，并非仅仅因为我对这一理论感兴趣。在社会变动期，我们必须弄清楚如今的原则是否还可以继续沿用，如果已经不再适用，就要转换心态，探索符合新时代的原则。如果还是一味地推行以前的原则，将会出现很多解决不了的问题。改变想法的第一步就是给现在正在发生的变化起一个确切的名字，将其明确化、对象化。

让我们回到本章前面提到的那位女性，她的男友提出"把你的父母送进老人院"。按照今天的思考方式，女性通常会以"一旦嫁作人妇就没有办法了"这种理由放弃争论，用一种勉强凑合的心情迫使自己接受对方的提议。但正如前文所述，如果依这样的想法发展下去，1/4 的家庭中的父母将孤独终老。你认为这样的事情合理吗？相信你也不会认同。如果那样的家庭只占极少数，制度或许会继续实行，一些家庭也只能忍气吞声、流泪入眠。但如果 1/4 的家庭都会遭遇如此不幸，人们发起"革命"也就不足为奇了。这样说来，这个制度早晚要被废除，我们必须拿出"如果我们找不到解决的办法，日本家庭将没有未来"的紧迫感，找出解决问题的新办法。如果你那思想僵化的男友跟不上这样的思想转变，那就和他说分手吧！

事实上，革命已经悄然发生。如前面我们探讨过的那样，女方的父母也不甘示弱，在女儿出嫁时，会悄悄地说"什么时候回来都可以"。他们改变了默默等待事物变化的做法，尽管女儿的姓氏改了，但他们也会给女儿在自家附近买房子。

不管怎么说，现在的年轻夫妇生活在与双方的父母织就的大网中，关系非常紧张。但不论是夫妇本人还是双方的父母，都应

· 205 ·

谨记——出于前文所述的理由，当代的年轻夫妇不愿意进入男方或者女方的任何一个家庭中生活。双方父母都必须维持这种平衡，妥善地维系和睦的关系。这是现代年轻一代人口学的宿命。如果没有认清这一点，强迫他们进入哪个家庭生活的话，悲剧将会发生。若方法不当，很可能会导致夫妇年纪轻轻就离婚了。因为这就是"双系化"的时代无法回避的问题。

共同居住、分居、近居

相比于生活在20世纪60年代的人口学第二代（1925~1950年出生的人群），生活在"双系化"时代中的我们这一代人（1950~1975年出生的人群）不得不完全改变和父母共同居住、分居的方式。在20世纪60年代，长子（或者继承家业的男性）理所当然地和父母一起居住，厨房自然不会分开使用——是彻头彻尾的共同生活。与之相对，家中次子、三子或者女儿们与父母是完全分居的。在完全分居的情况下，只在每年盂兰盆节和过年时去看望父母就称得上是很有孝心的子女了，一年一次或几年一次也可以。在60年代，是否继承家业——是否和父母一起居住，决定了子女与父母之间存在截然不同的关系。我们这一代，当说到和父母的关系时，仍旧在沿用共同居住或者分居的老套思想。但今后，无论是共同居住还是分居，都已经和以前不一样了。

最大的区别是没有一个能让自己安心的可以照顾父母的"老家的哥哥"。在60年代，正是因为有一个和父母共同居住的"老

第9章　双系化和家庭的发展方向

家的哥哥",其他的兄弟姐妹才能和父母完全分居。无论是嫁出去的女儿还是到都市去发展的儿子,他们都很安心。但现在两个孩子中就需要有一个继承家业,即使不用继承家业,两个孩子中也一定需要其中一个和父母居住在一起。另外,由于重视继承人的观念日益淡薄,出于工作和住房的考量,"继承家业的孩子"也会离开父母。对于现在的孩子既没有"继承家业"这样的特权,也没有可以和自己本家断绝关系这样的"特权"。

无论是与丈夫的父母还是与妻子的父母共同居住,我们都不得不用电话或者亲自拜访的方式来维持与对方父母的关系。即使和双方的父母都分居,也并非与彼此父母断绝关系,成为完全自由的人——未来人们与父母相处的方式大概会朝着这个方向发展。今后核心家庭率究竟会降低到什么程度,虽然我们可以预测最高值和最低值[1],但现实的核心家庭率究竟会落在这区间的哪个位置,以及会因此有多少老年人独居——这些问题令日本政府和研究者格外紧张。但如果不重新审视今天面临的问题与从前的共同居住、分居的区别——更何况这些区别已经出现了本质上的不同,这些预测将会出现偏差。

曾经围绕共同居住、分居,有学者提出了比较文化论的学说。在日本,分居的两代人会住在距离很远的地方;而在美国,父母和子女的居住距离差不多就是"端一碗汤也不凉的距离"[2]。这不仅

---

[1] 冈崎阳一『家族のゆくえ』東京大学出版会、1990 年。
[2] 关于美国分居但关系密切的亲子关系的研究,广为人知的是 Litwak、Sussman 等的研究。Litwak 将分居的近亲关系（kin family network）称为修正扩大家庭（modified extended family）。Litwak, Engene, "Extend Kin Relations in an Industrial Democratic Society," Shanas, Ethel and Gordon Streib eds., *Social Structure and Family: Generational Relation*, Prentice-Hall, 1965. Sussman, Marvin B. and Lee G. Burchinal, "Kin Family Network," *Marriage and the Family living*, 24-3, 1962.。

· 207 ·

仅是文化方面的不同，有没有孩子可以和父母共同居住，父母和孩子能否安心地分居，这样单纯的理由难道不也在起着很大的作用吗？在美国，一个人年龄越大，其丧偶后独居的情况就越普遍，而日本并非如此，两国的模式明显不同（见图9-2）。在日本，婚后不和双方父母一起居住的情况在将来也一定会增多。日本人开始逐渐同美国人一样，住在离父母不远也不近的地方，"近居"似乎正成为一种理想的居住方式。

我们不得不重新认识分居后的子女和父母之间的互动模式。在日本，和父母分居的子女不像美国人那样经常探望父母，特别是有兄弟姐妹和父母共同居住的，由于安心或者客气，他们看望父母的频率会下降很多。而在美国，和父母分居的子女不会受到父母是否与其他子女共同居住的影响，无论是共同居住还是分居，子女对父母的赡养责任都没有什么变化。在考虑今后日本父母与子女的关系时，这将对我们有所启迪。

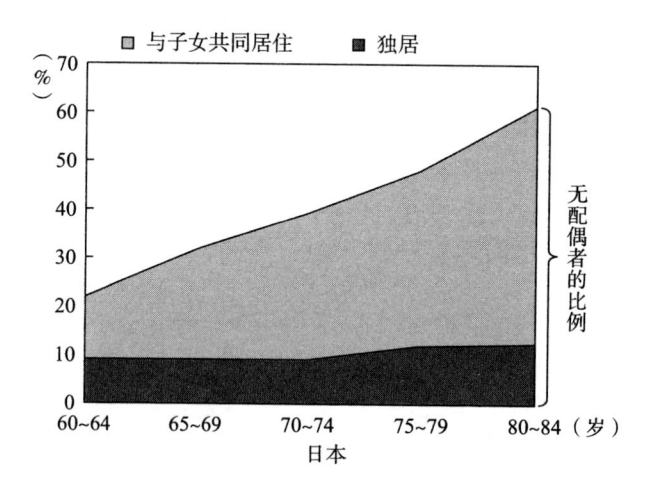

与子女共同居住 ■ 独居

日本

无配偶者的比例

第9章 双系化和家庭的发展方向

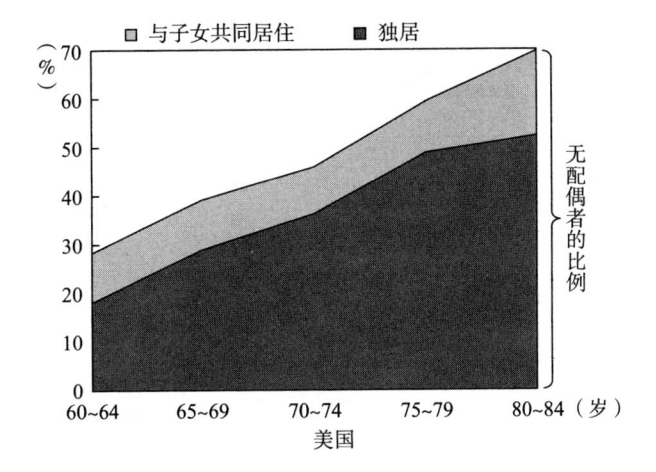

图 9-2　20 世纪 80 年代老年人的居住形态：日美比较

注：1. 从全部回答者中抽出没有配偶的家庭状态进行对比而制作的图。

2. 调查对象都为全国 60 岁以上的男女，其中美国的回答者有 1669 人，日本有 2200 人。

资料：東京都老人総合研究所・ミシガン大学「全国高齢者調査」、1987 年。

Institute for Social Research, University of Michigan, *Americans Changing Lives Wave* Ⅰ, 1986

资料来源：経済企画庁『国民生活白書（平成 6 年版）』。

无论你喜欢与否，不只限于分居或者共同居住的代际关系，从今往后会呈现更多代际互动形式。最近流行的大门和厨房分开的日本人口学第二代的住宅就是一种探索代际关系的新方式。最重要的是和双方的父母都能保持一种平衡关系，这种平衡关系体现在让双方父母看看孙子、享受"含饴弄孙"的乐趣，经常邀请双方父母到自己家里来做客，或者经常拜访双方父母。接下来就只需考虑新年一起到哪里过了。但我们总能听到这样的声音：新年要来了，好可怕。各种场面让年轻人难以招架，父母大概也有同样的感受。正是因为还没有确立一种"这样也无妨"的行为准则，所以父母和子女两代人在各方面都劳心费神，这样疲惫的时代似乎还要持续一段时间。

表 9-1　父母与分居子女的往来情况

单位：%

与父母往来频度	日本		美国	
	有共同居住的子女	无共同居住的子女	有共同居住的子女	无共同居住的子女
每周 1 次以上	40.7	57.4	76.9	77.3
每月 1 次以上	40.8	32.1	20.2	18.5
每月不满 1 次	16.4	9.2	2.4	3.4
没有	2.2	1.3	0.8	0.8

资料：同图 9-2。

资料来源：経済企画庁『国民生活白書（平成 6 年版）』第Ⅰ-4-13 图，依据其中数据制作而成。

老龄化和亲属网

至此，我们以核心家庭率达到峰值为线索说明了虽然日本的家制度和 20 世纪 60 年代不断发展的核心家庭化之间不仅没有任何矛盾而且并存，但现在日本终于到了必须进行根本性改革的时候。

与"家庭的战后体制"的第三个特征相关联的还有一点，就是兄弟姐妹网络发生了怎样的变化。

第9章 双系化和家庭的发展方向

关于这一点，我们在前一章已经探讨了很多。曾在背后默默支撑日本人口学第二代的兄弟姐妹网络为他们抚育子女提供了重要帮助，但到了第三代面临同样抚育问题时兄弟姐妹网络却消失了，所以第三代家庭变成赤裸裸的"现代家庭"，出现了母子孤立和母子过于依恋等现代家庭的病症。与此同时，第三代家庭变得强大并开始建立自己的社会网络，可以看到都市有活跃的近邻支持网络，同时其也在要求政府完善其他的公共支持网络。

在这一章，我们通过阐述什么是"老龄化"来重新思考一些与亲属网络相关的问题。

首先，请务必让我强调一下何谓"老龄化"。大家总是将老龄化与近年来出现的出生率低下关联起来探讨，但从本质上讲两者是没有关系的。日本现在的焦点话题——出生率的下降，如前所述这一问题是在1975年前后开始的，但日本社会迅速进入老龄化却是在更早的时候。老龄化实际上是人类无法改变的命运，其根本原因是出生率的第一次下降，也就是出生率的转变。本书用第一代、第二代、第三代的叫法介绍了日本三个世代的人口，三代人的人口比从1∶2∶2的那刻起，我们就知道老龄人口和照顾他们的成年子女人数之比也将从1∶2急速地变成2∶2（见图4-2、表4-1）。将老龄化的原因归结于年轻一代，并认为女性再多生一些孩子的话，就可以防止人口老龄化，这种想法是非常愚蠢的。如果说应该责怪谁的话，自然要责怪人们没有尽早预测原本可以预测的结果，并提出相应对策。

将老人的年龄限定在65岁及以上的话，20世纪90年代以后日本人口学第二代也开始加入老龄人口的队伍中。现在老龄人口与其子女的人口比已开始从1∶2转换成2∶2了（见图9-3）。

日本人常说"踢皮球"这个词。这是讽刺一个人将一些事情往自己兄弟姐妹那里推诿时常用的套话，但细想这种事情之所以能够发生，是因为有兄弟姐妹网络可以依赖。但当有很多兄弟姐妹的第二代也成为老龄人口时，他们的下一代——第三代就无法逃避赡养父母的责任了。那么，怎么办呢？人们不能弃子，但不得不"抛弃父母"的事情未必不会发生。这并不是开玩笑，事实上，美国确实发生了这样的事情。据新闻报道，把坐在轮椅上的患有老年痴呆的父亲丢在人群中的竟然是他自己的女儿，电视镜头面前掩面并沉默着逃掉的这个女儿，让人不禁联想照顾老人时她过着怎样的生活。日本也快要到那样的状态了。因此，对已经

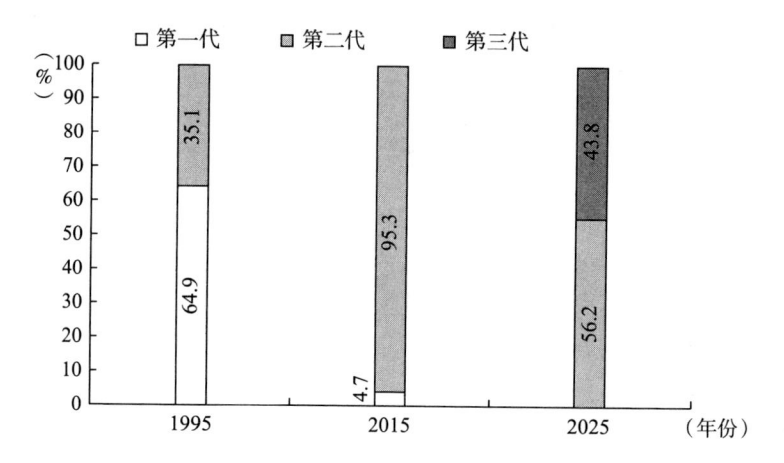

图 9-3 65 岁及以上的人口占人口学各代的比例

注：对每一代人的定义请参照第 4 章的介绍。

资料：厚生省人口問題研究所「日本の将来人口推計」（1996 年 9 月推計）。

资料来源：経済企画庁『国民生活白書（平成 6 年版）』第 Ⅰ-2-2 图，依据其中数据制作而成。

第 9 章 双系化和家庭的发展方向

失去的东西习惯以"日本文化"来怀念是于事无补的,我们必须冷静地观察变化,想出具体的方案来应对。

前文说到,日本人口学的第三代已经没有"踢皮球"的余地了。但这与事实还存在着一定差距。我们不该忘记第三代接受了第二代的兄弟姐妹网络的恩惠这一事实。没法指望孩子的第二代,已经开始互相扶持彼此。丈夫先离世的姐妹们变得亲密无间并一起去旅行,或者在某个人生病的时候给她送饭……在战后,集体移居到城市的她们,在抚育孩子时依靠活跃的兄弟姐妹网络的互助,现在她们为了自己又重新利用起这个网络。有了可以安心依靠的"姨妈(或者姑妈)",这对第三代来说是多么大的帮助啊。不过,如今"姨妈/姑妈"也年事已高,第三代为了照顾父母而手忙脚乱。

现在事态最为严重的是,第三代也到了老龄人口的年龄了。而这一代既没有兄弟姐妹,也无法指望孩子。我们这一代(第三代)究竟该怎么办呢? 和抚育孩子的时候一样,没有亲属来帮忙,那就要依靠邻居和朋友。如果这也不行,那就要依靠其他的网络。所以,我们这一代人如果要建立可以让自己依靠的养老网络,就必须踏踏实实地提前为自己做好老年生活的准备,这其中当然包括公共服务和民间服务。其中,2000 年实施的照护保险制度,是今天的日本在亲属网络缩小后必须建立的制度。

家庭劳动力不足的时代

最后,我们立足于家庭从宏观视角重新审视日本劳动力不足的问题①。当第三代成为社会的中坚力量时，日本社会将出现什么样的变化？原则上来说，日本已经迎来了劳动力不足的时代。

与之相反，由人口学第二代支撑的日本经济高速增长期，即20世纪60年代，则是日本人口过剩的年代。"家庭的战后体制"的时代，就形成于这个潜在劳动人口过剩的时代。

试着从人口过剩的角度来看处于经济高速增长期的日本社会特征，我们会发现一些有趣的事情。首先就是"日本式经营"，即终身雇用、论资排辈的经营方式。我们往往会从日本集团主义的角度对其进行解读，实际上这也有可能是企业以及员工应对劳动力过剩这一事实的常用方式——由于日本式经营不是能力主义的，它的生产效率未必高，但在潜在劳动人口过剩的情况下，对员工来说最重要的莫过于消除失业的焦虑，而对企业来说则是最大限度地使用廉价劳动力②。

其次便是本书所探讨的"家庭的战后体制"，它是与人口过剩时代相适应的。从生产效率来看，男性从事职业劳动、女性专门负责家务的性别分工，实际上是缺乏效率的③。不拘泥于性别，根据能力将合适的人才分配到合适的地方去工作，效率一定是更高的。但日本式经营使企业吸纳了潜在的过剩劳动力，性别分工也扮演了同样的角色，它使日本的每个家庭都吸纳了女性——她们并非"失业者"，而是"主妇"。通过性别分工，一位可能成为潜

---

① 落合恵美子「家事労働力不足の時代」石川実・大村英昭・塩原勉編『ターミナル家族』NTT出版、1993年、79–102頁［此论文还被收录于落合恵美子「テレビの家族たちはどうして輝くのが」『80年代の正体』（別冊宝島110号）、JICC出版局、1990年、149–170頁)］。
② 这一点受到经济学者清家笃的启发。
③ 落合仁司・落合恵美子「家父長制は誰の利益か」『現代思想』19巻11号、1991年、199–207頁。

在失业者的女性成为一位男性的配偶、成为照顾家庭的主妇,这种绝无仅有的"失业对策",成为预防社会动荡的关键。

然而,如今我们所处的时代和那时大不相同,我们生活在劳动力短缺的时代。虽说现在经济在短期内不景气,但由于年轻一代的人口已经减少到相当程度,所以日本劳动力人口不足的状态会长期持续下去。

当我们谈到劳动力不足的原因时,首先会将其归咎于女性的就业。这一现象发生在20世纪80年代。

在此,我必须强调一点:劳动力不足不仅仅是公司独有的问题,还有一个地方也出现了劳动力不足,那就是家庭。也就是说,我们既缺少为公司工作的劳动力,也缺少在家庭中工作——从事家务劳动的劳动力。理由不言自明,即便所有的男性都在外工作,所有的女性都在家从事家务劳动,但由于男女两性的人口数量都减少了,因此与之前相比,两边都会出现劳动力不足的现象。再加上为了补充企业短缺的劳动力,女性也离开了家到外面去工作。当今的产业中,劳动力最为短缺的大概就是家政产业了。

这是一个相当严重的问题。日本已经急速进入老龄社会,而赡养老人仅仅靠金钱是不行的,还必须有照顾老人的智慧方法。

人们的生活至少由金钱、闲暇和精力这三部分构成[①]。姑且不论金钱,照顾老人也很费精力——这才是重点。在经济学中,提供照顾、照料被叫作"服务",而其中相当大的一部分被归为家务了。

照顾老年人,只给他们钱,然后对他们说"用这些钱去买你喜欢的照护服务吧",这是不行的,至少必须有人来提供需要时间

---

① 同上文,第200~201页。

和精力的服务。即使有照护保险制度，家人也还是要花费时间和精力的。若是把这也归为家务并等闲视之，家务劳动力不足的问题将会日益严重。

大家都知道"过劳死"这样的用语，它用于说明劳动者在公司时因工作过于辛苦、过度劳累而死亡。但也有在家务劳动中过劳死的人，特别是死于照护劳动。20世纪90年代经常能够听到这样的事：六十岁的儿媳妇照顾八十多岁的婆婆时突然死于脑出血。

企业劳动力不足可以用女性参加工作的方式来弥补，但家务劳动力不足用什么方式来弥补呢？通过照护保险制度雇用护工已经被日本社会所接受。按照日本的照护保险制度原则，费用中的九成由保险来负担，剩下的一成由个人负担，可以说这就让照护市场化和社会化力量联合起来了。有了照护保险，女性照顾家人的时间大幅减少①，也让因照护老人而过劳死的人口数量减少了。

与此同时，今后男性不参加家务劳动也是行不通的。"因为是男性就只能做某事，因为是女性就只能做某事"的思考方式，在劳动力不足的社会是行不通的。如前所述，性别分工是缺乏效率的，而且这个事实所包含的意义时常会以残酷的形式呈现出来。

在护士学校上课的时候，学生提出了这样的建议：用所属地区的"案例"来分析护理者的性别和"案例"之间的关系。

---

① 落合惠美子・阿部彩・埋橋孝文・田宮游子・四方理人「日本におけるケア・ダイアモンドの再編成——介護保険は『家族主義』を変えたか」『海外社会保障研究』170号、国立社会保障・人口問題研究所、2010年、4-19頁。

性别分工，对于护理工作是有正面影响，还是有负面影响呢？而且，在护理的过程中，有没有发生角色的变化？这里想特别讲的是，丈夫不得不照顾妻子的案例。从这个案例可以看到，有一种类型的伴侣超越了传统意义上的性别分工。该案例中的男性在妻子生病时，辞去了公司的工作，改行做起了出租车司机。因为出租车司机每三天中就有一天的上午可以在家休息，这样他就可以购物、照料妻子。当然，如果说男性也可以申请照护休假的制度在日本并非有名无实的话，他也就没有必要辞去公司的工作了。

但也有走着完全相反路线的伴侣，"真是可怜啊，真是不走运啊。你明明什么坏事也没做，任劳任怨地干了那么多的家务，可是……"丈夫对生病的妻子说着这样的话，却从来没有想过自己要照顾妻子。别说照顾妻子了，他连家务都不做，所以得病的妻子拖着病体为丈夫做饭、洗衣、扫地。因为就连她自己也认为照顾家庭是她自己的工作，若是有别人帮助自己的话，自己就没有存在的意义了。但在她这样任劳任怨地做家务时，她跌倒骨折了，竟真的成了卧床不起的病人。这是一个愚昧至极的悲惨个案。

依据2016年的日本《国民白皮书》，与被照护者共同居住的主要的照护者中男性的比例上升到34%，照顾家人的男女比例是1∶3。按照家庭照护的时间序列比较其中的变化，会发现80年代的照护者中将近一半为妻子，而现在这一比例大幅下降，儿子、丈夫作为照护者的比例增加了（见图9-4）[1]。再加上虽不为长期照护者，但从周末来照顾老人的男性数据来看，我们已经不能说照

---

[1] 津止正敏「家族介護者の現状と課題」『国民生活』17号、2015年。

护是女性的工作了。

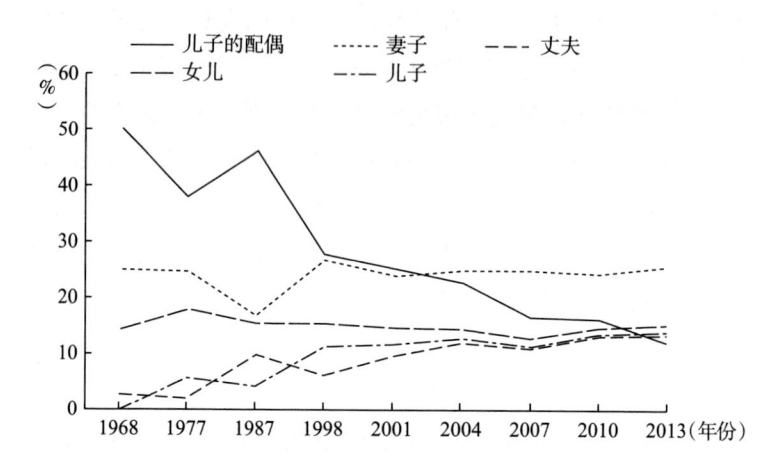

图 9-4 被照护者与共同居住的主要照护者之间的关系

资料：1987 年之前的数据依据"社会福祉法人全国社会福祉協議会"的调查，1998 年以后的数据依据国民生活基础调查（家庭户）。

资料来源：津止正敏「家族介護者の現状と課題」『国民生活』17 号、2015 年。

有一些意见认为，国家财政无法负担照护保险，因为照护保险所需费用太高，已经成为日本经济的负担，应当取缔。但请大家细细思考，正是因为日本有了照护保险，很多人才可以安心工作，不至于辞职回家照顾生病的家人。依据总务省的调查（2017 年），因看护和护理家人而辞职的人数达 9.9 万人，其中男性为 2.4 万人，女性为 7.5 万人。他们的年龄主要集中在 50 岁左右——正处于职业的高峰期，一直努力工作奋斗至此的女性和男性却为了照护家人而辞掉工作，想来这样的抉择一定令人困扰。如此一来，日本经济又会遭受多少损失呢？税收又会减少多少呢？如果没有照护保险，

第9章　双系化和家庭的发展方向

这一损失又会严重到何种程度呢？讨论照护保险的经济性时，如果无视它所带来的收益，是有失公允的。

我们在第 8 章探讨了再建育儿网络的必要性，本章的最后强调了亟须建设支撑日本老龄化的社会网络。实际上，不要说与欧美国家相比，就是与亚洲诸国相比，日本看护网络的再建都是阻力重重[1]。

---

[1] 落合恵美子「ケアダイアモンドと福祉レジーム——東アジア・東南アジア六社会の比較研究」落合編『親密圏と公共圏の再編成——アジア近代からの問い』京都大学学術出版会、2013 年、177-200 頁。

第 10 章
走向以个体为单位的社会

新男性的出现

　　21世纪，日本家庭将何去何从？论述完了"20世纪的家庭"的建立与衰退，就需要解答这个疑问了。预测未来，这对于一个社会学者来说是一个很大的挑战。但处于今天这样的社会变动期，仅靠"必须要变化"这样的呼吁已经没有太大的意义了。对于"会发生怎样的变化"，大家想知道的答案并不是"应该是这样或者那样的论述"或"希望是这样或者那样的预测"。那么，以现在能得到的所有的线索可以清晰地预测21世纪家庭的发展方向吗？

　　首先，从身边的事例开始预测吧。最近，我身边的朋友相继离婚。从统计上看日本的离婚率也呈上升趋势，但其实离婚本身并不是一件新鲜事。让我惊讶的是，离婚发生了质的变化。有一对夫妇的例子让我和朋友们都很惊讶。大学时代，二人都是学校摇滚乐团的成员。他是歌手，她是键盘手，他们就像是日本著名的摇滚组合"南天群星"一样，大家都传他们是天造地设的一对。

对于为什么决定离婚,丈夫这样解释道,自从在公司工作以后自己还是忘不了音乐,每次一拿到工资就会接二连三地购买乐器和编辑音乐用的器材。这样一来不仅家里地方变小了,最后连生活费也成了问题,妻子现在作为全职主妇,需要管理家庭开支,因此责备丈夫也在情理之中。这种情况出现了几次后,他就想:"如果结婚就要放弃自己最喜欢的音乐,那我宁愿不结。自己辛苦赚来的钱却要养着完全不理解自己的妻儿,那我未免也太傻了。"

你一定会想这是一个什么样的男人啊?一般来说,男人既然结婚了就应该做好抚养妻儿一生的准备,而这个男人竟想着为了自己的兴趣而抛弃家人。男人的责任,男人的面子都到哪里去了?但是,从三十多岁、二十多岁的离婚男性那里,经常能听到类似的话。我也听过有的男性把这当作不结婚的理由。据说有一名男性在回答逼婚的女朋友时,这样说道:"如果结婚的话,我不就不能在心血来潮的时候去看电影了吗?我不喜欢这样。"

一定有人会断言他们是"以自我为中心"的、"没有责任感"的、不可靠的男人,但是我的看法却有些不同。在20世纪80年代的日本,女性不再是好母亲、好妻子的形象,她们就像家务机器人以及电视剧里的角色那样,想要"活出自我",这引发了脱离主妇的现象。然而现在只因男性说出不再辛苦地赚钱,想要活得更自我就受到了大肆批评,这到底应该责怪谁呢?自从所谓女性的时代到来后,一直都有说法称:是女性变了,而男性没有变。女性一直在挑衅男性:不要拘泥于社会角色,来吧,"新男性",不要再做工作狂了。是的,"新男性"出现了。只是,好不容易出现的"新男性"却与女性心中的期待不同。80年代的女性重视的是,男人即使改变也还是应该继续辛苦赚钱。但从怀疑性别角色

· 221 ·

的浪潮中年轻男性首先学到的似乎是，男人也可以从最苦的角色，也就是承担家庭经济职责中解放出来。男女角色的重新组合排列已经进入了新阶段[1]，而这个阶段不断超出女性的预想范围。

第二次人口转变

关于男女角色转变这一问题，我们在后面还会继续讨论，首先从统计上大致看一下日本正在发生的家庭变化的整体状况，同时也把研究视野置于国际间的比较。一提到"家庭危机"，也许人们脑海中就会浮现离婚率的上升、出生率的下降、同居和"未婚妈妈"的增多，关于这些价值观，我们暂且不予评论，但这些是哪种程度上的事实？另外，总能听到这样的评价，日本的家庭与欧美国家的家庭不同，日本的家庭是牢不可摧的，但这是真的吗？

图10-1呈现了欧美各国和日本离婚率的变化情况。尽管有些人将日本在20世纪七八十年代初期的离婚率上升作为日本家庭危机论的依据，90年代日本又再次呈现离婚率上升的趋势。现在，日本的离婚率已到了与西欧各国不相上下的程度。70~90年

---

[1] 以往从女性角色出发探讨女性解放的女性学于20世纪七八十年代发展起来，与此相同，从男性角色出发探讨男性解放的"男性学"在近年来也蓬勃发展起来了。以下文献在这一领域是具有前瞻性的：中村彰・中村正编『男がみえてくる自分探しの本棚』（かもがわ出版，1997年）、伊藤公雄『男性学入門』（作品社，1996年）、伊藤公雄・樹村みのり・國信潤子『女性学・男性学』（有斐閣，2002年）。

代离婚率最为突出的是美国,但 21 世纪以来俄罗斯就取代了美国,与此同时,韩国的离婚率也急剧上升。另外,不要忘记欧洲的离婚率存在着地域差异,有的欧洲国家的离婚率比日本还要低。在天主教盛行的南欧,离婚在法律上都是被禁止、被限制的[1]。

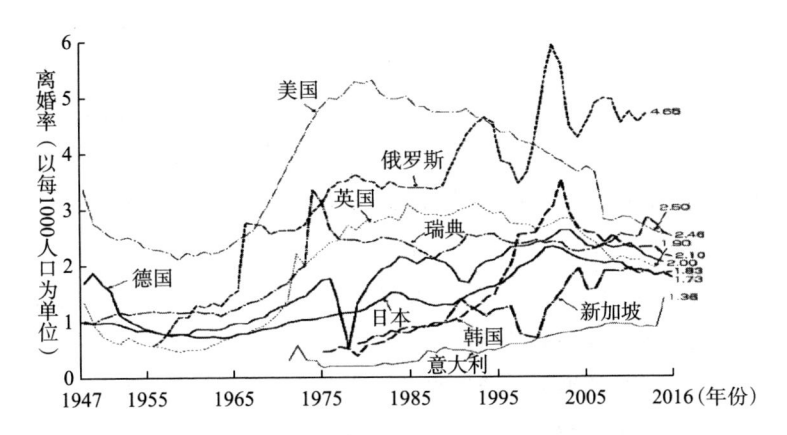

图 10-1　离婚率的变化:日本与其他国家的比较(1947~2016 年)

注:到 1990 年为止德国的数据只包含西德;到 1970 年为止英国的数据包含英格兰和威尔士的;到 1990 年为止俄罗斯的数据为原苏联的。

资料:UN, *Demographic Yearbook*.U.S., *National Vital Statistics Reports*.

资料来源:『我が国の人口動態(平成 30 年)』36 页,省略了其中一部分资料。

仅仅依据离婚率来进行判断的话,很容易产生偏差。因为如果一开始就不结婚,以后自然也不会离婚了。没有办理结婚手续就同居(cohabitation),这在欧洲特别是北欧可以说已经

---

[1] van de Kaa, Dirk J., "Europe's Second Demographic Transition," *Population Bulletin*, 42-1, p.16. March 1987, Population Reference Bureau, Washington.

变成了一种代替结婚的制度。但在美国并非如此，因为美国人会结婚再离婚，然后再结婚，所以会出现结婚率和离婚率都格外高的空转现象。即使在60年代的北欧，同居也还不太普遍，但到了1972年、1973年离婚已经被看作一种"正常"行为，而不再是"违反社会的越轨行为"[1]。假设你和欧洲人交谈，即使对方拥有相当不错的地位，当他们向周围人介绍自己的伴侣时，也不说这是自己的"妻子"或"丈夫"，而是将其作为"男朋友"或"女朋友"来介绍。但你可不能像听到什么丑闻一样发出惊叹，因为这在如今的欧洲已经习以为常了。而说到日本，情况就有些不同了，尽管婚前性行为已经成为理所当然的事情，但同居的人却并不多，男女双方即使经历了婚前短暂的同居，也会很快走进合法的婚姻。

同居数量的增加，产生的必然结果就是非婚生子女数量的增加。非婚生子女数量反映了同居的普及率，北欧的同居率很高，而美国则低很多，这也是理所当然的。在瑞典出生的孩子，约半数为非婚生子女。所以从数量和社会接受程度上来看，他们与婚生子女之间没有任何差别[2]。有报道称，日本最近也出现了未婚妈妈[3]，但与国际进行比较的话，日本未婚妈妈的数量就显得微乎其微。如图10-2所示，日本非婚生子女的出生率与欧美国家相比极低，2016年也只有2.3%。但从历史上看来，与离婚率的情况相同，日本是一个非婚生子女出生率很高的国家。明治32年（1899

---

[1] van de Kaa, op.cit., p.17.

[2] Hoem, Britta and Jan M. Hoem, "Family Policies and Fertility Trends in Sweden," presented to the workshop on Swedish family and society held in the International Research Center for Japanese Studies, 1996.

[3] 東京新聞、1995年10月16日付。

年）日本非婚生子女数量占全国总出生人口数的 7.4%[①]（请参照图 10–6）。

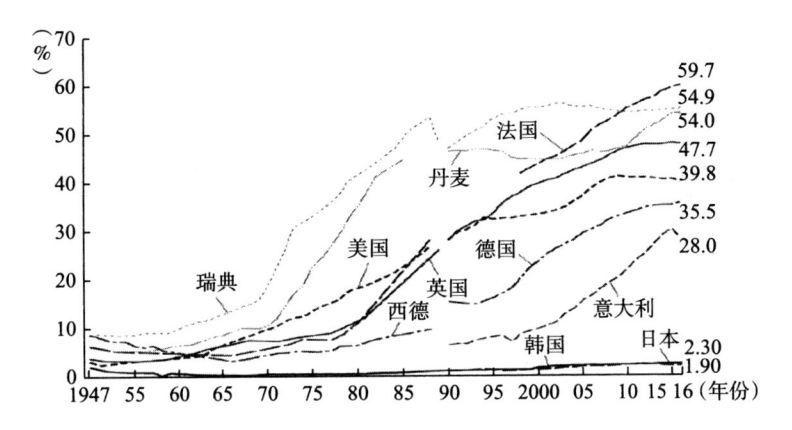

图 10-2 非婚生子出生率的变化：日本与其他国家的比较

资料：日本数据为厚生省・厚生労働省『人口動態統計』。其他国家数据为 UN，*Demographic Yearbook*，1990 年以后的数据依据 OECD 数据库。

但即便都是出生率下降，也不能将此概括为欧洲的整体特点（见图 10–3）。西欧地区经历了长期的婴儿潮之后，从 60 年代后半期开始出生率出现下降。如果以发达国家的死亡率为基础来看的话，总和生育率大约为 2.1，北欧的瑞典、丹麦自 60 年代末开始就已经进入低出生率国家的行列，70 年代前半期已然和西欧各国齐头并进了。即使在这一时期，南欧各国依然维持着较高的出生率，因此常常会有这样的说法：天主教圈子的国家／地区果然

[①] 速水融・小嶋美代子『大正デモグラフィ——歴史人口学で見た狭間の時代』文藝春秋、2004 年、164 頁。

是不一样的。进入 70 年代后半期，这些国家的人口再生产水平不断降低，已然成为世界上生育率较低的国家。说到日本，无论是从人口下降时期来得较晚还是从下降幅度的急剧性来看，都显示出与南欧各国相似的模式。与此相对，北欧各国对生育、育儿的优厚的政策上的支援，至少已经产生了一定的效果，80 年代后半

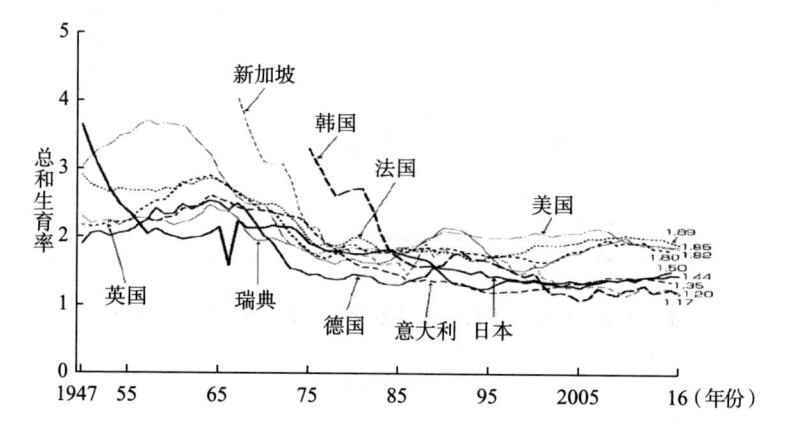

**图 10-3　总和生育率的变化：日本与其他国家的比较
（1950~2016 年）**

注：1. 到 1991 年为止德国的数据只包含西德；到 1981 年为止英国的数据为英格兰和威尔士。

2. 以下数据为暂定值：法国 2014~2016 年，英国 2015 年，美国 2016 年。

资料：UN, Demographic Yearbook. U.S.,Department of Health and Human Services,National Vital Statistics Reports. Eurostat,Population and Social Condition. Council of Europe, Recent Demographic Developments in Europe. WHO,World Health Statistics.

资料来源：『我が国の人口動態（平成 30 年)』14 頁，省略了其中一部分数据。

第10章　走向以个体为单位的社会

期北欧已经恢复到了人口再生产水平。之后，也许是受90年代经济萧条的影响，北欧的出生率再次出现下降趋势[1]。从整体来看，处于生育年龄的女性就业率越高的国家，其出生率就越高，表面上看，虽然有些违反常识，但却极具启发性（请参考图12-2、图12-3）。阿藤诚认为，"这样的结果可以解释为由于政策是将女性进入社会作为前提的，因此这些政策的或者非政策的，或者社会的对策都是为了使社会经济发展与人口再生产体制能够并存，且进行不断地修改和完善"[2]。

如上所述，我们探讨了离婚、同居、非婚生子女的出生率等在欧美国家以及日本的发展进程，有学者将60年代末始于欧美国家的这种人口学上的变化叫作"第二次人口转变"[3]，并主张，第二次人口转变应该与现代化过程中发生的从高出生率、高死亡率到低出生率、低死亡率的第一次人口转变进行比较，指出这一人口转变过程是一个根本不可逆转的变化。对于人口变化的普遍性，我并无异议，至少70年代以后的欧美国家和日本社会发生了根本性的变化。将日本与欧洲地区的模式相比较，仅从出生率来看，日本与南欧相似，同时在婚姻规范上日本一直持保守态度，这一点也是与南欧共有的特性。日本家庭不会像欧洲家庭那样"解体"，日本是要另当别论的，这一主张在日本根深蒂固。但是，欧洲也不能一概而论。日本和北欧国家、日本和美国，如果我们将

---

[1] 关于欧洲诸国的出生率变化和家庭政策，请参考阿藤誠編『先進諸国の人口問題——少子化と家族政策』（東京大学出版会、1996年）。

[2] 阿藤誠「先進諸国の出生率の動向と家族政策」阿藤誠編『先進諸国の人口問題——少子化と家族政策』東京大学出版会、1996年、40-42頁。

[3] 参见 van de Kaa, op. cit. 以及 Lesthaeghe, R., "The Second Demographic Transition in Western Countries: An Interpretation," IPD-working paper 1991-2。

· 227 ·

出现极端变化的两个地区进行比较,然后说日本是不一样的,这种比较不能称作正确的比较。如果将南欧等地区的多样性也纳入考察视野,那么日本这种情况就可以作为"第二次人口转变"中反映地区多样性的一个案例了。

家庭时代的终结

那么,经历了"第二次人口转变"的欧美国家和日本的家庭将朝哪个方向发展呢?该怎样看待这一问题呢?迈克尔·安德森的论文《现代家庭的何处是新的?》虽然短小,但当我们思考家庭的长期变化时,它依然为我们提供了极具参考价值的研究框架[①]。

如安德森所说的那样,将现在的社会问题之一——离婚重新放到家庭的长期变化的历史潮流中去看的话,便能看到其不同之处。如图 10-4 所示,近乎直线的那条线表示的是安德森算出的英格兰人和威尔士人在结婚后,婚姻因死亡或离婚等终结的比例(数据中的一部分为推定婚姻结束),安德森用结婚队列表示此图中的不同人群。假设以 1980 年的结婚队列,即以 1980 年结婚的

---

① Anderson, Michael, "What is New about the Modern Family: an Historical Perspective," Occasional Paper 31, Office of Population Censuses and Surveys,1983. 之后,安德森又发展了他的理论,发表了一篇将英格兰和威尔士的实证数据也添加在其论文中。参见 Anderson, Michael, "The Social Implication of Demographic Change," F.M.L. Thompson ed., *The Cambridge Social History of Britain, 1750-1950*, Cambridge University Press, Cambridge, 1990, pp.1-70。

第 10 章 走向以个体为单位的社会

人为例，分别计算死亡或离婚导致的婚姻结束的情况，可以推测在 20 年后大约 30% 的夫妇结束了他们的婚姻。若只限于离婚，图中曲线的坡度并没有太大的变化，因此我们可以推断构成直线的数据大多是离婚的。将这些数据与 20 世纪前半期结婚的 1921 年结婚队列进行比较的话，1980 年结婚队列的婚姻破裂比例只有前者的一半左右。因此，我们得出这样的结论：近年来婚姻越发容易解体了。但也有例外，1826 年结婚队列的婚姻与 1980 年结婚队列的婚姻拥有同等程度的高破裂率，只是前者的原因是死亡。

虽原因（离婚或死亡）有所不同，但 19 世纪的婚姻与现在的一样容易解体，这一点可能会让人感到震惊。

但过去日本的离婚状况比英国的更令人震惊。日本与受基督教影响将离婚作为一种禁忌的欧洲不同，再加上频繁的离别加剧了日本国内婚姻的解体，所以到大正时期为止，日本因位于世界离婚率的首位而广为人知[①]。图 10-5 显示了明治以来日本离婚率的长期变迁。1883 年，与 20 世纪的世界各国相比，日本的离婚率为 3.38%，仅次于俄罗斯。1899 年在制订明治民法时，离婚率大幅度降低，甚至降到了与 1980 年持平的状态（1.53%）。在此后的现代化进程中，离婚率进一步下降。

[①] 日本家庭社会学的创建者户田贞三在其著作中写道："在具有近代的法制的国家中，如果问离婚最多的国家在哪里，无论有多少人，都会立刻举手说日本和美国。"（戸田『家族と婚姻』中文館書店、1934 年、136 頁）

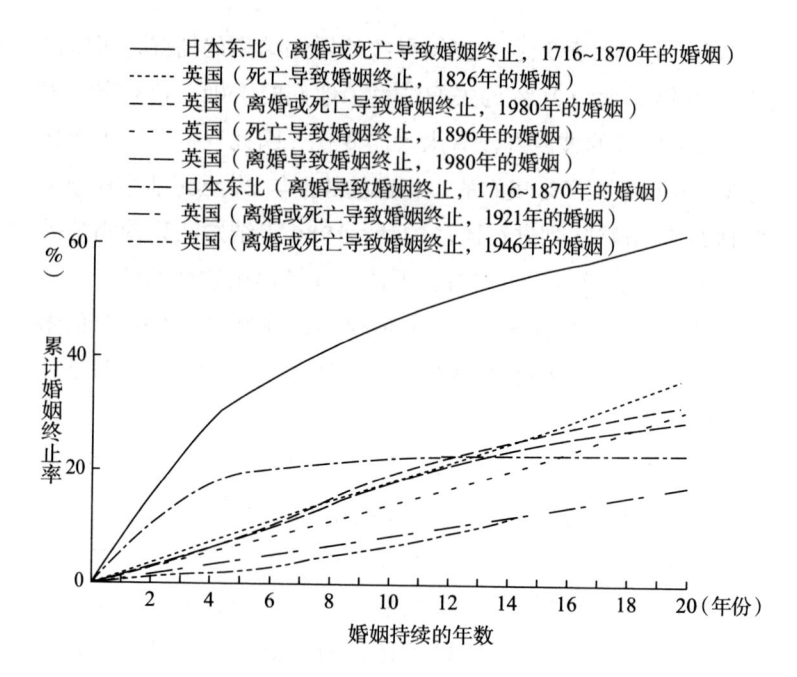

―― 日本东北（离婚或死亡导致婚姻终止，1716~1870年的婚姻）
‥‥‥ 英国（死亡导致婚姻终止，1826年的婚姻）
― ― ― 英国（离婚或死亡导致婚姻终止，1980年的婚姻）
‥ ‥ ‥ 英国（死亡导致婚姻终止，1896年的婚姻）
―――― 英国（离婚导致婚姻终止，1980年的婚姻）
―‥― 日本东北（离婚导致婚姻终止，1716~1870年的婚姻）
― ‥ ― 英国（离婚或死亡导致婚姻终止，1921年的婚姻）
― ‥ ‥ ― 英国（离婚或死亡导致婚姻终止，1946年的婚姻）

图10-4 婚姻终止率：英国和日本东北地区的比较

注：英国数据包含英格兰和威尔士；日本数据来自旧二本松潘的两个村子。

资料来源：Anderson, Michael, "What is New about the Modern Family: an Historical Perspective," Occasional Paper 31, Office of Population Censuses and Surveys,1983；落合惠美子『失われた家族を求めて』——德川社会の歴史人学口』河台隼雄・大庭みな子編『現代日本文化論13 家族と性』岩波書店、1997年、36-57頁。

不仅是安德森所呈现的19世纪，甚至可以追溯到更早的时期，如明治时期之前，日本的离婚率便很高。例如，我参加了历史人口学领域的一个项目，这个项目旨在将德川时代（1603~1868年）的《宗门人口登记簿》这一历史资料中有关这一时代人们的

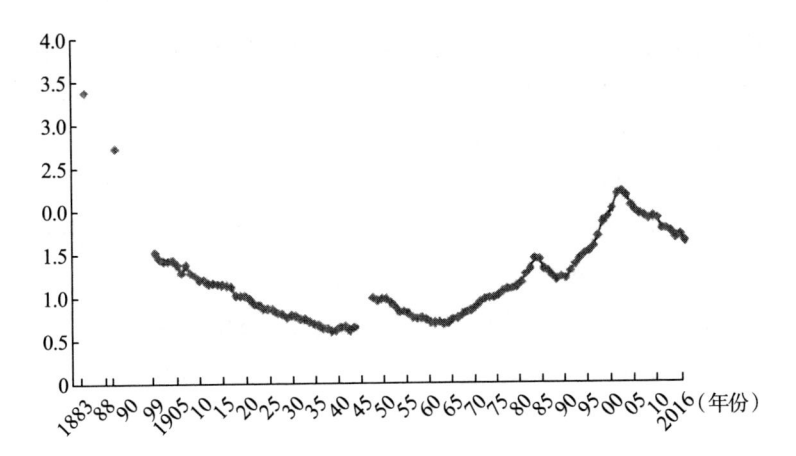

图 10-5　日本离婚率的长期变迁（1899~2001 年）

资料来源：1883 年和 1890 年的数据出自内閣統計局『帝国統計年鑑』，1889~1943 年的数据出自「日本帝国統計年鑑第 38 回」和『日本帝国人口動態統計』，1947 年以后的数据出自厚生省（2001 年以后更名为厚生劳动省）「人口動態統計」。

生活与家族经历重新排列组合并推导出那时人们的生活状态。那么，在进入近代以前的德川时代，日本的婚姻是因何终结的呢？利用包括现在的福岛县在内的旧二本松藩的两个村子的人口登记簿得到的数据，我按照安德森的思考方式，重新描绘成一幅图表，并与安德森的图表重叠在一起，我再一次被这个结果震惊到了（见图 10-4 中的"日本东北"）①。婚后第 20 年时有近 60% 的婚姻结束了，

---

① 二村是指仁井田村和下守屋村，据史料记载，它们的存留时间分别是 1720~1870 年、1716~1868 年。为了制作图 10-5，我用了二村整个期间内的婚姻数据。落合惠美子「失われた家族を求めて——徳川社会の歴史人口学」河合隼雄・大庭みな子編『現代日本文化論 13 家族と性』岩波書店、1997 年、36-57 頁。关于德川时代的家庭的其他特征，请参见落合惠美子編『徳川日本のライフコース——歴史人口学との対話』（ミネルヴァ書房、2006 年）、落合惠美子（转下页注）

特别是到婚后第 5 年离婚的夫妇增多了，占总体的 20%。因此现在我们所能看到的日本婚姻是相对稳定的，而这绝对不是日本的传统，这是在现代化过程中新学到的内容，这一点与英国一样，甚至比英国还要好。另外，研究也显示在日本德川时代非婚生子女的出生率也很高（至少从地域上看）。如今天的长崎县的某个村庄，在 18 世纪后半期到明治初期出生的孩子中，非婚生子女数量占 11.7%[①]。观察明治以后非婚生子女的出生率，会发现其与离婚率呈现同样的趋势——先是降低，而近年来又呈现上升的趋势（见图 10-6）。

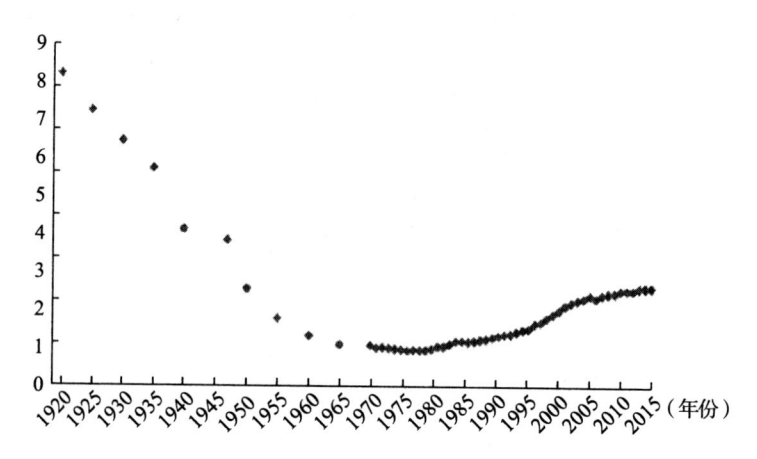

图 10-6　日本非婚生子出生率的长期变迁
资料：厚生省・厚生労働省「人口動態統計」。

（接上页注①）编『徳川日本の家族と地域性——歴史人口学との対話』（ミネルヴァ書房、2015 年）、落合恵美子・小島宏・八木透編『歴史人口学と比較家族史』（早稲田大学出版会、2009 年）、黒須里美編『歴史人口学からみた結婚・離婚・再婚』（麗澤大学出版会、2012 年）等。

① 参见落合「序論徳川日本の家族と地域性研究の新展開」（落合編『徳川日本の家族と地域性』）表序—3。野母村的综合历史人口学分析（包括非婚生子女的情况）参见中島満大『近世西南海村の家族と地域性歴史人口学から近代のはじまりを問う』（ミネルヴァ書房、2016 年）。

第 10 章　走向以个体为单位的社会

　　这样看来，我觉得更值得关注的不是现在与 19 世纪的婚姻都容易解体这一现象，而是处于两者之间的那个时代的婚姻为何如此稳定。正如安德森所指出的那样，死亡率的下降对家庭生活所产生的影响，无论怎么强调都不为过。从即使成为大人也不知何时会死去的那种社会状态，到今天死亡变成几乎只是老年人的事情了，这一转变为婚姻生活与家庭生活长期的稳定性提供了基础。在人类历史上，婚姻首次成为一种值得信赖的制度，家庭成员可以在其中度过一生。像日本这样离婚率很高的社会，通过减少离婚率来维持婚姻稳定性的方法急剧增多。这一变化不仅大幅度提高了人生的可预测性（predictability），也推进了不同人生之间相似的统一性[①]（standardization）的形成。找到工作就结婚、结了婚就生孩子，这种生活轨迹是早确定好的。这是一个大家都走着相似的人生轨迹（生命周期），建立相似的家庭的时代。如果引用前几章提出的概念，这个时代正是"现代家庭"的时代。并且，到了 20 世纪特别是第二次世界大战结束后，发达国家或富裕社会（affluent society）实现了所有阶层的完全雇佣，生活也普遍达到了高消费水准，这一经济条件也为进一步增强家庭的稳定性与统一性起到了重要的作用。另外，正如我们再三论述的那样，这对人们把对家庭与对孩子的爱作为至高无上的价值观的形成也起了作用。现代——更应该说是 20 世纪，的确是一个"家庭的时代"。

　　那么，20 世纪末出现的"第二次人口转变"，开启了一个什么样的时代呢？主张"第二次人口转变"的代表人物汉德卡将欧洲出现的变化的共通倾向概括为：从结婚的黄金时代向同居的黎

[①] Anderson, Michael, "What is New about the Modern Family: An Historical Perspective," Occasional Paper 31, Office of Censuses and Surveys, 1983, p. 13.

明期转变，从"孩子至上"向"二人世界至上"的时代转变，从整齐划一的家庭向多元化的家庭转变[1]。这是现代家庭、整齐划一的家庭时代即将结束的明确宣言。另一位"第二次人口转变"论者雷斯塔库指出，这些变化是宗教规范的世俗化和高消费导致的彻底的个体主义的具体表现[2]。家庭的时代结束了，之后转向了个体的时代，而现在这些作为正在发生的变化的主线凸显出来了。

以个人为单位的社会

家庭的"个体化"与"多样化"一样，即使在日本学术界，它们也成为表示新家庭变化方向的标语而被人熟知。最初明确提出"个体化家庭"这一概念的是家庭社会学者目黑依子。从家庭的观点来看，婚姻的公共意义的丧失，一个人的一生或人生的大部分时期都处于未婚无子的生命轨迹，这已然成为人们普遍的生活方式。也就是说，人一定要属于家庭的这一观念既不是不辩自明的，也不是必然的。这些作为"第二次人口转变"的例子，预示着上述社会即将到来。不仅年轻人向往这种生活方式，还有因伴侣的去世而不得不面临这种局面的鳏寡老人。目黑说："家庭生活并不是人一生中的必然经历，而是在特定时期，和某个特定的有纽带关系的个人共同创造出来的。"[3] 也就是

---

[1] van de Kaa, Dirk J., "Europe's Second Demographic Transition," Population Bulletin, 42-1, p. 11. Population Reference Bureau, Washington.
[2] Lesthaeghe, R., "The Second Demographic Transition in Western Countries: An Interpretation," IPD-working paper 1991-2, p. 21.
[3] 目黒依子『個人化する家族』勁草書房、1987年、iv頁。

第10章　走向以个体为单位的社会

说,家庭生活逐渐演变为只是一种生活方式,是人生中的一段插曲。

当你说"个体化的时代"来临了,可能会有人觉得怎么它又来了。之所以会有人有这种反应,那是因为尊重个体的民主家庭时代到来了,这是在战后日本家制度解体时,反反复复被提及的口号。但是,现在的问题与那时的问题有所不同。这次并不是因为个体主义很美好要去实现它,而是因为无论目前能否得到制度的支持,社会都将朝着以个体为单位的方向发展下去[①]。

发展到今天的社会是以家庭为基础单位的社会,这是一个不争的事实[②]。大家都是一样的,由工薪阶层的丈夫和作为家庭主妇的妻子、两三个孩子组成了现代家庭,用行政用语来说,他们首先属于"标准家庭",政府在此之上构建了雇佣体制、纳税制度、养老金制度乃至日常生活,并形成了今天这样的社会。因为家里有了家庭主妇,男性才可能长时间地工作,工资中才有配偶补助与抚养人补助。即使按照工龄等得到的工资是相同的,但如果需要他抚养的人较多,他就能得到较高额度的社会保险和养老金。也因为家里有人照顾孩子,所以日本政府就不怎么将保育所纳入考虑范围,并且学校会把家长会设在白天。这些乍一看都是方便人们生活的好制度,但事实上,对于单身和双职工家庭来说,这些会给他们的生活带来负担和不良影响。妻子的年收入也被控制在"103万日元的壁

---

① 落合惠美子「『個人を単位とする社会』と『親子関係の双系化』」『ジュリスト』1059号、1995年1月15日、37-44頁(被收录于『近代家族の曲がり角』角川書店、2000年、129-147頁)。
② 现行的战后户籍制度虽已脱离明治时期用"家"来表示户籍的做法,但压制了对个人户籍的探讨,形成了以"现代的小家庭"为单位的家庭形式。关于以上问题的探讨,请参照利谷信義「戸籍制度の役割と問題点」(『ジュリスト』1059号、1995年、12-19頁)。

· 235 ·

垒"①之下，而以上种种好像具有了这样一种功能——谁达不到这个标准，谁就要受到惩罚，并被校正到标准水平。

但是时代变了。"脱离标准的人"逐渐成为多数。2015年，在日本，到50岁还未结婚的男性占男性总人口的23.4%，到50岁还未结婚的女性占女性总人口的14.1%。有近70%养育孩子的已婚女性会选择离开家庭，去外边工作（参见图11-2）。如果社会还要继续惩罚这些人的话，那么这个社会一定不会长久。

另外，像以前一样专职于家务并度过一生的女性中，尽管有的因丈夫的缘故而选择做主妇，并且将来能得到一笔可观的养老金，但也有因自己的父母而选择做主妇的，这样就没有养老金。像这样不是以个人具体做了什么为依据，而是以此人建立了怎样的家庭关系为依据的社会体制，不能说是公平的社会体制。我们需要努力建立一种不受家庭关系影响、不受生命历程影响的中立的社会制度。

如果说包含所有人的社会的最小单位已经没有了，那么能成为社会基础单位的就只有个人了。菲利普·阿里耶斯曾经批判现代是个体化时代这种说法，并宣告"胜利的不是个体主义而是家庭"②。但他所看到的家庭的胜利已然成为过去，现在就要开启真正的"个体化时代"了。

---

① 很多已婚女性由于年收入超过103万日元而必须缴所得税，由于年收入超过130万日元而必须缴社会保险金，年收入超过141万日元，作为丈夫的配偶特别免除就没有了，所以她们为了自己的收入不超过这些限制而调整自己的工作。具体请参见末包房子『專業主婦が消える』（同友館、1994年）。2018年，日本进行了税制改正，将103万日元壁垒变成了150万日元壁垒。
② Ariès, Philippe, L'enfant et la vie familiale sous l'ancien regime, Seuil, Paris, 1960, p.310（杉山光信·杉山恵美子訳『〈子供〉の誕生』みすず書房、1980年、381頁）。

为了避免误解，我还要再补充一句，个体作为社会的基础单位并不意味着独自生活的单身者的增多。因为稳定的人际关系会给我们带来更多更深层次的情感体验，所以在经济上、生活上都能独立生活的人，极有可能果敢地选择与某人一起生活。只是，这种"家庭"与一开始便以家庭为单位的社会中的家庭不同，毕竟这种"家庭"是个人选择的结果，无论个人做出什么样的选择——选择成家或者单身，社会都不能以此为理由，让个人在公共领域遭受不平等的待遇。

从家庭中解放出来的弱者

一本名为《性别差异与资本制——提倡以个人为单位的社会》（作者是伊田广行）的著作直指核心问题进行论述。伊田把迄今为止的社会叫作"以伴侣为单位的社会"或"以家庭为单位的社会"，并将其与"以个人为单位的社会"做了概念上的区分。他指出所谓"以伴侣为单位的社会"，"不是以个人而是以两个人（夫妇或家庭）为社会、生活和经济的单位"的社会，"在审视个人时，两性差异、婚姻这些因素起着非常重要作用"。与之相对应，伊田所提出的"以个人为单位的社会"是指个人是社会、生活、经济的单位，"两性差异和婚姻与评价一个人没有任何关系的社会"[1]。在以伴侣为单位的社会中，男性被看成单位的代表，女性作为"被抚养者"而被"影子化"了。而且在单位中，原则上把个人与两性差别作为不存在的事

---

[1] 伊田広行『性差別と資本制——シングル単位社会の提唱』啓文社、1995年、9頁。

物，所以内在的矛盾也就被遮蔽了。因此，把家庭作为单位才是产生两性差异的症结所在，男女平等不应只局限于性别角色分工的批判，还必须批判以家庭为单位这一观点，我认为这样的分析才是有的放矢的[①]。

伊田批判以伴侣为单位的各种社会制度，提出了向以个人为单位的社会发展的制度改革方案，其中充分体现这一思想的是护理问题的处理方式。是否应该给承担护理家庭成员的人支付津贴这一问题，与引入护理保险制度相关联的意见之间出现了分歧，对此，伊田主张不应支付津贴。关于这一问题，总是会出现以下两种对立的观点，一方认为为改善女性无偿工作的现状应该支付费用，而另一方则认为以给了一点等价的报酬为幌子将护理工作规定为女性的工作并固定下来的做法是错误的。但是，伊田所强调的论点不同于这两者中的任何一个，其论点是国家的补助不应该针对家庭，而应该发放到需要护理的本人手中。

以丹麦的制度为例，重度残疾人自己去雇用护工，国家会向

[①] 同上书，第314-323页。另外，伊田在第327页一边引用安川悦子的论述，将我的观点（『近代家族とフェミニズム』勁草書房、1989年、23頁）叫作"包裹在家庭主义中的平等主义的家庭"，并批判道："仅仅是安于否定'现代家庭'，却肯定着'家庭'这一组合自身，对'家庭神话'置之不理。"这是完全的误会。所谓"平等主义的家庭"，是"将废除性别分工作为第一目标，也就是家庭是自立的诸个体的共同生存的场所"。总之，家庭是指"单个"人偶尔选择生活在一起的"以个体为单位"的生活方式。因此，站在同一立场的伊田的批判让我觉得很意外。如果伊田并不认同独自生活以外的"单个"人则另当别论，如果并非如此，没有必要否定这样的"单个"人偶然在一起共同生活吧。我在书中写道"无论今后会有怎样的制度，人们会给它一个熟悉的名字'家庭'，并要在那里生活下去"，这并不表示我对"家庭神话"置之不理，时代变了，"家庭"的概念也随之改变。也就是说，这一表述是我对"家庭"概念是被社会构建起来的指摘，是对这样的变化还毫无觉察的人们的讽刺。如果没有明白这个讽刺的话，那就只能说遗憾了。

其发放国家补助，每个护工每月可拿 30 万日元。对于那些依靠家人的爱和奉献才能维持生活的毫无能力的弱者来说，这的确会是个不小的冲击。但是，我认为向老年人、残疾人、儿童本人提供和支付福利性服务和津贴，同时尊重当事人自己的决定，让当事人自己去选择、利用和购买各种服务，雇用护工，让他们成为提出要求的主体，这正是以个人为单位的社会的构想，而且这一主张是很符合以个人为单位的社会的要求的[①]。来自家人和志愿者的爱与善意的护理看上去很温暖，但是接受照顾的人很容易被进一步推向"背负着负罪感"的弱者的境地。前一章我们看到的同家人生活在一起的老年人的高自杀率，反映的不正是这一现象吗？我们不得不去深思，将个人从家庭中解放出来这一想法的意义，它看上去好像是对强者有利，实际上更符合弱者的利益。

以个人为单位的社会与主妇问题

从 1985 年开始，日本制定了《男女雇佣机会均等法》（1997年）、《照护保险法》（1997 年）、《男女共同参与社会基本法》（1999 年），以及废除《劳动基本法》中女性保护的相关规定（1999 年）等，从 90 年代开始就不断进行与家庭生活以及男女角色相关的法律法规的制定与修改。修改后的《儿童福利法》赋予了保育所新的位置，由此也开始了家庭主妇养老金制度的修订。可以选择夫妻不同姓、只要分居满 5 年即使是有责任的一方也能

---

① 同上书，第 372~378 页。

提出离婚并得到认可，贯彻过错离婚主义、废除非婚生子女在继承方面的不平等……我们不禁会想，包括这些在内的民法修改能否实现？尽管乍一看会认为是这些"以家庭为单位"的民法修改案衍生出了诸多矛盾，但我们可以从看似毫无规律的修改案中窥见它们都是朝着一个方向在进行改革。为了避免因自己必须属于家庭而被迫改变人生境遇，或者为了维系家庭而勉强生活在一起的尴尬境地，因此需要努力将看护责任不只压在家人身上，而是推进照护的社会化，需要朝着"以个体为单位的社会"的方向进行改革。

但进入21世纪以后，这些改革的契机迅速地失去强劲的势力。或许政治、经济的转型是其中重要的因素。1997~1998年亚洲金融危机导致的经济不景气让改革派的桥本龙太郎内阁败下阵来。经济不景气导致了离婚率、自杀率升高，民众间也涌起了保持现状、不要改革的气氛。这一关于非婚生子女在继承权方面的不平等的法案，2013年由最高法院认定为违反宪法而被取消了，其他关于民法的修正案最终也都没有得到认可。

难道"以个体为单位的社会"的改革是缺乏现实基础的理想论吗？只要经济不景气，它就无法实现。若社会经济陷入不稳定状态，人们就只能依靠家人。在此，我们以家庭主妇不希望"以个体为单位的社会"的到来为例进行思考。

20世纪80年代的女权主义者斩钉截铁地说，主妇不自立，家里的男性也不自立，他们甚至连自己的衣食住行都不能自理。虽然这一思辨方法用于讽刺很有效，但不得不承认，说到底是一种自欺欺人的做法。因为失去妻子的男人就像去便利店买便当一样，他们什么都能买得到，从而实现他的"个体化"。但失去丈夫

第10章 走向以个体为单位的社会

收入的女性却如无水之鱼,很难维持生计,这就是现实。

即便产生了上述的困惑,主妇仍和从前一样生活的可能性也不大。我认为主妇必须考虑到能安心当主妇要具备三个条件,即丈夫不死、丈夫不失业、夫妇不离婚。人口转变实现了第一个条件,我们暂且不谈它,在终身雇佣制度不断瓦解、离婚率不断上升的今天,第二个和第三个条件就如风中残烛,岌岌可危。有一种看法认为在泡沫经济结束后的经济危机中,日本女性"去主妇"的选择也结束了,但这真是无稽之谈。在经济萧条、丈夫面临失业的时候,谁还能安心做主妇呢? 70年代以后的欧洲国家和美国的女性就业率的上升反映了这一严酷的现实,即在慢性经济低迷期,女性是无法一生安心依赖男性的收入来生活的。因此在这样的现实面前,自立就已经不单单是理想论了。当经济面临困难时,女性就需要具备不依赖家庭也能够生存下去的技能。

但是,我们又会经常听到孩子谁来照顾、老人谁来照护等声音,谁来解决这些家庭的后顾之忧? 这些声音让承担着家庭照顾职责的女性很难作为"独立的个体"而"自立"。照顾家庭不仅仅是女性的责任,也是男性的责任。但此话一出,就会有人说,保育所、照护保险制度等不是已经将家庭的照护功能社会化了吗?但即便如此,照顾家庭的负担依然很重,这使得人们依然很难兼顾家庭与工作。这样一来,"以个体为单位的社会"难道不是将被照顾者乃至照顾者也从制度中剥离出来了吗?

推进"以个体为单位的社会"这一思潮的领军人物之一戴安·森泽贝里,对这一疑问给出了如下回答。森泽贝里从包括年金制度在内的社会保障制度是如何将女性涵盖其中的角度出

· 241 ·

发,将"以个体为单位的社会"中的角色总结为四种类型——"劳动者""妻子""母亲""社会成员"[1]。作为"劳动者",就会让女性通过拥有工作,获得社会保障的资格。作为"妻子",也赋予了其作为劳动者的妻子这一社会保障的资格。作为"社会成员",会赋予她们只有作为社会成员才能获得社会保障的资格,就像基本收入。作为"母亲",也许在直观上感受不强,但也赋予了其作为照顾者而获得社会保障的资格。而作为"母亲",其实并不局限于照顾孩子,还包括照顾家庭中的残障者或老人等需要照护的人。

现在日本主妇中的大多数是作为"第三号被保险者"加入年金制度的,所以才被赋予了"妻子"这一资格。"第三号被保险者"是指作为已经加入"厚生年金"和"共济年金"[2]的配偶(20岁以上且不满60岁),以及自身年收入不满130万日元的人。即如果所有工薪阶层和公务员的妻子都是全职主妇,且工作为收入不多的钟点工的话,即使她们不缴纳保险也能得到退休金。这样的制度便是"以家庭为单位"的年金制度,具体而言,就是将家庭作为社会经济单位的、以社会性别分工为前提的制度,即丈夫工作获得收入缴纳社会保险金,妻子为了让丈夫安心工作而在家持家。因为究竟是谁在承担这部分费用有很多人不知道,我就再补充一句,并不是由丈夫代替妻子去缴纳这笔费用。"第三号被保

---

[1] Sainsbury, Diane, *Gender, Equality, and Welfare States*, Cambridge University Press, Cambridge, 1996.
[2] 日本年金(养老金)体系主要由三大支柱构成:一是强制性固定缴费的国民年金制度,所有20~59岁工作年龄人口必须参保;二是强制性收入关联型的厚生年金和共济年金制度,分别覆盖全体私营企业雇员和公共部门雇员;三是自愿企业年金及各类私人储蓄计划。——译者注

险者"的退休金是由包含丈夫在内的所有投保者平摊。因此，放眼世界，在日本主妇被赋予"妻子"这一社会保障的资格，这一制度是一个相当慷慨的制度。

但是，个体经营者的妻子是不能享受这种制度的好处的。离婚的、未婚生育的单亲妈妈即使跟家庭主妇做着相同的家务与育儿工作，也没法获得这个资格。因此，这个制度是不公平的，虽然已经提议了近30年，但时至今日权利的既得利益者却始终不着手修正。

那么依据森泽贝里的理论，作为"母亲"或者作为看护者而被赋予社会保障资格，将会出现什么结果呢？那就是将现在获得"作为妻子"的社会保障资格中的很多人替换成"作为母亲"这一角色，这样一来，单亲妈妈自然被囊括其中。根据制度的设计还可以赋予照护家人的女性以及男性以社会保障资格。如果你认为从"作为妻子"这一角色变成"作为母亲"这一角色没有什么特别优势，那可就是大错特错了。"作为母亲"（或者作为看护者）的资格不是依靠其他人而获得的，原本就是自己该有的资格。无论家庭出现什么样的变故，这种资格都不会受到影响。这样一来，同样的制度还适用于其他承担育儿责任的人以及负责照护老人的人，如此总会让提供照护的人得到一点回报。因此，基于"以个体为单位的社会"这一原则设计的制度，就成为可以涵盖主妇、照护者的制度。这样的制度当然也有不完善之处，但与"以家庭为单位的制度"相比，它更清晰、更公平。

曾经社会对女性的要求是"女性就是主妇"。在这一规范中女性因"思秋期"而烦恼，也想从这一框架中挣脱出来。而现在又出现了"女性不要只拘泥于主妇""女性活跃"①这样的社会要求。但问题是，相关责任部门也有不同的要求，各种改革或政策之间的联系以及不同要求之间的矛盾并未在公共领域被细致、缜密地讨论过。经济产业省想让女性成为企业的劳动力，厚生劳动省想让女性承担起照顾家庭的担子。我想说，你自己去尝试或体验一下，只有一个身体的女性怎么才能承担那么多的职务，何况她也没有三头六臂。同时，人们不再将结婚作为"永久就业"了，需要告别那个写满了惩罚规则的《男女雇佣机会均等法》。因为别说泡沫经济结束后的经济低迷期了，就是在经济复苏后，日本依然横行着毫不掩饰的女性就业歧视。

如果日本现行的制度依然这样实行下去的话，女性会在不知情的情况下落入制度改革的夹缝中，且无论是否选择做主妇，都很难做好，最终被逼上死胡同。到了应该进一步讨论的时候了，我们要制定出能很好地预见女性一生的制度。可以说，对于日本的女性来说，这一时期是需要好好思考的关键时期。

---

① 女性活跃的全称为"女性活跃推进"，是安倍晋三首相在2012年第二次组阁时提出的经济政策中重要的内容之一，旨在让希望工作的女性能够有在社会上一展拳脚、发挥能力的机会。——译者注

第 11 章
家庭的战后体制结束了吗？

四分之一个世纪过去了

日本怎么了？

难道不是一亿中产皆繁荣的社会吗？

昨天保育所的申请彻底泡汤了。

怎么办？孩子没处送，没法进入职场做我自己的事情了。

以上这段话摘自在日本人尽皆知的匿名博客——《上不了保育所，日本去死吧！》。这篇博客发表于 2016 年，在年轻人中引起共鸣，因为她们都苦于给孩子找不到保育所。这一事实充满了对安倍晋三内阁提出的政策目标的讽刺，"一亿中产皆繁荣的社会"、"女性活跃"（女性绽放光彩的社会）是徒有其名的。

从本书（日语版）1994 年首次出版到现在，已经过去四分之一个世纪了，正好是一代人的时间。在本书（日语版）首次出版的十年前，即1984年，我的女儿出生了。那时是女性"要么家庭，要么事业"只能做二选一的时代。为什么女性需要被迫做出如此僵化而非人性的选择呢？也就是在那个时期，我产生了强烈的事业心和个人的幸福感，哪一个都不能放弃的想法。与此同时，我思索着今后的时代应该是这样一个时代——女性"既能选择事业，也能选择家庭"。为了女儿这一代，就让我们这一代来承受社会转型期的辛苦吧。

但结果如何呢？四分之一个世纪过去了，如今依然是"保育所落选"会引起大众共鸣的社会。这距离女性"既能选择事业，也能选择家庭"的社会依然有很长的路，年轻的这一代依然很艰辛。看到这样的现状，我不禁感到羞愧，我们这代人到底做了些什么啊！有了一些社会阅历，上了一些年纪的人，真的就不能事不关己地仅仅去批判社会了。

这四分之一个世纪里究竟发生了什么呢？不会什么都没发生吧？这又是为什么呢？现在到了不得不重新思考这一问题的时候。

本书提出将战后的日本家庭称为"家庭的战后体制"，也可将其称为"家庭的五五年体制"。性别分工和家庭的存在方式等这些我们通常认为不会发生改变的私人生活也发生了历史性的变化。也就是说，私人生活同经济、政治一样，形成了某种体制（即在某个时期稳定存在的社会结构）。本书主张的"家庭的战后体制"从1955年持续到1975年，之后开始发生变化。但在此后持续关注日本家庭的过程中，我发现并不能说"家庭的战后体制"在1975年就完全结束了。

写完本书后，我对1975年以后依然迟迟不结束的"家庭的战后体制"产生了兴趣。在本书的第11~12章，我将结合这四分之

第Ⅱ章　家庭的战后体制结束了吗？

一个世纪的经历，重新思考本书题目中的日本家庭及男女性别差异的现在和未来。虽说"家庭的战后体制"并未完全结束，但也不是什么都没有改变。那么，什么改变了？什么又没有改变呢？依据本书的三大主轴——女性的主妇化、人口再生产平等主义、人口学转变理论中的过渡期世代，我们来重新思考这些问题吧。

女性的去主妇化

第3版的序对本书的核心论点，即"二战后，日本女性主妇化了"做了许多修改。首先，根据推算，主妇化是在二战前开始的，这是第3版序中修改的第一点。因为是推算出来的结果，那就必须好好思考是建立在怎样的假设之上推算的。由于都市的中产阶级中出现现代家庭是在二战前，因此推测日本社会的一部分人当中出现主妇化也是在二战前。但由于女性理所当然成为主妇的时期，即现代家庭的大众化是在第二次世界大战结束以后，因此如本书所主张的那样，日本女性的主妇化也应该是在二战以后开始的。

其次，在第3版的序中，受到岩井八郎研究的启发，我认为还有一处也有必要进行修改。岩井的研究显示，即使进入21世纪，日本女性的去主妇化几乎没有什么进展，这是日本的特征。岩井的研究结果给人留下这样的疑问，即"家庭的战后体制"在1975年结束了吗？之后，岩井提出如女性的M形就业模式所呈现的"战后的日本型生命周期"在20世纪

· 247 ·

70～90年代最为显著[1],"这一倾向依然比在'团块世代'更年轻的女性中显著,就连70年代前半期出生的'团块少年'中也有很多人重复着大体相同的生命周期"[2]。如果只聚焦社会性别分工的话,可以说"家庭的战后体制"这一模式一直延续到90年代。

为何日本女性的去主妇化几乎没有什么进展呢?一起来看看这些数据。90年代度过自己二十几岁时光的"团块少年",从他(她)们20岁的后半段到39岁期间的就业率是上升的,而同时非正式员工的比例也在上升。就在此时,"战后的日本型生命周期"终于从90年代开始发生变化了。但由于女性就业率的上升和雇佣体制的不稳定同时发生,因此不能简单地说日本"家庭的战后体制"结束了,女性的时代来临了,事实上,那是个情形复杂的社会。

现在进入21世纪也已经有20年了,情况又如何呢?自90年代的过渡期后,M形就业曲线底部的上升[3]让人非常吃惊(见图11-1),已经渐渐接近北欧和北美等国的倒U形。

究竟是谁的劳动参与率上升了呢?若根据是否结婚、有无配偶这样的婚姻状态来看的话,未婚女性的劳动参与率到1997年为止一直在上升。此后,尤其是2007～2017年的十年间,20~30岁育儿年龄段的有配偶女性的劳动参与率大幅度上升(见图11-2)。也就是说,婚后女性成为全职家庭主妇的模式开始瓦解。

---

[1] 岩井八郎「戦後日本型ライフコースの変容と家族主義——数量的生活史データの分析から」落合恵美子編『親密圏と公共圏の再編成——アジア近代からの問い』京都大学学術出版会、2013年、128頁。
[2] 同上文,第134页。
[3] 同上文,第136页。

第Ⅱ章 家庭的战后体制结束了吗？

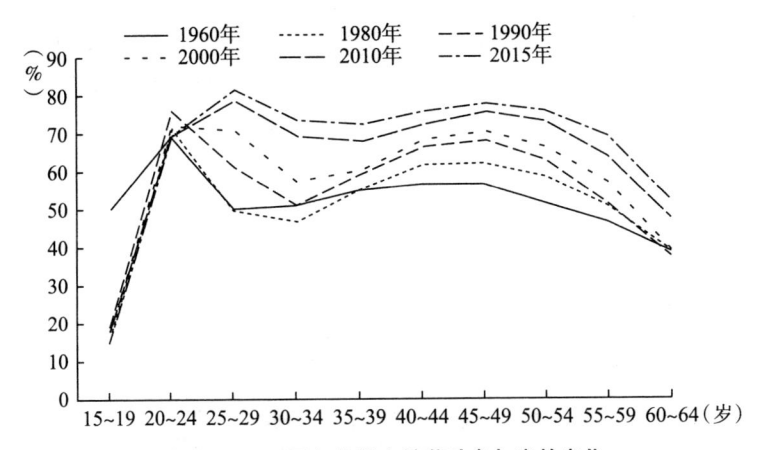

图 11-1 不同年龄段女性劳动参与率的变化

资料：国立社会保障·人口問題研究所「人口統計資料集」2018年版、图 11-1 根据此资料的表 8-3 制作而成；総務省統計局「国勢調査報告」。

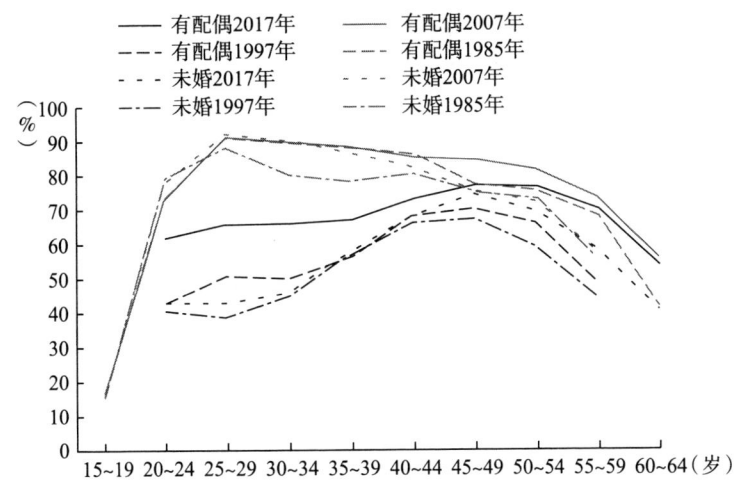

图 11-2 不同婚姻状态、不同年龄段女性劳动参与率的变化

资料：「働く女性の実情」（平成 19、29 年版）；総務省「労働力調査」（昭和 60 年，平成 9 年、19 年、29 年）。

· 249 ·

生子辞职——日本这一根深蒂固的习俗，在进入20世纪10年代后好像也开始发生变化。在20世纪10年代前半段生育第一个孩子的女性中，继续工作的人数占生育前工作人数的53%。从中可以看出育儿产假制度的效果（见图11-3）。但是，此后面临的是幼儿入园这一难题。生子后继续工作的女性急速增多，就是本章开头所介绍的"保育所落选"的社会背景之一。

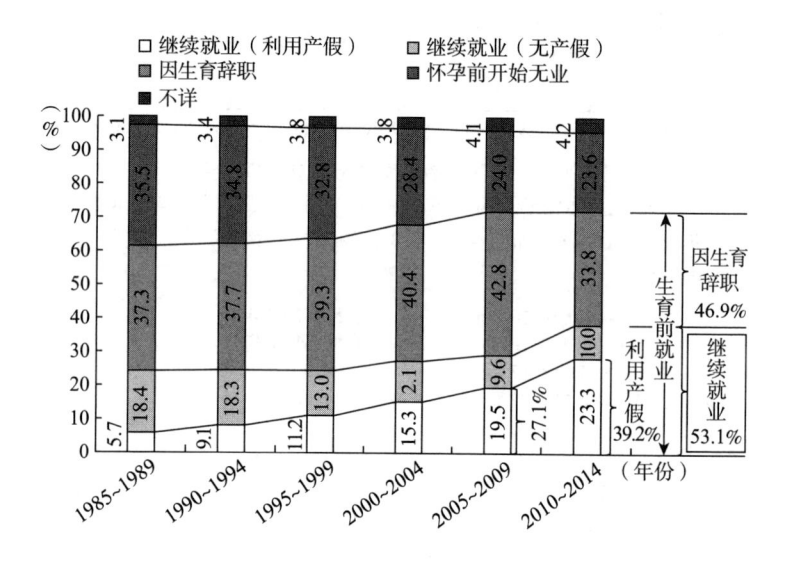

图 11-3　第一子出生前后妻子的就业状况

资料：国立社会保障·人口問題研究所「第15回出生動向基本調査（夫婦調査）」。

资料来源：内閣府男女共同参画局『男女共同参画白書（平成30年版）』I-3-7 図。

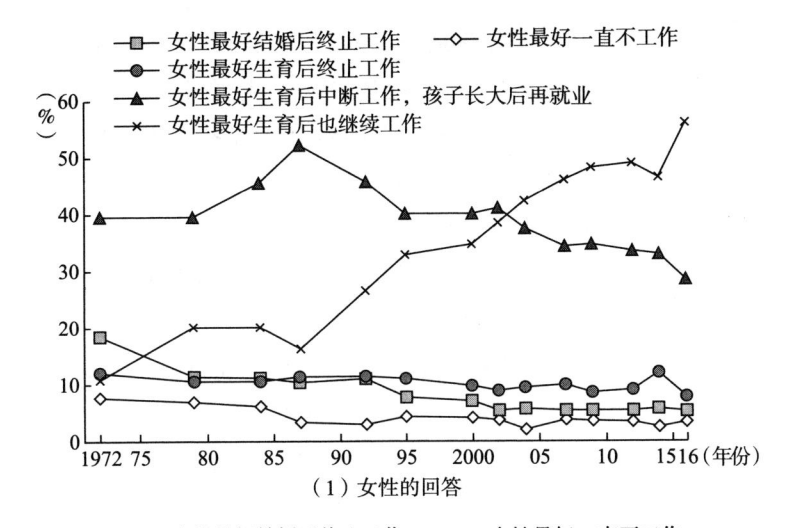

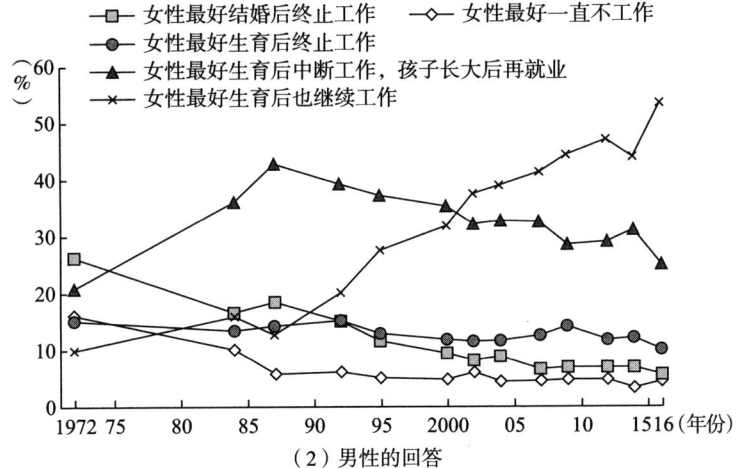

第Ⅱ章 家庭的战后体制结束了吗?

图 11-4　有关女性就业的看法（女性、男性的回答）

资料:「男女共同参画社会に関する世論調査」(2000 年、2002 年、2004 年、2007 年、2009 年、2012 年、2014 年、2016 年)、「男女平等に関する世論調査」(1992 年、1995 年)、「女性に関する世論調査」(1987 年)、「婦人に関する世論調査」(1972 年、1979 年、1984 年)。

现实社会中的变化总是先于人们意识的变化。日本内阁府实施的"关于男女共同参与社会的舆论调查"以及之前的调查显示,关于女性是否工作,到1986年为止持"中断后再就业"看法的人占多数,1992年以后持"不中断就业,兼顾家庭"的人数开始增加;男性从2002年、女性从2004年开始在"女性是否工作"的看法上出现反转,虽然2014年出现过一时的摇摆,但到了2016年,"生育后也继续工作"和"生育后中断工作"两者之间的差距又拉大了(见图11-4)。我认为在时间节点上男性的反转比女性发生得早,这一点是很值得玩味的,虽然两者之间的差距并不大。90年代经济危机后,日本迎来雇佣制度不稳定的时代,因此日本男性中认为自己一个人的收入实在无法支撑一家人开支的人数增加了。但是,与意识变化相对应的现实变化,经过近十年才逐渐清晰可见,而支撑人们适应这一变化的制度建设,如保育所等还远远跟不上现实变化的脚步。

女性的非正式雇佣

至此,以20世纪90年代为转折点,可以看到日本女性的去主妇化无论在现实层面还是在意识层面都出现了变化。但如前所述,女性就业的扩大与非正式雇佣的扩大轨迹是一致的。虽然非正式雇佣的扩大不仅仅限于女性,但与男性中集中在老年人群和青年人群这一特点相比,所有年龄段的女性都面临着非正式雇佣这一问题。

第Ⅱ章　家庭的战后体制结束了吗?

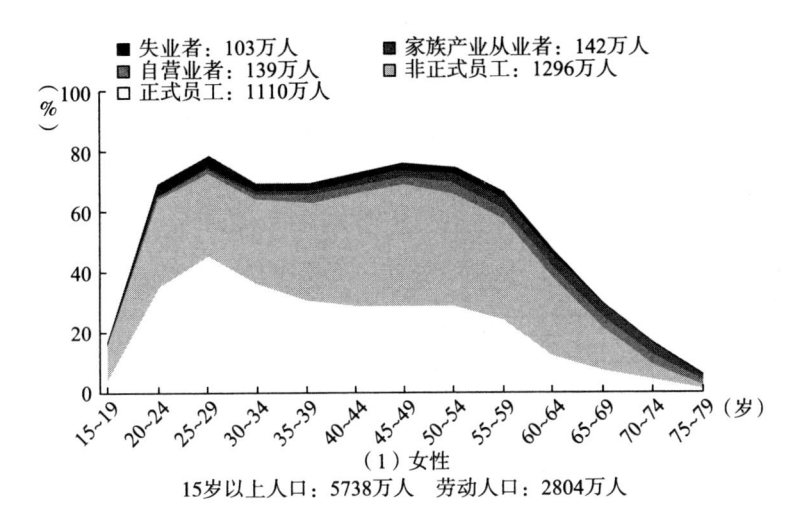

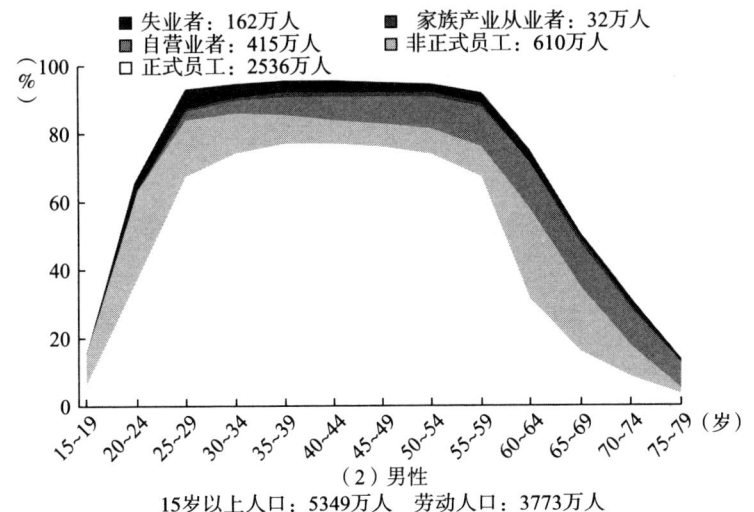

(1) 女性

- 失业者：103万人
- 自营业者：139万人
- 正式员工：1110万人
- 家族产业从业者：142万人
- 非正式员工：1296万人

15岁以上人口：5738万人　劳动人口：2804万人

(2) 男性

- 失业者：162万人
- 自营业者：415万人
- 正式员工：2536万人
- 家族产业从业者：32万人
- 非正式员工：610万人

15岁以上人口：5349万人　劳动人口：3773万人

图 11-5　不同年龄段劳动参与率的就业形态（女性和男性）2013 年

资料:『男女共同参画白書』(平成 26 年版) I- 特 -17- 図,「労働力調査（基本集計）」平成 25 年。

· 253 ·

在"家庭的战后体制"时代，女性未婚时作为正式员工参加工作，因结婚和生子而成为非正式员工，这被视为女性典型的生命周期，因为大多数人认为女性有家庭责任，所以非正式员工中女性居多。但现在即使是未婚女性，大多数也为非正式员工，性别歧视就这样赤裸裸地复活了。以前 OL（女白领）所承担的辅助性业务以派遣等形式被企业外部化，那时就已经存在歧视了。换言之，如被持续雇佣等劳动者的这些权利，对于正式员工是理所当然的，但对于非正式员工而言则会被大幅削弱。就以为了鼓励女性继续就业的重要制度之一——育儿假制度为例来说，由于几乎不适用于下一年度雇佣关系还未确定的非正式员工，所以存在很大的问题。可以推测，在被纳入图 11-3 的"因生育辞职"的人群中，这种情况相当普遍。同时，单身者、单亲妈妈等承担家庭主要赚钱任务的女性中，作为非正式雇佣者的人数也不少。女性赚钱就是补贴家用而已，所以非正式雇佣就以这种大家默认般的设想，像僵尸般徘徊在这个已然不适用的时代。事实上，对于在"家庭的战后体制"框架之外的女性来说，社会环境并不友好。

是上述这一原因导致的吗？媒体中的主妇形象，已经在 2000 年以后发生了变化。我在对战后日本女性杂志中女性形象和男性形象的调查研究中发现，1955 年已经形成了"漂亮太太"这一固定的女性形象，这在本书的序言中也提到过。之后，主妇形象也从 1980 年开始从主妇杂志中消失了。主妇已经不再是让人憧憬的女性形象了。但是，从 2010 年前后开始，被推崇的主妇形象在广告和电视剧中再次出现。我最初注意到的是 2009 年丰田汽车 PASSO Sette 的广告，其中有"我们是主妇，是妈妈，是女人"的广告词。请回想一下，2013 年上户彩出演的半泽直树的妻子处在充满工作压力的社会中,无论是非正式员工还是正式员工都非常羡慕主妇。但像直树这样的男性在减少,因此做主妇自然不是现实的选择。然而如图11-4所示,在意识调查中,2012年发生了逆转,年轻女性想做全职主妇的人数在增多,而随着日本经济的复苏,女性又有了继续就业的意愿,正是这些复杂的因素共同作用才导致了非正式雇佣人数的增加。

人口再生产平等主义的瓦解

接下来,让我们看一下人口学指标吧。在第3章"两个孩子的革命"中,我们看到在"家庭的战后体制"下,日本总和生育率在2.0左右,实现了任何人结婚都生两三个孩子的人口再生产平等主义。可之后,日本怎样了呢?

与性别关系不同,仅从人口学指标来看,"家庭的战后体制"的变化从20世纪70年代后半期开始变得愈发清晰,如出生率的下降、离婚率的上升、初婚年龄的推迟等。这些正好与在世界范围内被称为第二次人口转变时期相重叠。不,再细看的话,世界的趋势和日本的动向有重叠的部分,也有不重叠的部分。关于这一点,本章后半部分会再探讨。

在这四分之一个世纪中,日本最明显的变化是人口再生产平等主义的坍塌,即生育水平低于人口更替水平。如表3-1所示,已婚未育女性的比例从战前开始就一直在下降,到50年代的人出生以后,这个比例才再次上升。20世纪50年代的出生人群就是在 70 年代后半期到 80 年代生育孩子的一代。但由于 1965~1970 年出生的世代有近 10% 的人无子女，这一比例又降到了 19 世纪末明治时期的水平。因为是已婚未育女性的比例，若将一生未婚的女性也囊括其中的话，终身未育女性的比例更高。可以推测，终身未育女性从 1955 年出生世代的 12.6% 上升到"团块少年"，即 1970 年出生世代的 28.2%[①]。也就是说，三四名女性中就有一名终身未育子女。日本结婚与未育的状况相似，被称为"终身独身"即到 50 岁也未结婚的比例在 90 年代以后迅速上升，2015 年 23.4% 的男性和 14.1% 的女性终身未婚[②]（见图 11-6）。每个人都结婚生子的社会已然结束了。

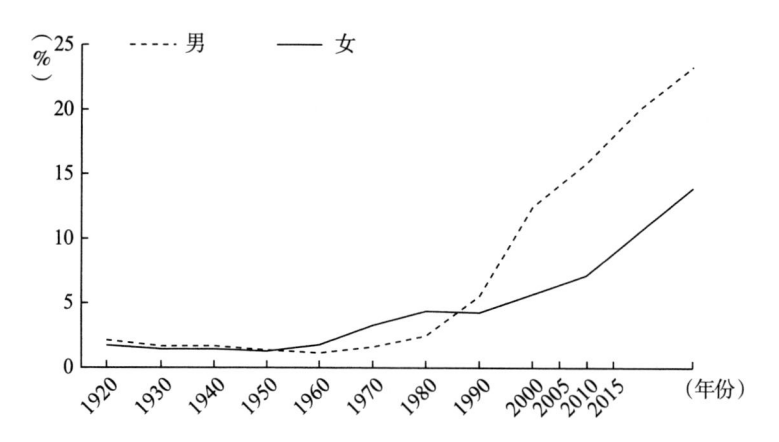

图 11-6　50 岁时的未婚比例

资料：国立社会保障·人口問題研究所「人口統計資料集」2018 年，総務省統計局「国勢調査報告」。

[①] 国立社会保障·人口問題研究所「日本の将来人口推計（平成 29 年推計）」表 Ⅲ-3-6。
[②] 虽然有人过了 50 岁会结婚，但人口学仍将到 50 岁都未曾结婚的人称为终身独身者。

第Ⅱ章 家庭的战后体制结束了吗？

也许会有人感叹，结婚、生子等人的基本权利也无法实现平等，社会已经变得如此荒谬，但下这样的结论前仍需斟酌。因为我也做了历史人口学的研究，还对江户时代的日本、当时的欧洲以及中国的情况略知一二。江户时代的农村，无论是东北还是浓尾，越是富裕阶层，孩子的数量就越多。下层家庭有的没有继承人，有的绝嗣，有的领养上层家庭的孩子为养子。虽然人们都相信日本在传统上是皆婚社会，但实际上并非如此。研究结果表明，在西南地区的某个村子里，女性的21%、男性的12%是终身独身者[①]。本书的第3章也提到了在近代欧洲，男、女终身独身比例都为10%；在清朝因溺女婴，导致三十多岁的男性中20%是未婚者，10%为终身独身者[②]。在人类历史上，每个人都结婚，有相同数量的孩子，在人口再生产上人人都平等的社会恐怕才是例外。

那么，现代社会是生活方式不会受约束、人生选择的自由度增加了的社会吗？我无法完全赞同这种乐观的看法。独自一人生活、终身未生养孩子的人，其人生一定也包含积极和消极因素，且每个人都有自己的理由选择自己的生活方式。2015年有这样一个调查，将是否选择了自己喜欢的人生作为调查的重点，了解"终身独身"的50岁的人们在年轻时有怎样的人生展望。同样是以他们这一代（参与1992年的单身者调查）作为调查对象，调查结果显示18~34岁的单身者中，回答"一辈子都不打算结婚"

[①] 有关历史人口学的家庭史研究成果，参考落合惠美子『徳川日本の家族と地域性』（ミネルヴァ書房、2015年），落合惠美子編『徳川日本のライフコース』（ミネルヴァ書房、2006年）"，落合惠美子・小島宏・八木透編『歴史人口学と比較家族史』（早稲田大学出版部、2009年）等。有关九州的研究结果，依据的是中岛满大『近世西南海村の家族と地域性』（ミネルヴァ書房、2016年）。

[②] Lee, James and Cameron Campbell, *Fate and Fortune in Rural China*, Cambridge．Cambridge University Press, 1997．

的男性占4.9%，女性占5.2%[①]。这个数据和他们这代人现实的终身独身率有几倍之差，可以推测很多人有结婚意愿，但最后却没有结婚，当然也不能排除结婚的意愿会随着年龄的增长而有所改变。1990年以后日本的经济状况应该也是引发这一结果的原因之一。向那些有结婚意向但没有结婚的人询问原因时，回答最多的是"没有遇到合适的对象"，其次是"结婚资金不足"，且这两个原因的比例都呈上升趋势[②]。在2015年的单身者调查中，虽说"一辈子都不打算结婚"的比例增加了，但男性仅占12%，女性仅占8%[③]。"家庭的战后体制"的结束和社会的不断多元化，似乎也导致了很多人过着并非本意的人生。人们不仅想结婚，还想拥有孩子，还想拥有事业等，要实现让大多数人都能过上自己喜欢的人生这一目标，我们该怎么做才好呢？

"家"的终结

在第4章"核心家庭的真相"中，我从人口学角度关注世代，并阐述了"家庭的战后体制"的两个特征，即与家制度并存的核心家庭化及兄弟姐妹关系网络的强大。事实上，在"家

[①] 厚生省人口問題研究所平成四年「第10回出生動向基本調査（結婚と出産に関する全国調査）第Ⅱ報告書」1994年。（http://www.ipss.go.jp/syoushika/bunken/DATA/pdf/103715.pdf）。
[②] 国立社会保障・人口問題研究所「第15回出生動向基本調査（結婚と出産に関する全国調査）」、図表Ⅰ-1-11。
[③] 国立社会保障・人口問題研究所「第15回出生動向基本調査結果の概要」2017年（http://www.ipss.go.jp/ps-doukou/j/doukou15/doukou15_gaiyo.asp）。

庭的战后体制"时期，社会的中流砥柱是人口学过渡期的世代（1925~1950年出生），也就是昭和10年（1935~1945年）出生的人们以及之后的团块世代（1945~1949年出生），到2015年，他们已经全部成为老年人了。在这种意义上，可以称他们是"获利"的人口学过渡期世代，当他们从社会中心渐渐退去时，日本家庭和社会将发生怎样的变化呢？

首先请回顾一下第4章的主要内容，我们再来看一下家庭结构的变化（见图11-7、图11-8）。从实际数量上看（主要是扩大家庭），"其他的家庭类型"的数量基本没有变化，佐证了本书的观点——"与家制度并存的核心家庭化"是日本"家庭的战后体制"的特征之一。2000年，"其他的家庭类型"的数量和1995年基本相同。但进入21世纪后，这一类型家庭的数量开始明显减少，其结果是已经没有"老家的哥哥"把弟弟、妹妹送往大城市的现象了。2015年，"其他的亲属家庭"数量与"（单亲）母亲与孩子的家庭"和"（单亲）父亲与孩子的家庭"的合计数量基本相同。换言之，曾经被视为日本典型的"家"（三世同堂的主干家庭），如今其数量与被视为少数派的单亲家庭数量相同。虽然现在核心家庭仍占多数，但其比例与1975年的峰值相比正在下降，也就是与经济高速增长初期开始的核心家庭化相比，其比例是在下降的。2015年，"核心家庭"中由"夫妻和孩子"组成的"（人们心目中）像样的家"的数量明显减少，占全部家庭的27%，并且被已占33%的单身家庭超越了。从家庭结构上看，日本家庭已经彻底变化了，不仅无法继续维持"（传统的）家"，就连核心家庭的内部构成也发生了变化。

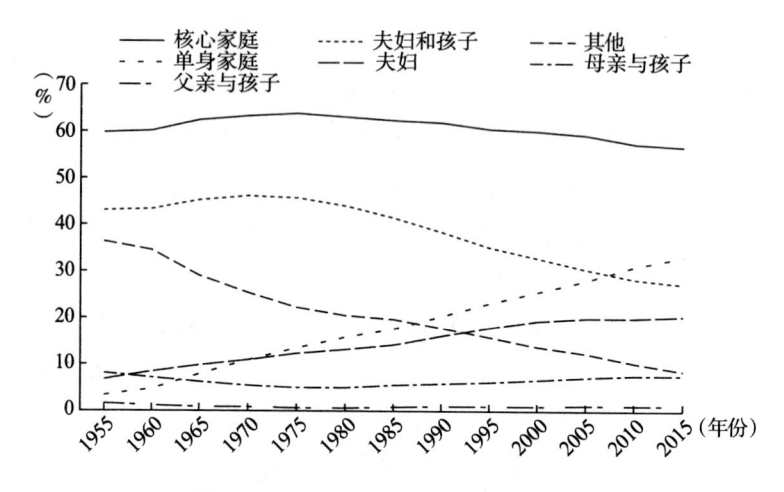

```
                    ——核心家庭      ……夫妇和孩子     ——其他
                    ---单身家庭     —— 夫妇          -·-母亲与孩子
                    —·—父亲与孩子
```

图 11-7　不同结构类型家庭的数量变迁
资料：総務省統計局「国勢調査報告」。
资料来源：国立社会保障・人口問題研究所『人口統計資料集』2018年，『国勢調査報告』1965年。

　　但第二次世界大战后，日本学界关于核心家庭化的学说成为争论的焦点，认为它不单单是家庭结构变化的问题。从直系家庭制度到夫妻家庭（核心家庭）制度的变化过程是否也反映了家庭规范的变化？这成了理论上的焦点问题。独生子结婚后继续与双亲住在一起是直系家庭制度的典型表现。但如第3版的序中提到的那样，依据广岛清志等的研究，自日本经济高速增长期开始，孩子结婚后，和孩子共同居住的父母的比例逐渐下降，但有中途又与父母共同居住的可能性，因此这一结论还有待商榷。

　　这里参照日本国立社会保障／人口问题研究所进行的《家庭动态调查》，来看看父母与不同年龄段的孩子共同居住比例的变化情况。图11-8显示的是与18岁以上的孩子共同居住所占的比例。

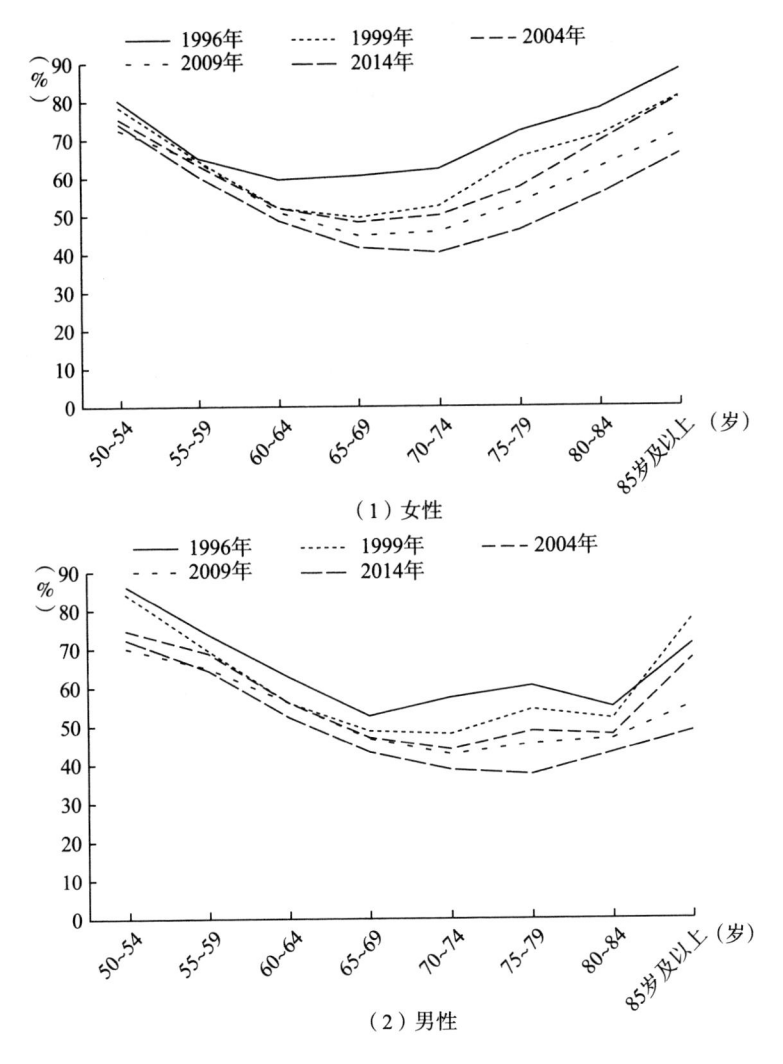

第Ⅱ章 家庭的战后体制结束了吗?

（1）女性

（2）男性

图 11-8　与 18 岁以上子女共同居住的比例

资料来源：国立社会保障・人口問題研究所「世帯動態調査」1996 年，1999 年，2004 年，2009 年，2014 年。

为了观察家庭规范对人们影响的大小，此数据是将无子女人群排除在外的，因此以全体家庭为对象的共同居住比例会比这个数据低。从该图可以看出，即使是有子女的人群，也都没有采用留下一个孩子与父母继续共同居住的严格意义上的直系家庭规范。不仅如此，直到父亲60岁为止子女都依然未与其共同居住。事实上，共同居住的比例近年来愈发呈下降趋势，并且图中底部也正呈现老龄化趋势。共同居住比例再次上升是从父亲到80岁以上的高龄时段开始的，且呈现如果身体还好，子女也不会有中途与其共同居住的倾向。如果聚焦母亲的话，共同居住比例再次上升的时间则更早，观察发现，父亲去世也是母亲与子女共同居住的契机。事实上，在欧洲核心家庭中也存在由于衰老和配偶去世而与孩子共同居住的类似模式[1]，因此这种中途共同居住现象早已不能说是由日本直系家庭制度规范所致。

这样说的话，估计会有人反驳。与欧美各国相比，日本老年人与子女共同居住的比例依然很高。这难道不是"家"的文化传统至今仍在影响日本社会，构成其独特性的原因吗？内阁府以60岁及以上的男女为对象所进行的《平成27年度有关老人的生活和意识的国际比较调查》显示，和子女共同居住的比例，日本为40.3%，而美国为17.8%，德国为6.5%，瑞士为2.5%，差别非常大。但如图9-1所示，在20世纪50~60年代的欧美各国，即使与子女共同居住比例达到40%也并不稀奇。在当时的欧美各国，即便最具优势规范的仍是夫妻家庭（核心家庭）制，但仍呈现如此之高的共同居住率，21世纪的日本在成为核心家庭社会后，出现了一定程度的亲子共同居住

---

[1] Alter, George, "The European Marriage Pattern as Solution and Problem," *The History of the Family* 1-2, 1996.

第Ⅱ章　家庭的战后体制结束了吗？

（特别是与配偶去世的父亲或母亲共同居住）也不足为奇。

与此同时，也必须关注共同居住的实际情况。事实上，不仅与子女共同居住的数量减少了，与未婚子女共同居住的比例也超过与已婚子女共同居住的比例，这是一个很大的变化（见图11-9）。未婚子女留在父母身边，照顾年迈的父母，这是核心家庭社会典型的父母年迈时与子女共同居住的模式。在18~19世纪的欧洲，最小的孩子特别是最小的女儿经常承担这个任务。但若承担养老任务，就会错过自己的婚期，没有自己的孩子，等自己老了以后便无依无靠，所以兄弟姐妹争先离家，把这个任务推给其他人。在现代日本，提及与未婚子女共同居住，人们很容易想到，单身子女依靠父母生活。但现实中未婚便与父母共同居住的子女（无论男女），比已婚分居的子女更多地在经济方面或者日常建议方面给予父母帮助[1]。有研究表明，日本社会正在增多的是低收入的亲子两代人相互依靠、彼此需要的共同居住[2]。稻叶昭英指出，如"当双亲无法生活时，孩子应该和父母一起生活"，"当父母卧床不起时，孩子照顾父母是理所当然的"等，与父母共同居住的未婚子女有着很强的家庭主义的照顾观念[3]。尽管"家"在终结，核心家庭制度规范逐渐占优势，但未婚子女依然忠实于先前家庭主义的相互扶持的规范，其结果是创造出了新的家庭模式。或者说，是不是人们想将"传统规范"作为理由，让自己和他人都能接受由于各种原因与父母同住的

---

[1] 稲葉昭英「変わる家族／変わらない家族」第九一回日本社会学会大会シンポジウム、2018年。
[2] 岩井八郎「戦後日本型ライフコースの変容と家族主義——数量的生活史データの分析から」落合恵美子編『親密圏と公共圏の再編成——アジア近代からの問い』京都大学学術出版会、2013年、140-142頁、140-142頁。
[3] 国立社会保障・人口問題研究所「第15回出生動向基本調査（結婚と出産に関する全国調査）」。

现实呢？对于规范与现实之间的关系，我们需要进一步的研究[1]。

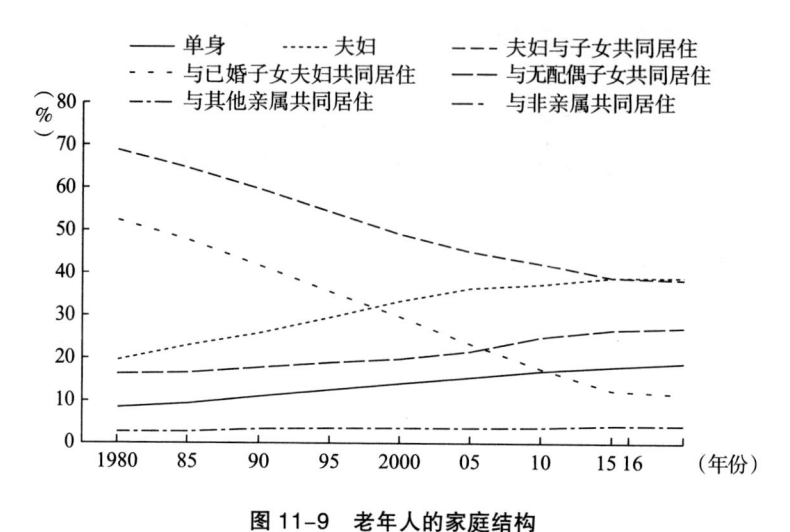

图 11-9　老年人的家庭结构

资料：国立社会保障・人口問題研究所「人口統計資料集」2018 年；厚生労働政策統括官（統計・情報政策担当）「厚生行政基礎調査報告」、「国民生活基礎調査」。

日益严重的孤立化育儿

视野稍稍放远一点，即使没有共同居住，住在近处或别处的子女和父母之间也在进行着各种形式的互助。众所周知，虽然欧洲和北美社会的亲子共同居住率低，但是分居子女和父母的关系比日本

---

[1] 例如可以参考以下研究：Takagi, Emiko and Merril Silverstein, 2006, "Intergenerational Coresidence of the Japanese Elderly: Are Cultural Norms Proactive or Reactive？" *Research on Ageing*, 28-4: pp.473-492, 2006 等。

更紧密。亚洲社会也是如此（见图11-10）。因此，研究对象不拘泥于家庭的居住形式，我们有必要更多关注亲属网的作用。对于现在父母和子女共同居住率不断降低的日本来说，这一点尤为必要。

人口学过渡期世代支撑日本社会的时代已经过去，这对亲属网络也有影响。大和礼子指出从"子女对父母"的帮助中可以看到"夫妻个人化"这一倾向，即夫妻各自对自己的父母进行更多的帮助。这就是本书中称为"双系化"的现象，数据分析也证实了这一点。伴随着去主妇化及女性的经济实力的增长，这一倾向不断被强化。因此我们可以看到，很多女性对双方父母给予相同帮助，她们在为维系亲属关系而尽责①。女性在遵循社会规范、维系父系家庭的同时，也在努力关心自己的父母。

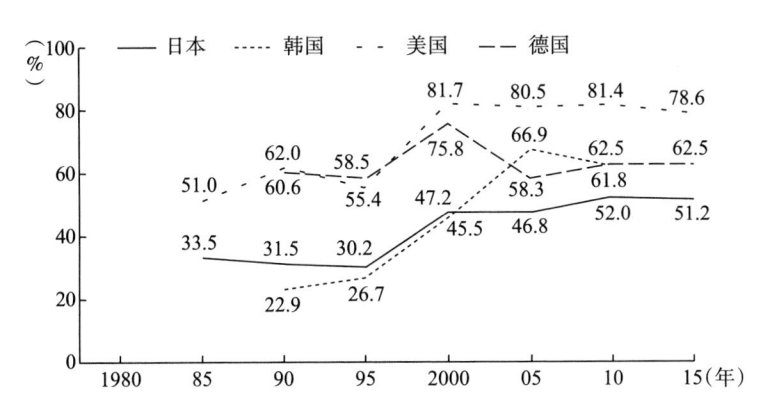

图 11-10　老年人与不同住的子女的往来频率（一周一次以上见面联络的 60 岁以上的男女比例）

资料：内閣府「高齢者の生活と意識に関する国際比較調査」2015 年。

---

① 大和礼子『オトナ親子の同居・近居・援助——夫婦の個人化と性別分業の間』学文社、2017 年。

但正如本书所指出的那样，伴随着日本人口学世代的更替，亲属网整体在缩小。20世纪80年代，作为兄弟姐妹数减少的人口学第三代成为父母时，为了弥补缩小的亲属网，他们在自己居住周边发展出育儿网络。当时针对这一现象，我天马行空地想，今后也许会出现类似于"育儿援助关系网法则"吧。但之后，正如日语第3版序中所描述的那样，利用近邻援助网产生的焦虑渐渐成为社会问题。

再回头看这已经过去的四分之一个世纪，"育儿援助关系网法则"并未出现。有研究表明，与80年代相比，21世纪孤立无援的育儿和育儿不安现象进一步加剧。原田正文以婴幼儿的父母为对象开展问卷调查的结果显示，在1980年到2003年、2004年这二十多年的时间里，针对"附近没有可以闲聊家常、聊孩子的人"这一选项，两个不同时代的母亲中选择"没有一个可以聊天的人"的比例，从16%增加到32%（两项调查中的数据均来源于母亲在婴幼儿4个月定期检查时收集的数据）。表示"经常有""对育儿担心"的母亲的比例从11%增加到14%，在孩子3岁半时，这一比例则从7%增加到14%。而另一方面，回答"有帮忙照看孩子的人"的比例，与年龄无关，约从60%大幅地增长到90%。具体而言，前后20年相比较，父亲（即丈夫）和外祖父母（即娘家）提供的帮助增加了一倍以上[①]。也就是说，从亲属援助网络转换到近邻援助网络的情况并不乐观，事实上日本家庭是在动员和依靠不断减少的家属和亲属来提供育儿帮助的。虽然子女与父母同住的习惯已经发生了变化，但是上述情形与依然奉行家庭主义而努力帮助父母的同住未婚子女，难道不是有异曲同工之处吗？

---

① 原田正文『子育ての実践と次世代育成支援』名古屋大学出版会、2006年。

第 12 章
超越 20 世纪社会体系

20 世纪社会体系的转换与日本

前一章沿着本书的三大主轴探讨了日本"家庭的战后体制"及这一体制结束之后的日本社会。也就是到 20 世纪 90 年代为止，其变化较为平缓，但这之后开始加速，伴随着女性去主妇化、再生产平等主义的衰退、人口学上的世代更替，"（传统的）家"结束了。一方面，如此戏剧性的变化，让人感到就连"家庭的战后体制"的痕迹都消失得难以找寻。另一方面，很多人并未感到日本社会有什么实质性的改变，却有着"保育所落选了"的焦虑。这种现实和感受之间的落差究竟从何而来呢？

为了回答这一问题，让我们将目光放在更大的范围，重新审视日本社会所面临的状况吧。这样寻找答案，乍一看有些绕远，但欲速则不达，当我们仅仅关注一国的状况而无法找到答案时，试着参考其他国家的经验，有时会在不经意间获得启发。而且不仅是欧洲和北美洲各国，与亚洲各国之间的比较也十分重要。"家庭的战后体制"是指日本"20世纪的现代家庭"的具体样貌，这也是本书的主要框架。"20世纪的现代家庭"是指已经成为大众化的现代家庭，它的成立以日本社会几乎所有人都拥有相似的家庭为前提。

进一步思考上述问题，若被称为"20世纪社会体系"的体制是由国家、经济体制、家庭共同搭建起来的，那么"20世纪的现代家庭"就是"20世纪社会体系"的一部分，而现在我在思考这之后的体系是怎样的。我所设想的"20世纪社会体系"是由以下三个要件组成的：(1)凯恩斯式的福利国家；(2)福特式的生产模式和高消费社会；(3)丈夫工作，妻子做家庭主妇的现代家庭。

而在20世纪的发达国家，这一体系的成立具有共通性。这里突然说到福利制度、生产模式稍显生硬，但请耐心继续看下文。

大多数的研究是将这三点分开进行论述的，但事实上每一点都是支撑"20世纪社会体系"的条件，所以我认为应该将其视为一个整体来思考[1]。例如，为了让社会上所有人都建立现代家庭，由凯恩斯政策和福特式生产模式所支撑的安定的（男性的）完全雇佣制度及保障男性退休生活的年金制度等，都必须依靠"20世纪社会体系"的经济体制和国家来实现。

近些年，社会科学中偶尔会有将上述（1）和（2）作为一体来思考的研究，但我想强调必须将（3）——家庭也包括在内，进行三位一体的思考。这是因为若没有家庭为既是国民又是生产

---

[1] 落合恵美子「つまずきの石としての一九八〇年代――『縮んだ戦後体制』の人間再生産」アンドルー・ゴードン／瀧井一博編『創発する日本へ――ポスト「失われた20年」のデッサン』弘文堂、2018年、98-100頁。

者,还是消费者的人们提供抚育的环境、温暖的情感,没有家庭承担向社会输送优秀下一代的功能,社会将难以维系。

"20世纪社会体系"于20世纪70年代开始解体,以石油危机和"尼克松冲击"为转折点,欧美发达国家出现了经济持续低迷、重新审视其福利国家制度、由凯恩斯主义向新自由主义政策的转变等状况,这些让"20世纪社会体系"失去了赖以存在的根基。在此背景下,以日本为先锋的亚洲各国在经济上你追我赶,难道不是有着更深层的原因吗?

在此,请关注日本与其他发达资本主义国家在发展程度上所处的不同位置。事实上,日本仍是紧随其后的一方。20世纪70年代的日本虽受世界经济低迷的影响,但很快便恢复并在80年代创造出空前的、足够以此为傲的经济大繁荣,那是一个被称为"日本经济世界第一"的时代。但那时日本经济还很稚嫩,又处于受欧美各国控制的状态。而到了90年代,繁荣一时的日本经济转而进入"失去的20年",陷入长期的低迷状态。也许正是这20年的时间差,让日本"家庭的战后体制"在欧美的"20世纪社会体系"解体后仍得以延续下来。但在90年代,特别是在即将进入21世纪时,日本"家庭的战后体制"受到了巨大的冲击,之后发生了戏剧性的变化。简言之,可以认为20世纪90年代的日本相当于20世纪70年代的欧美各国[1]。

例如,聚焦丈夫工作、妻子做家庭主妇的现代家庭(本书的主题之一)来探讨的话,同样可以说日本的20世纪90年代等同

---

[1] 落合恵美子「つまずきの石としての一九八〇年代——『縮んだ戦後機制』の人間再生産」アンドルー・ゴードン/瀧井一博編『創発する日本へ——ポスト「失われた20年」のデッサン』弘文堂,2018年,95-97頁。

于欧美各国的 20 世纪 70 年代。或者聚焦日本"男主外女主内"的家庭，也可以说日本的"20 世纪社会体系"始于人口转变又终结于第二次人口转变。因为总和生育率已经低于 2.1 的日本，其"两个孩子的革命"就是（第一次）人口转变的一部分。正如产业革命是创造出产品的现代社会一样，与其说（第一次的）人口转变"生产"出很多人口，不如说创造了人们能够以有尊严的方式生活的现代社会。但是，这之后的第二次人口转变却推翻了（第一次）人口转变所创造出来的 20 世纪现代家庭赖以存在的许多前提条件。

　　人口转变必然带来人口结构的老龄化，65 岁及以上人口超过总人口比例的 7% 便是"老龄化社会"，超过 14% 则被称为"老龄社会"。欧洲很多国家在 20 世纪 70 年代已经步入老龄社会[①]，从人口学视角来看，同一时期的日本还是相当年轻的社会。老龄化会让经济的增长变缓，因此从世界经济范围看，20 世纪 70~80 年代的日本就像参加无障碍竞赛一般，一枝独秀。但到了 90 年代，日本的老龄化也以火箭般的速度来临，转眼间，日本成为老龄化世界排名第一的老龄社会（图 12-1）。也就是说，即便在进入老龄社会的这层意义上，也体现出了日本与欧洲国家发展阶段的差距，即 20 世纪 90 年代日本的老龄化程度相当于 20 世纪 70 年代欧洲的老龄化程度。

　　若从广义上审视人口与经济之间的关系，它们是相互关联的。第一次人口转变的结果是人口老龄化，人口老龄化导致了经济增长变缓，而经济萧条又推动了第二次人口转变的进程，人口老龄化也因此加速。"20 世纪社会体系"是建立在人口与经济的平

---

① 美国的老龄化与欧美其他国家相比很晚，2015 年美国 65 岁及以上老年人口比例达 14.9%，进入"老龄社会"的行列。

衡之上的，而这一平衡又是由国家、经济体制、家庭以特定的形式组合在一起的结果，但是它们之间的平衡关系现在松动了。人口与经济之间的失衡在许多发达国家是发生于20世纪70年代，日本则是发生于20世纪90年代。让我们看一下图12-1吧。

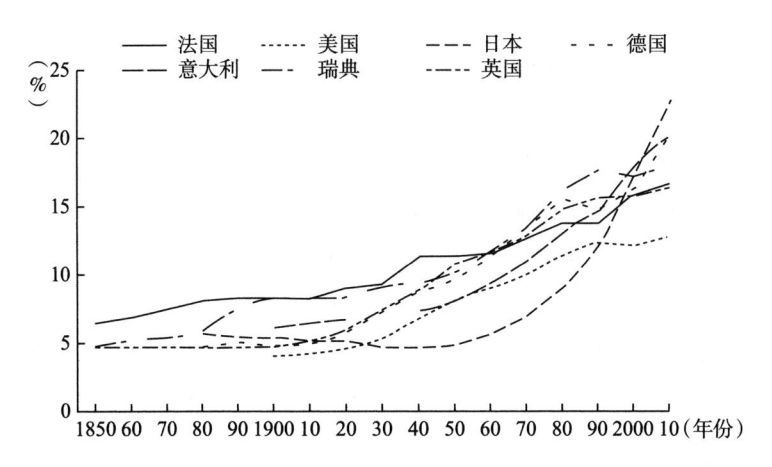

图12-1 老龄化率的上升（65岁以上人口占总人口的比例）

资料：国立社会保障・人口問題研究所『人口問題資料集』2018年。

制度改革及效果

20世纪曾经引领世界的"先进资本主义国家"，在这一世纪终结之时，也面临着"20世纪社会体系"转型的难题。那么，这些社会是怎样应对这一难题的呢？让我们聚焦本书的主题——人口学的变化以及男女社会性别差异的变化，首先一起看看世界上其他几个地区的数据。正如第 10 章所介绍的那样，欧美是拥有 20 世纪发达国家数量最多的地区，与此同时，这些国家在 20 世纪 60 年代末就开始进入第二次人口转变阶段，并发生了一连串的变化，如总和生育率低于 2.1、结婚年龄推迟（晚婚）、终身未婚率上升、离婚率上升、同居数量增加、非婚生子女出生率上升等。以上变化，我认为是源于个人主义价值观的膨胀，人们开始"脱离（20 世纪社会体系的）标准"选择自己的生活。20 世纪 60 年代末至 70 年代的年轻人运动所产生的新的价值观和性革命，与消费主义相结合，让人们更愿意珍惜与伴侣的生活，不再为了家庭而忍耐，诸如此类的生活方式变得大众化。但也有人认为经济问题是晚婚、不婚及离婚率上升背后的原因。

　　影响因素究竟是哪一个？是价值观，还是经济？似乎有了具有启发性的研究成果[1]。20 世纪 90 年代以前，欧洲离婚率的上升最初是在高学历人群中开始的，却逐渐在低学历人群中变得显著。另外，因福利支出多的国家可以抑制低学历人群的离婚率，所以可以看到这一人群的离婚大部分是源于经济因素。离婚率上升最初的"引火人"虽然是拥有新价值观的高学历人群，但也可以推断，随着经济低迷愈发严重，由于经济因素而离婚的比例也

---

[1] Härkönen, Juhoand Jaap Dronkers, "Stability and Change in the Educational Gradient of Divorce:A Comparison of Seventeen Countries." *European Sociological Review* 22-5:pp.501-517,2006. 利用 1989~1999 年欧洲 17 国数据，对女性学历与离婚风险的相关关系进行的研究显示，其中的 9 个国家中，与低学历者相比，高学历女性的结婚年龄越大，离婚风险越小。

在上升。

离婚,首先是源于价值观的变化,随后因经济问题而增多,我暗自觉得这个顺序太精妙了。幸运的是,20世纪70年代欧洲经济陷入长期低迷,在有人因经济因素而无法组建"20世纪社会体系"下的理想家庭之时,已经有人认为"20世纪社会体系"是一个相对性的概念了。正如马克斯·韦伯所言,虽然经济是社会变化的动因,但思想才是决定转向的指挥棒。在经济低迷期的欧洲,20世纪70年代初期参加学生运动的这一代人已成为国家和地方企业及社会运动的旗手,或进入政界。绿党就是有名的例子。政界内部也有积极起用这一世代的意图。这一代人步入政坛后推动的制度改革旨在实现"以个人为单位的社会",这使得无论结婚与否、有无家庭等选择"生活方式的中立性"的人们都能获得法律的公平对待。另外,所有的政策中都加入了性别差异视角,"社会性别主流化"(gender mainstreaming)作为制度改革的理念,已然成为国际社会的共识。例如,1975年的"国际妇女年",之后的"联合国女性10年",1995年的北京会议(即第四次世界妇女大会)以及促进社会性别平等的国际机构的动议权,都拥有很大的影响力,不仅对各国政府,对非政府机构和民间机构也产生了很大的影响。

那么,这样的制度改革带来了怎样的结果呢?请再次参照第3版的序文中介绍的女性就业率和人口出生率的变化。事实上,观察OECD各国的总和生育率和女性就业率这两者之间关系,二者在1980年以前呈一方高一方低的负相关关系,但众所周知90年代以后这一关系就逆转了。能否将之称为逆转虽然有争论,但女性就业使出生率下降的影响程度的确减弱了,这是事实(见图12-2)。保育所、产假和足够的收入保障、加上弹性的工作时间和优质兼职就业的普及等，这些就业环境的改善，都是使家庭和工作更易于兼顾的相关政策推行的结果。山口一男指出，特别是后者，即就业环境的改善起了很大作用[1]。从国别的变化来看，美国和瑞典在1980年，法国在1990年，英国、意大利和日本是在2000年，出生率从下降转为上升，而女性就业率基本处于上升水平。从数据来看，较早采取相应对策的国家，其出生率的回升也确实比较早。但德国的出生率一直处于同一水平并未增长，而韩国的出生率持续下降。各国都有自己明确的政策措施，可还未呈现效果（见图12-3）。

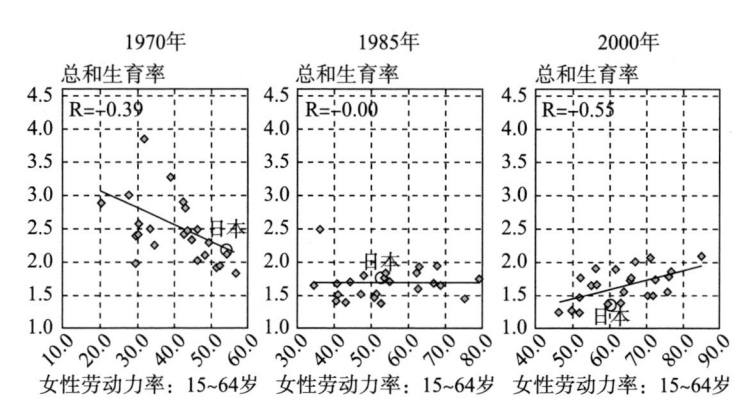

图 12-2　OECD 各国总和生育率与女性劳动参与率

资料：内閣府男女共同参画会議「少子化と男女共同参画に関する専門調査会」,「少子化と男女共同参画に関する社会環境の国際比較報告書」（平成 17 年）。

---

[1] 山口一男「女性の労働力参加と出生率の真の関係について——OECD諸国の分析と政策的意味」『経済産業ジャーナル』2006 年 4 月号。

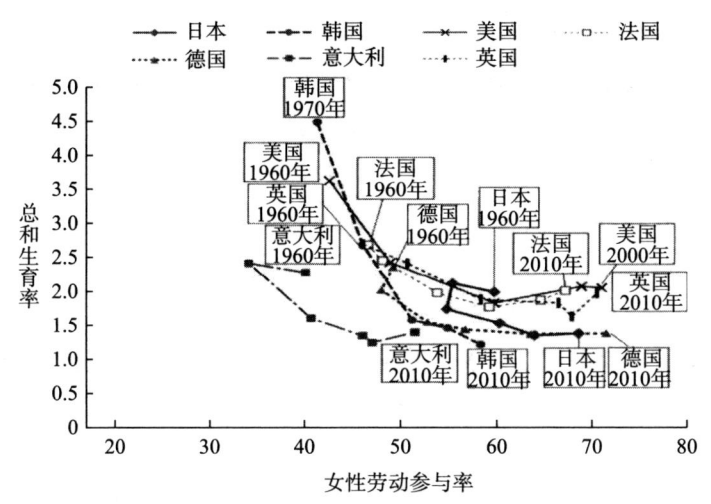

图 12-3　总和生育率与女性劳动参与率的国别差异

资料：女性労働力率，参见 OECD Stat，总和生育率，参见国立社会保障・人口問題研究所「人口統計資料集」2013 年。

逃离家庭

那么，欧美以外的地区正在发生着什么呢？在人们探寻"第二次人口转变"是不是各地的普遍现象之时，东亚"第二次人口转变"的特征尤为引人关注。虽然东亚也在发生变化，如低于欧洲和北美的极低的出生率、晚婚化、终身未婚率及离婚率的上升等，但与婚姻有关的数值只有部分变化而已，诸如共同居住和非婚生子女出生率却没有明显上升①。

　　为什么东亚各国存在上述的相似性呢？韩国社会学学者张景燮（Chang Kyung-Sup）的"风险回避的个体化"学说，给这一问题提供了不同凡俗的解释②。在东亚，家庭是社会的基本单位，可以说在快速变化的社会中，家庭发挥着为每个人承载风险及压力的托底作用，这就是家庭主义。张景燮指出，正是得益于此，东亚社会成功地超越了"被压缩的现代性"。比如当你失业、生病的时候，家人可以给予你生活上的照顾，因此无论你遇到什么，都可以继续走下去。正因为有温暖的家人支撑着你，你的内心才变得强大。

　　但让我们看看家庭带来益处的背后是什么吧。那就是如果你的家人遇到什么问题时，你也必须帮助和支持他（她）。假如妻子或丈夫欠了一大笔钱、孩子无法找到工作、兄弟姐妹离婚、年迈的父母得了老年痴呆症，你也许就要牺牲自己的工作和个人生活来照料家庭了。在这个社会，家庭成了承担风险的最后防线，而另一面便是家庭也成了风险本身。所以，晚婚化是因没有做好建立家庭的决心才出现的，低出生率是因顾虑到养育子女的物质和精神方面的代价才出现的，这些都是基于家庭是风险而产生的社会现象。还有，如无法忍受已有家庭的重负而离婚的事也时有发生。这些就是张景燮所说的"风险回避的个体化"。正因为社会

---

① 落合恵美子「東アジアの低出生率と家族主義——半圧縮近代としての日本」、落合編『親密圏と公共圏の再編成——アジア 近代からの問い』京都大学学術出版会、2013年。

② 张景燮「個人主義なき個人化——『圧縮された近代』と東アジアの曖昧な家族危機」落合編『親密圏と公共圏の再編成——アジア 近代からの問い』京都大学学術出版会、2013年。

是由家庭所支撑的家庭主义的社会,"逃离家庭"的现象才得以发生,这是多么具有讽刺性的悖论啊!此外,东亚人不会做像同居和非婚生子女这样否定家庭的选择。因为若没有家庭给予帮助,一个人在这个社会上是很难生存下去的。在东亚社会,有家庭很难,没有家庭也很难。

张景燮提出了"去个人主义的个体化"这一概念。这一概念受到乌尔里希·贝克的"制度化的个体主义"[①]的启发。"制度化的个人主义"是指包括现代的劳动市场、教育体系、国家福利等在内的现代社会体制支撑的个体化的生活环境及生活方式。但东亚各国并不具备这些条件,这导致逃避的个体化正在蔓延。究其原因,与欧美相反,东亚的社会鼓励人们追求以家庭为单位的生活环境和生活方式,可以称为"制度化的家庭主义"。然而,家庭的形态已经处于变化之中,但以传统家庭为前提制定的社会制度却没有什么变化。因此出现越来越多的"逃离家庭"的现象,其结果就是社会中的个体化不断发展。或者说因社会强行贯彻家庭主义,人们承受了不合理的负担。诸如上述种种矛盾现象看似变化实则没有变化的现状,让日本民众有种难以言说的感受,而这又是东亚地区共有的。这些难道不是现实的变化,这些难道不是与不顾现实的变化而继续顽强维持着的家庭主义制度之间的落差导致的吗?这真的让人不可思议。

---

① "制度化的个人主义"是乌尔里希·贝克和伊丽莎白·贝克(Elisabeth Beck)借用了塔尔科特·帕森斯的概念提出的。(Beck, Ulrich and Elisabeth Beck-Gernsheim, *Individualization: Institutionalized Individualism and its Social and Political Consequences*, Sage, 2001.)

繁荣中的绊脚石

接下来，我们将焦点转回日本。同欧美一样，在日本也曾有由学生运动一代引领的制度改革。他们就是现在已经进入老年的"团块世代"。为什么日本的"团块世代"没有像欧美的同一世代的人那样成为制度改革强有力的推进者呢？那是因为致力于改革的人们和政府之间是互不信任的关系，直到今天依然如此，这是原因之一。但是我认为，决定性因素还是日本与欧美宏观经济形势的不同。"团块世代"进入社会二十多年后的20世纪70~80年代，日本也一度达到前所未有的繁荣。但处于繁荣之时的日本社会，却错失了改革的时机。因为当时民众的心理是：明明经济状况如此之好，还有什么改革的必要呢？事实上，团块世代就是日本"家庭的战后体制"最具典型性生活方式的一代，即由工薪阶层和家庭主妇构成的一代人。他们组建的家庭就是第7章所说的新家庭。

事实上，与其他发达资本主义国家之间20年的时间差，对政治也产生了决定性影响。1979年，傅高义的《日本第一：对美国的启示》出版了。同年，举行了政治方针演讲的大平正芳首相一方面称赞"这是（日本）以欧美发达国家为楷模，经历明治维新后百余年现代化发展的结晶"；另一方面也说出这种学习的局限。石油危机之后，大平首相同样意识到"成长的局限"（ローマク

第 12 章　超越 20 世纪社会体系

ラブ報告書，1972 年）这一世界范围内的思潮。与此同时，这还隐含着"西洋文明已经走到头了，所以轮到日本出场了"的"乐观的、自我肯定的"期待感[1]。源于独自一国战胜了石油危机的自信，日本开始强调"田园都市构想""文化的时代""家庭基础充足"等是日本的特性，并成立了相关研究会，试图去实现日本政治家们不盲目跟随欧美、创造日本自己的政策的愿景。

　　因大平首相的突然死亡，大平研究会的提议未能实施。1982 年，成为日本首相的中曾根康弘继承了这些提议。中曾根康弘在保持自己原有政治立场的同时，愈加强调大平研究会主张的日本"自我肯定"的一面[2]。其中对于政策制定的策略性具有重要意义的是与"充实稳固家庭根基"相关联的"日本型福利社会"的构想。1979 年，自民党发表了日本型福利社会将限定政府的责任范围，强调依靠自助、家庭、地域、企业进行帮扶和利用市场的构想。当时的媒体大书特书福利国家的臃肿化是欧洲经济不振的原因，在这一背景下中曾根修改了原本立志于将日本建设成为欧洲型福利国家的设想。将原本建设类似于英国首相撒切尔、美国里根总统主导的凯恩斯主义福利国家修改为新自由主义方向，这让日本与当时的世界潮流同步了。

　　然而，回首过往，令人觉得不可思议的是，最终日本既没有建成当时欧洲经济不景气时建立的福利制度，也与过于庞大的福利国家无缘。而当时的日本其实是有足够经济实力建设福利国家

---

[1]　宇野重規「戦後保守政治の転換点としての 1979～80 年——大平報告書・再読」アンドルー・ゴードン／瀧井一博編『創発する日本へ——ポスト「失われた 20 年」のデッサン』弘文堂，2018 年。

[2]　参照本页注①，以及同书所收录的待島聡史「保守本流の近代主義——政治改革の知的起源と帰結についての試論」。

· 279 ·

的，但却没有朝那个方向发展，而经济繁荣所带来的财富最终又都在泡沫经济时期消失了。

笔者认为，是"自我定位主义"（self-orientalism）的机制发挥了作用。爱德华·沃第尔·萨义德所说的"定位"，被贴上了与西洋相对的标签"东洋"，人们对此十分在意，并且以此确定自己的身份。当时的言论被文化论所影响，日本经济的成功也被归因于"日本式经营""集体主义"这样的文化因素。几乎没有人关注日本人口结构中的年轻力量和薪水相对较低这些有利条件，也没有人对未来人口老龄化产生恐惧。也许人们认为如果继续强化日本的传统家庭，离婚率的攀升、老龄化的进程也能够被阻止吧。中曾根想要依靠稳固家庭根基打下福利国家的基础，从而实现其构想的态度，从他在国会发言中提到"家庭"的次数之多可见一斑[1]。

关于男女社会性别分工，中曾根政府实施了三个极其重要的政策，这影响到日后日本女性的生活方式。这三个政策包括确立主妇养老金权利（第三号被保险者）的社会保障制度改革、受到国际层面督促而制定的《男女雇佣机会均等法》及《劳动者派遣法》。因这些新制度，日本女性被划分为"主妇""职业女性""兼职/派遣劳动者"三类。这些政策都是在1985年开始实施的，所以也被称为"性别八五年体制"[2]。这些政策一边

---

[1] 落合恵美子・城下賢一「歴代首相の国会発言に見る『家族』と『女性』——『失われた20年』のイデオロギー背景」落合・橘木俊詔編『変革の鍵としてのジェンダー——歴史・政策・運動』ミネルヴァ書房、2015年。
[2] 落合恵美子「つまずきの石としての一九八〇年代——『縮んだ戦後機制』の人間再生産」アンドルー・ゴードン／瀧井一博編『創発する日本へ——ポスト「失われた20年」のデッサン』弘文堂、2018年、115頁。

保护现代家庭中的主妇，一边推进符合世界潮流的性别平等和新自由主义。

再次提醒大家，有家庭主妇的现代家庭并不是日本的传统。虽然中曾根将"男主外女主内"的三世同堂称为"日本社会的最小单位"[①]，但依笔者所见那是幻想而已。由于"自我定位"的作用，亚洲社会时常会出现"现代的传统化"[②]这样的现象。从20世纪70年代开始，相较于个体化和性别平等的欧美社会，不少亚洲社会把现代家庭错当成本国的传统。

如前所述，90年代人口老龄化快速发展，日本经济开始陷入长期的低迷状态。与80年代形成鲜明对比的是，日本90年代的政策和欧美各国几乎是朝着同一方向发展的。"天使计划"和"新黄金计划"的推进、照护保险制度的筹备等，推进了90年代改革的桥本龙太郎首相曾经是大平内阁的厚生省的大臣。当时他宣称致力于向"日本型福利社会"的家庭主义方向发展。但是此后，当不曾预料到的低出生率和愈发严重的照护问题摆在眼前时，桥本龙太郎首相在1996年的国会辩论中深感"家庭功能需要来自社会支援"的必要性[③]。再加上客观形势的变化，如女性主义研究者、厚生省等女性主义官员、"让老龄化社会变得更好的女性协会"等发起的女性运动也起了推动作用。但90年代末的经济危机使桥本内阁辞职，改革也无疾而终，并出现

---

① 落合恵美子「つまずきの石としての一九八〇年代——『縮んだ戦後体制』の人間再生産」アンドルー・ゴードン／瀧井一博編『創発する日本へ——ポスト「失われた20年」のデッサン』弘文堂、2018年、214頁。
② 落合恵美子・城下賢一「歴代首相の国会発言に見る『家族』と『女性』——『失われた20年』のイデオロギー背景」落合・橘木編『変革の鍵としてのジェンダー——歴史・政策・運動』ミネルヴァ書房、2015年、217-218頁。
③ 同上書、第222頁。

了很多逆向的变化。

20 世纪 90 年代末还受经济危机的影响，曾经在 80 年代被再次强化的家庭主义对改革也起了阻碍作用。如前所述，在欧美各国想要大刀阔斧改革的 20 世纪 80 年代，日本因对自身的文化过于自信，没有客观地从社会科学的角度进行分析，实施了稳固"家庭的战后体制"这样违背潮流的制度改革。可以说，这个改革成了后续改革的障碍，使日本陷入被称作"失去的 20 年"的经济低迷期。虽说"好事多磨"，但 80 年代的日本经济繁荣时期确实埋下了日本发展的隐形绊脚石。

萎缩的战后体制

那么，这些改革（或者说反改革）的结果，究竟创造出了一个什么样的社会呢？一方面，日本并不是按照欧美的个体化和多样化为前提建构社会；另一方面，也不能说日本维持了"20 世纪社会体系/战后体制"的社会。按照本章的分析，进入 21 世纪的日本已经完全变样了。

用一句话总结，现在的日本社会被称作"萎缩的战后体制"[①]。换言之，战后的社会系统依然存在着，社会系统并未改变，只是萎缩了，围绕在其外部的，是无法进入系统的人。如图 12-4

---

① 落合恵美子「つまずきの石としての一九八〇年代——『縮んだ戦後機制』の人間再生産」アンドルー・ゴードン／瀧井一博編『創発する日本へ——ポスト「失われた 20 年」のデッサン』弘文堂、2018 年、114 頁。

所示，针对不同的对象聚焦就业、家庭、生活方式（life style）等方面进行的研究，探讨了关于传统系统的缩小、稳定和不稳定并存的现象[①]。

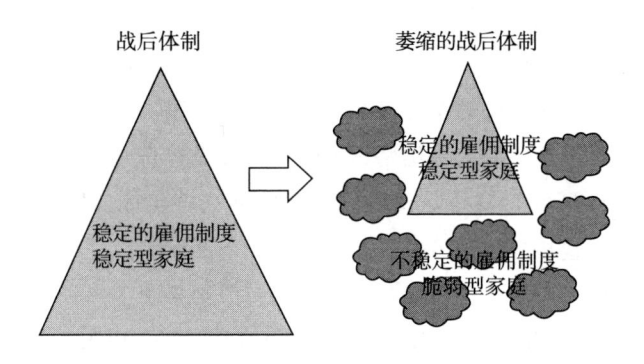

图 12-4　萎缩的战后体制

资料来源：落合惠美子「つまずきの石としての 1980 年代——『縮んだ戦後機制』の人間再生産"アンドルー・ユードン／瀧井一博編『創発する日本へ——ポスト「失われた 20 年」のデッサン』弘文堂、2018 年。

在经济、家庭、国家各个层面都能看到，战后体制的缩小和被排除在体制外的人们。如作为正式员工进入公司，自己会得到长期的社会地位和经济保障，即"终身雇佣"，从这一点看日本式经营依然存在。但在同一个公司，派遣职员、合同工或者自营

[①] 稲葉昭英「NFRJ98/03/08 から見た日本の家族の現状と変化」『家族社会学研究』23（1）：43-52、2011 年。岩井八郎「戦後日本型ライフコースの変容と家族主義——数量的生活史データの分析から。落合恵美子編『親密圏と公共圏の再編成——アジア近代からの問い』京都大学学術出版会、2013 年、第 151 頁。Sato Yoshimichi and Kobayaashi Jun, "Coexistence of Stability and Increasing Instability in Contemporary Japan," presented at the American Sociological Association annual meeting, 2012.

业者等各种各样的"非正式"员工也在工作。正式员工会像战后体制时代的人那样结婚，但非正式员工就很难办到了。而且同阶层内的人结婚的倾向愈加明显，正式员工会和正式员工结婚，由此大家可以过上更加安稳的生活，同类婚倾向更加明显。也有妻子是正式员工但选择离职成为主妇的，尽管她们可以选择在保持正式员工身份的同时享受育儿假在家照看孩子。而另一方面，非正式员工很难下决心去结婚，他们一般都没有育儿假，很难在保留工作的同时带孩子。女性因为"性别八五年体质"被分成三类，男性也相应地被分类了。正式员工是否就可以安心了呢？也并非如此。正式员工因长时间的劳动，很难平衡工作和生活，频繁发生心理问题，所以正式员工也有自己的烦恼和问题。

20世纪90年代欧美各国所推崇的以个人为单位的社会制度（或称之为制度化的个人主义），就是家庭多样性的增加使个人的生活方式也变得多元化，社会中不只是拥有标准化家庭的人，因此社会在努力避免出现被制度排除在外的人。但在仍残存着企业单位制度和家庭单位制度的日本，那些作为战后体制社会保障对象的人群中，也有"萎缩的战后体制"下不被经济体制和家庭领域囊括进去的人，也就是从社会保障系统滑落下来的人，他们也从"安全网"中掉了出来。现在的日本，在经济体制、家庭、国家各个方面都出现了"萎缩的战后体制"这一内外双重构造。日本社会变了，却也还未变。那种难以言说的感受就是从此处产生的吧。

以个人为单位的社会制度　　以家庭为单位的社会制度

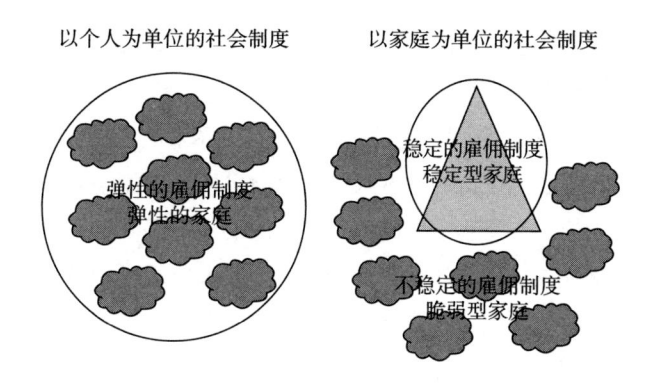

弹性的雇佣制度
弹性的家庭

稳定的雇佣制度
稳定型家庭

不稳定的雇佣制度
脆弱型家庭

图 12-5　制度类型与适用范围

20 世纪社会体系之后的世界

萎缩但依然顽固地运行着的日本战后体制，这之后会怎么发展下去呢？不，是该怎么办才好呢？

近年来，政策性的变化常让人觉得战后体制也改变了。虽然"保育所落选了"的博客讽刺了现行政策，但能如此频繁地听到"女性活跃""女性闪耀"这样的宣传短语，难道不是第一次吗？2018 年末，《入国管理法》的修改虽然被批判是低效的，但以此为契机，我们能够感受到关于"移民"的讨论彻底解禁了。因为解决日本劳动力严重不足的问题已经刻不容缓。如前所述，20 世纪 90 年代日本已经进入老龄化社会，但由于"失去的 20 年"经济的萧条，当时劳动力不足的问题并不明显。也正是由于这一原因，政府没有思考相应对策，所以在经济恢复后劳动力问题一下子就变得十分严重了。

"女性"和"移民"是欧美发达国家为了解决老龄化社会劳动力不足的问题而采取的基本政策。目前已显示出能够兼顾育儿和工作的政策，会有利于提高出生率。但很少有国家是凭借出生率和死亡率的差，即人口的自然增长来维持人口规模和适当的年龄结构的，例如德国，在接纳移民后才终于保持住了人口平衡。日本人口的自然增长率降为负数比德国晚了三十多年，但因为没有接纳移民，近年来日本的总人口增长率要更低一些。从年龄结构上看也是一样的，2010年日本的劳动年龄人口比例是62%，德国是66%，日本已经低于德国了[1]。

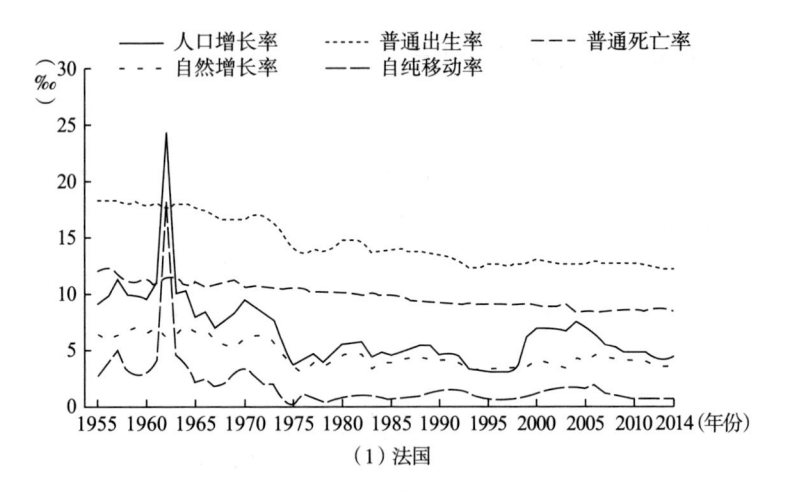

（1）法国

---

[1] 落合恵美子「つまずきの石としての1980年代——『縮んだ戦後機制』の人間再生産」アンドルー・ユードン／瀧井一博編『創発する日本へ——ポスト「失われた20年」のデッサン』弘文堂、2018年、図3-10。

（2）德国

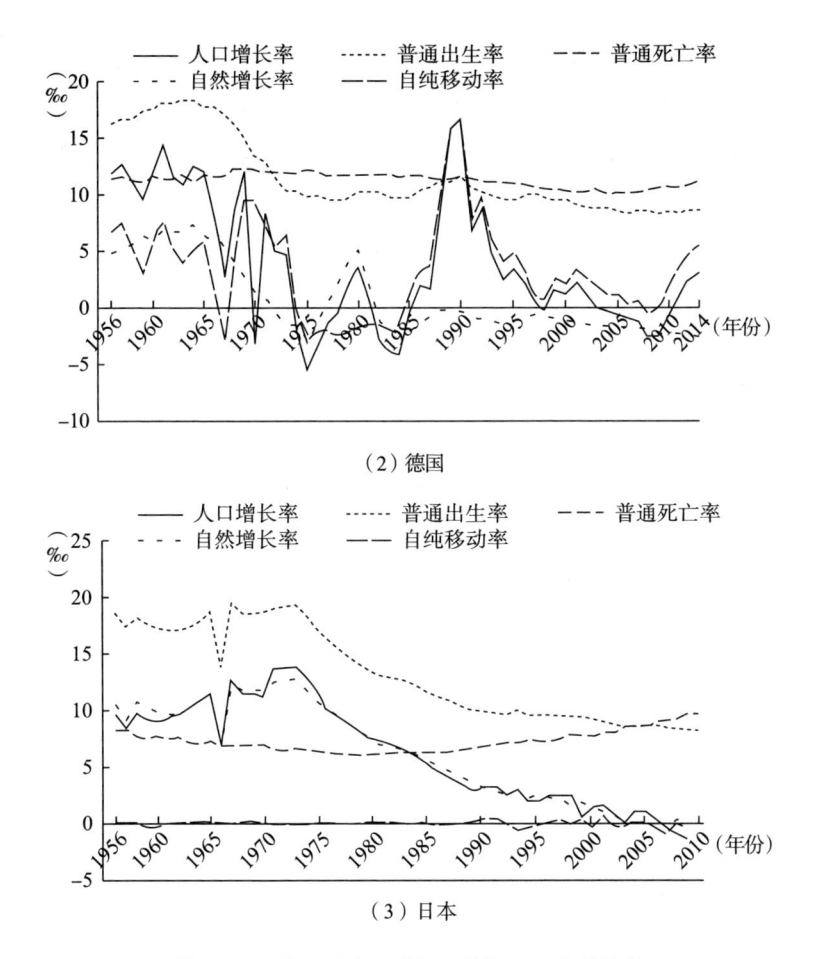

（3）日本

图 12-6 人口动态：法国、德国、日本的比较

资料来源：OECD stat。

但围绕《入国管理法》的修改，我们再次弄清一个事实，这一政策和 1985 年的女性政策如出一辙，在尽量不改变从前的系统的情况下，采取了从外围增加明确区别于正式雇佣身份的劳动者，

同时在试图构建双重的"萎缩的战后体制"。但不要忘记，一方面不承认女性和移民是日本社会的正式成员，另一方面却想以此来稳固已经需要成为过去的政策，才使得日本陷入了"失去的20年"的经济低迷期。

现在日本所需要的是视野。不要再回忆东京奥运会、大阪世博会时的日本经济繁荣期，说着"让我们再做一次梦"，然后沉浸在战后的成功之中，而是应该依据现在能得到的数据去预测不久的未来并正视它，且采取面对未来的现实策略。

若想要采取现实的有效的策略，国际之间的比较是有效的。虽说每个国家都在努力寻找对策，但如前所述，像欧洲各国所采取的"生活方式中立化""以个体为单位""社会性别主流化"等政策已初见成效。抛弃任何人都在现代家庭中生活这个前提，顺应时代进行转型，创造一个能够包容更多样化认知选择的社会制度和让不同的人都易于生存的社会制度。那么，亚洲其他国家又处于怎样的状态呢？是否也因无法改变家庭主义制度，和日本一样处在黏着状态中呢？

其实，也并非如此。"保育所落选了"这样的育儿援助的匮乏在日本是很大的社会问题，但在日本以外的亚洲其他社会常常可以看到，通过雇用保姆来解决这一问题。虽然也有保姆是本国人的例子，但以新加坡、中国香港为代表，也有雇用从国外来的短期移民的事例。我采访过新加坡的一位母亲，她说："我不早起，因为给孩子喂饭是保姆的工作。"日本的妈妈们会很惊讶吧。因为在20世纪60年代末，日本保姆就消失了。现在除日本以外的亚洲社会，除了雇保姆，还存在很多像接送补习班的小学生托管服

第 12 章　超越 20 世纪社会体系

务这样用金钱来解决的方法，即依靠市场来解决育儿援助问题[1]。

家庭承担着看护等负担称作"家庭主义"，卸掉家庭的负担或减轻家庭负担称作"去家庭化"。"去家庭化"不仅有像公立保育所那样依赖国家和地方自治组织，而且有像雇用保姆和利用民间服务之类的市场行为。"去家庭化"至少包括国家化或市场化这两个方向。简言之，也就是"欧洲型"和"美国型"。除日本以外的亚洲社会似乎正快速地向"美国型"靠近。甚至有的社会中的地方自治组织和民间组织也起着很大作用。若比较包含"家庭"在内的四个部门在亚洲各国中对儿童和老年人的关爱所起作用的大小，就能发现，在亚洲，日本是较多依靠国家和地方自治组织支援的社会，但日本社会几乎没有保姆，家庭集中承担着所有的负担[2]。上述种种显而易见的因素导致了日本女性终身就业难问题。在新加坡、泰国和中国等国，多数女性会在生育后继续就业[3]。

但因为"市场化"不能去除家庭的经济负担，至少在亚洲社会，市场化似乎未影响出生率的上升。作为"市场化"政策发源地的美国，其出生率和女性就业率都很高，但前提是成为彻底接受移民的国家[4]。欧洲的看护服务市场化正在不断发展，但与新加

---

[1] 落合恵美子・山根真理・宮坂靖子編『アジアの家族とジェンダー』勁草書房、2007年。
[2] 落合恵美子「ケアダイアモンドと福祉レジーム——東アジア・東南アジア六社会の比較研究」落合編『親密圏と公共圏の再編成——アジア近代からの問い』京都大学学術出版会、2013年、177～200頁。
[3] 落合恵美子・山根真理・宮坂靖子編『アジアの家族とジェンダー』勁草書房、2007年。
[4] 筒井淳也『仕事と家族——日本はなぜ働きずらく、産みにくいのか』（中公新書、2015年），其中也特别指出这一点。

坡等国很大的不同在于，欧洲很多国家在市场上购入看护服务的相关费用由公共补助来承担[①]。日本的保育所和看护保险正在朝这一方向发展，韩国也在快速地向这一方向转变。不是"国家化"也不是"市场化"，而是包含两者并加入地方自治组织和民间组织的援助，让社会中各部门分担家庭的负担。世界似乎在朝这一方向发展。

抛开20世纪的标准，制定可以包容人们多样人生的社会制度，使其能够在创造有活力的21世纪社会发挥作用。惩罚未婚的单身者和移民子女的制度若继续实施的话，将无法培育出支撑未来社会的下一代。男性也逐渐开始无法忍受只有工作的一生，因此平衡工作和生活不再只是为了女性的社会政策。

别再执着于20世纪，让我们一起建立真正属于21世纪的社会吧！

---

① 落合恵美子「フランス福祉国家の変容と子どものケア——『アジア化するヨーロッパ』仮説の検討」『京都社会学年報』24号、2016年、17-55頁。

结语(日语第4版)

21世纪的日本家庭:何去何从

本书从第1版发行至今又过去了四分之一个世纪,有幸迎来第三次修订的机会,同时,由于本书的核心是探讨日本"家庭的战后体制"从建立到变貌的过程,因此我有机会可以守望到日本"家庭的战后体制"的终结。尽管"家庭的战后体制"在现实生活中已然出现变化,但制度层面却并未做出相应的改变,没有诸如法律等国家制度层面的相应举措,民间企业也依然沿用雇佣惯例,因此直到今天,日本依然残存着很多以"家庭的战后体制"为前提构建的社会制度。正是现实与制度之间的落差导致日本各个层面都出现了生存艰难的民众,一些人难以得到制度的保护,他们从制度的保护网中滑落下来,这是本书的结论。

事实上,如果拓宽视野来思考的话,可以将日本"家庭的战后体制"看作在20世纪先进资本主义国家建立的具有共性的"20世纪系统"的一部分,即日本版的"男性为养家者、女性为主妇的现代家庭"。如今,21世纪也已经过去了20年,但现实是日本却还拖拽着"20世纪"的日本走在21世纪的路上。因此，本次修订还探讨了是否将"21世纪的日本家庭"这一题目也进行修改，但颇具讽刺意味的是最终还是保留了原来的书名。因为这个题目包含着要建设适合"21世纪"的、建设让这个时代的人们更易于生存的"21世纪系统"的决心。

如本书所叙述的那样，当我们到了一定年龄就很难身处世外桃源仅仅去批判社会了。对于我们所处的社会，甚至一些小事或与己无关的事情，都无法说与我何干。因此我想在结语部分一边回顾本书第1版发行以来我所参与的大事小事，一边重新审视这四分之一个世纪里日本社会的动向。这既为了与读者共享历史，也为了将反省变为教训和前车之鉴，将推动社会变革的接力棒交给下一代年轻人。

20世纪90年代

本书第1版发行是在1994年。这之前我曾担任日本国民生活审议会委员（1991年），为修订国民生活指标做过一点贡献，在本书中我也提到过此事。在本书第1版发行后的十年间，我有很多机会成为政府的审议会、恳谈会、地方自治会等各级会议的委员。听到"你的书在霞之关[①]的书店里堆成了山啊"，我很震惊，这本书似乎非常契合当时政府的部分需要。我还被邀请到各地的女性中心去做讲座，"家庭的多样化和个体化""男女平等"这些

---

① 日本中央政府行政机构聚集地。——译者注

结语（日语第4版）

理念融化在那个时代的空气中。当时隐约觉得日本的社会迟早要向这个方向发展。现在的人们觉得这一切是如此理所当然，那是因为现在的年轻人并不了解那个时代究竟发生了什么，所以我还是写下这一段记忆。

我因这本书和很多人结缘。如果只举其中一个人的名字的话，那就是当时厚生省的科长椋野美智子。1998年我有幸参与整理《厚生白皮书》（平成10年版）的特辑——《对日本少子化社会的思考：创造一个让人想生育和养育孩子的有"梦想"的社会》，并将一些专题的标题修改得不像白皮书那样官方。比如"重要的是让21世纪的日本成为'男女共同参与、共同养育孩子的理想社会'"，"正是因为将恢复出生率定为目标，才需要建立以个人自立为基础的'责任共担的社会、多样化的社会'等，我建议不能从'少子化对策'这样居高临下的视角进行指导，而需要从女性的视角出发进行分析"。这些是桥本龙太郎内阁时代的事情。正是在那个时期，给21世纪的日本家庭和社会性别平等带来巨大影响的《男女共同参与社会基本法》和《照护保险法》作为法律的制定标准向前迈进了一大步。

除了在中央政府机关，在地方自治组织，我也遇到了有独立见解的职员，我也会在各大公司、各个部门遇到致力于这一领域的有识之士，如新闻记者、电视导演等。这其中大多数为女性，我认为他（她）们彼此之间有着相互支持的弱关系，也就是看似并不紧密但因理念相近而形成的相互帮助且绵长持久的关系。

这其中还有给人留下深刻印象的男性科长。2004年，我被邀请参加税制调查会基础问题小委员会的专家咨询会时，那位科长为了说明会议的宗旨特意来到京都。他说："我并不认为税金收得

· 293 ·

越多就越好,我认为税金是建立社会整体架构的基础。"科长的这番话让人记忆深刻。他在考虑如何通过税收制度保护"全职主妇地位"的同时,思考如何消除阻碍女性就业的税收"障碍墙"[①]。但很遗憾,虽然他向中央政府提出了税收调整报告,最终却没有被采纳。

像这位科长那样,从20世纪90年代到21世纪初,日本各地有很多人怀着必须改变这个国家制度的强烈愿望而竭尽全力。也就是我们刻板印象中的"权力者"并不是坚如磐石的。但即使如此,也会有改革的反对者。

在2004年的税制调查会基础问题小委员会,一位年长的委员说:"女性工作是为了自己吧。我没见过为生活而工作的女性。"我反驳道:"那是因为你只看到了你身边衣食无忧的女性。"还有一个让我记忆深刻的场景,就是1998年我成为"思考应对少子化的专家会议"成员时,因为最后需要内阁总理大臣的裁决,所以要在大臣们面前汇报讨论的结果,一边吸烟一边听取汇报的大臣真的不少。有的大臣生气地打断税调小委员会提出的通过减少育儿费用来改善少子化现状的建议,呵斥道:"生孩子是国民的义务。把生孩子当成用钱来处理的问题,这是胡扯。"这番场景和对话在会议记录上一定不会出现,所以我认为有必要将这

[①] 日本战后社会保险体系中特有的"配偶特别扣除"制度,被形象地称为"103万日元墙"。例如,丈夫若有正式工作,且妻子年收入超过103万日元(约合7000元人民币),不仅妻子获得的收入本身将被课税,整个家庭不能享受收入课税起征点优惠,而且丈夫工资中的"配偶补贴"也会被取消,其结果是家庭总收入不增反减。妻子年收入若超过130万日元,减幅会更大。长期以来,这种倾向于保护全职家庭主妇的制度,导致日本女性婚后选择从事低收入的非正式工作,将收入控制在103万日元或130万日元以内。日本近年来为缓解劳动力匮乏又将此项制度的额度增加到150万日元。——译者注

· 294 ·

结语（日语第4版）

些记录在这里。

经过各种争论，从结果来看是取得了一些进展的。2003年前后，在大学的课堂上讲授本书的内容时，我听到学生们说："我知道这事，在高中时学过了。"这和第1版发行时人们恍然大悟的反应截然不同，学生们如此平淡无奇的反应，让我感觉到了时代的进步。但十年后，也就是2013年前后，社会的反应又逆行回"这个我第一次听说"。更让人遗憾的是，这样的回应，不仅大学生有，而且从事新闻行业的记者们也有。

21世纪

社会风向标的改变是从这个时候开始的。2000年以后，我成为多个高中教科书的执笔者。我接受执笔工作是因为听说2000年《家庭基础》已经通过审核，教学大纲的修订正在向更重视个体化的家庭和生活的方向进行调整。但检定委员会很严格，进行了长期反复的调整。家庭科的教科书继历史教科书之后，成为批判的目标。因为希望修改宪法的人把宪法第9条与第24条都视为眼中钉。这样尽管伦理教科书于2002年通过了审核，并在学校中开始使用，但2006年又被宣布需要再次接受检定。结果是全面删除了"在日本近代以前，性自由的社会是比较普遍的。到江户时代为止的日本就是这样一个典型的性自由社会，同性恋者也并不罕见。同时，因那时的日本社会还不存在女性必须是处女的价值观，因此离婚和再婚都非常多"的注释。而"避孕"这个词是"以性行

· 295 ·

为为前提的",所以被要求删除,关于家庭的多样化的叙述,需要将"放弃固定观念"的表述调整为"也有好的固定观念"。

正是此时,对"过激的性教育"的批判,对否定女人味、男子汉气概相关的"无差别的性别教育"的攻击越来越猛烈。原本就有在政府公文和教育相关文件中不使用"社会性别(gender)差异"用语的倾向。2006年3月,福井县图书馆撤除了与社会性别相关的图书,此事还发展成了诉讼事件。同年1月,日本学术会议发表了以《通过社会性别差异的观点开拓学术和社会的未来》为题的长篇建议,指出社会性别是"社会的、文化的性别"之义,是学术用语,并强调在世界范围内其必要性、有效性都得到了认可,以此对抗当时日本社会对社会性别的批判。想进一步详细了解这方面的读者,可参考伊藤公雄先生等人的著作,相关书籍已经出版了。

日本的确发生了变化。进入21世纪以后,这个变化是缓慢地开始的。也有人说,这个变化是以20世纪90年代末的经济危机为契机的。但不仅仅是经济,还有政治的力量在推动着变化。在此,姑且不讨论是什么导致了变化,要对在90年代末带来社会性别进步成果的人们,以及致力于制定《男女共同参与社会基本法》和《照护保险法》的人们表示感谢和敬意。《男女共同参与社会基本法》成为之后推动社会性别相关法律得以完备的基础。另外,如果没有《照护保险法》,现在的我们,无论是老年人还是照顾老年人的世代,都会很艰难地维持正常生活。

作为了解20世纪90年代的人,不得不思考为什么没能阻止之后社会性别平等的逆向发展?说到这里我注意到,在当时并没有像诸如"保育所落榜了"和"me too"这样引起社会广泛热议的事件来推动社会性别的发展。虽然90年代有像"改善老龄社会的女性会"这样的社会运动发挥了一定的作用,但从广泛地被社会熟知的程度来看,这与女性解放组织和女性学盛行的七八十年代是不能同日而语的。

　　这一结果由90年代社会性别平等发展顺风顺水,因此而疏忽导致的吧?事实上,相关制度的制定是非常重要的,但是制度的制定不仅是一项烦琐的工作,而且需要与激情狂热不同的另一种冷静而缜密的推动力量。另一方面,如图11–4所示,90年代末出现了与以往不同的平等意识,但那时才刚刚显露端倪而已。也就是即使女性继续工作,因工作而产生的这一变化需要十年时间才会呈现出来。从这个意义上讲,正是在变化显著的今天,女性才能够获得广泛支持,获得实现某些目标的好时机。

21世纪第一个十年

　　在这种变化逐渐清晰时,发生了让人记忆深刻的事情。但我并不很自信能把它讲述清晰,也不完全确定我该如何思考这件事,所以我们就一起来思考吧。2010年,日本学术会议社会学委员会性别研究分会主办了题为"从社会性别展望社会新机制:妇女贫困、就业和养老金"的专题研讨会。召开这个专题研讨会的目的之一是向大家展示由阿部彩、岩井八郎和我三人策划的名为"女性贫困"的视频。结合生命周期、社会政策和家庭等相关研究成果,我们尝试简明扼要地揭示正在运行的机制中,未将女性纳入市场、国家或家庭的任何一个系统里而导致的女性贫困,并希望教材能使用这些研究成果,让更多的人关注女性贫困。

我们做这些是因为历来被视为社会问题的是"男性贫困",外加"儿童贫困",而"女性贫困"几乎是被遗忘的。我们请电影制作人土佐尚子来执导,并通过对当事人的采访、数据统计资料以及插图来完成这部作品。首先我们三个策划者完全是视频制作的业余爱好者,而土佐先生也第一次创作与社会问题相关的视频题材,因此毫无疑问,视频很难完全按照我们的设想完成。这次尝试让我意识到,影像会传达出非言语或制作方并未意识到的信息,这是论文写作过程中所没有的新经验。但即使如此,我们还是制作了视频,那是因为我们已经明确感受到论文和书籍在表述上的局限性。我想既然现在的研究成果只局限于学界,并未被大众所了解,也没能有效地解决社会问题,那就将研究从实践、表达两个方面进行拓展,突破瓶颈。

然而,在视频展示会现场,我们便听到了批评的声音,首先是来自致力于贫困运动的社会活动家的不同寻常的洗礼。观众席中也是一片反对的声音,甚至还出现了极具讽刺意味的假面剧。其实,假面剧是那次研讨会为了让大家在研讨会的茶歇时间有更活跃轻松的气氛而设置的。致力于贫困运动的社会活动家争论的焦点之一是:这个视频是告诉大家最好不要像这些贫困女性一样吗?争论的焦点之二是:并不想被市场、国家或家庭囊括其中,就像现在一样生活在组织外部的女性,她们这样不可以吗?不知道我是否准确地总结了当时的情景,但让我感到被刺痛的有两点。首先,在观众议论纷纷的假面剧的那个节点,我内心是兴奋地期待能够像 20 世纪 70 年代小剧场戏剧那样①，因此期待着那是一个让大家一起说真心话的特别设置方式，所以举办方不应该仅仅为了活跃气氛而只让一方对另一方进行批评，而没有给被批评的一方回应的机会。当时，我们只能临场以自己的方式进行有限的交流，后来当天展示的视频也遭雪藏了，但是那时的记忆还是鲜明而深刻地留存在脑海中的，时而让人思索。我之所以认为这是一个令人记忆深刻的事件，还因为栗田隆子也是当时研讨会的发言者之一，在她的著作《悄声细语的女权主义》（2019）②中也谈到了这个情景。

时间过去近十年了，再回顾此事，这个事件似乎象征着几重意义上的分水岭。首先是代际上的。我认为，虽然具有男女平等意识的学者和相关人士集聚一堂，但对于经历了男女平等剧烈变革的一代人和这之后的一代人而言，无论是问题意识还是寻求解决问题的方法都不相同。对于上一代人来说，女性就业、夫妇共同分担育儿等家庭负担是男女平等的核心问题。但对于之后的世代而言，女性有工作、有家庭、有孩子，这既不是理所当然的，也未必是她们渴望的。对于现在日本女性而言，一方面获得像样的工作的机会在减少，而另一方面从事承受精神压力的工作又已成为常态，因此女性犹豫是否结婚建立自己的家庭，但选择婚姻就又需要进入"婚活""妊活"的备战状态，这也是让人感到非常疲惫的。对于年轻一代而言，上一代人的处理方式可借鉴之处似

---

① 小剧场戏剧又称地下剧场，是日本 1960~1970 年最具特色的先锋戏剧之一，其重要特色是剧团及观众都具有鲜明的反叛性与前卫性，强调思想与实践性，编剧、演员大都希望通过戏剧改造社会。——译者注
② 日本著作原文名称为：栗田隆子『ぼそぼそ声のフェミニズム』作品社、2019 年。——译者注

• 299 •

乎越来越有限。然而，当有人质疑"这种认为婚姻制度、养老金制度、公司性质共同作用导致女性贫困的观点至今为止没有吗"，而事实是这一观点正是我们制作的视频和研讨会上所大力主张的。也就是在时代变化之前已经存在的这三个组织（市场、国家、家庭）中的共同问题，就是歧视女性的机制问题。而这样的问题因社会变革而愈发显露出来让女性陷于贫困，面对这样的现实我们的主张和提醒为什么人们还是没有接收到我们发出的警报呢？这真的让人失望和遗憾。

另一个让我深感被刺痛的是栗田老师提到的"学究气的女性主义"这一提法。因为想起学术研讨会中的确有一些情景是与这个提法相符的。所谓的学者，无论男女似乎都有装腔作势、故弄玄虚的地方。另外，人们对我们制作的视频的批评还集中在内容的选取上，指出"只聚焦加强女性职业教育和与发展相关的社会保障上，几乎看不到与'暴力''歧视'相关的内容"。的确，在制作视频的过程中，有人提出如果没有关于疾病、色情服务、暴力的相关内容，就很难呈现"女性贫困"的全貌。当时讨论视频内容设置的结论是，为了避免不必要的误解，本次的视频内容不进行更深层次的挖掘。但现在的反思是，如果从视频制作的目的切入，更仔细地进行讨论，也许会有更好的解决方案，并制作出更完善的视频。

当然，对社会精英的批评基本上是准确的，所以需要谦卑地去听取。但面对这样的批评，心情的确有些复杂。因为一些成为学者和官僚的女性在几十年前也曾经是焦虑不安的女孩。当时雇用女性的公司比现在少，甚至有些女性是没有太多工作机会可以选择的。当她们拼命努力，幸运地成为某个领域的佼佼者时，竟然也成了"那边的人"①。这真的让人遗憾。与男性一样，社会各行各业都有女性，如果这些居于不同领域、不同行业的女性能够将她们常年积累的阅历和视角汇集起来，我认为那一定能改善和提升目前女性的现状。

据说在推行和实现女性相关政策时，"天鹅绒三角形"（Velvet Triangle）或者"天鹅绒四方形"的人际推动至关重要。这是一个来自欧洲和美国的经验，即女性主义官员、社会性别研究人员、女性活动家与政治家们共同协作，在法律修订方面取得很多成功经验。这里制定政策的相关人员并非限定在三四人，因为来自企业、媒体的相关人员的作用是很大的。我认为男性加入也是很必要的，因为想改善大环境，推动社会发展，拥有不同视角和权威的不同领域之间的合作至关重要。但日本并不擅长这种跨领域合作，这是个亟待解决的问题。我认为这样的问题与日本不重视"女性精英"，而是待之以冷遇有关。说起日本"反对就业平等法"的运动，显得有些久远，那时我还是个大学生。这项运动是日本通过《男女雇佣机会均等法》而引起的社会反响，现在再回头思考，实在是难以理解为何要反对这个法律的颁布和实施。但在当时这项法律内容与撤销劳动标准中的女性保护条例作为一对法律组合，被认为是糟糕的法律，理由是试图制定一个以牺牲劳动者的权利为前提、有利于女性精英的法律条文。然而，今天重新审视这部法律，我们不得不说《男女雇佣机会均等法》是一部对所有参加工作的女性来说都十分必要的法律。

即使在欧洲，70年代的女性运动也主要聚焦于对国家进行批

---

① 维护男权社会，维护传统社会秩序的精英。——译者注

评，但是从 90 年代开始改变了立场，不仅仅局限于女性，公民也提出要求希望国家能够制定政策，保护和支持女性的各项权利。但日本的情况却不同，直到今天，在日本对于国家干预家庭生活依然持强烈的批评态度。当然，国家与女性之间应该如何相处，这不仅与国家的性质，还与国家与女性之间的信任程度相关联。这也许正是与女性官员、政治家很难协同做事的原因。

随着"家庭的战后体制"的结束，为了能制定更适合新时代的政策框架，我们需要新的理念。为了能建构一个从多视角审视现实的新构想，不妨尝试让不同领域的人们携手，一起找到更好的方法。

译后记

我手中《21世纪的日本家庭：何去何从》（第2版）第2页上，写着当时购买此书的地点和时间。那时正是我写硕士论文的年末（1999年末），我正为论文找不到一个能够说服自己的结论而烦恼。记得正值午后，我在大学的生协书店里站着读完了这本书的第三章，然后郁结在心中的疑问、不解也如京都冬日的晴空，豁然开朗了。

原来"家庭"是个历史概念，也是在不断地演化的，原来父母给予孩子的无限的爱并不是自古就有的，原来我所认为理想的家庭并不是个通用的概念，仅仅是历史长河中的某一个过程而已。

遇到这本书，它颠覆了我心中的很多定式，让我拨开云雾为自己的许多朦朦胧胧的疑问找到了答案。然后，我天马行空地想若能够遇到这位老师就好了。而这样的幸运就在2001年我攻读博士学位的时候降临了，我如愿地成为当时落合老师所在的国际日本文化研究中心的特别研究员，近距离地受教于落合老师，让我受益匪浅。

而这本开启了我对家庭社会学研究之门的书籍——《21世纪的日本家庭：何去何从》中文第1版于2010年出版时，诸如抚育、养老等被认为是"家长里短"的一些事情也逐渐成为中国学界关心的问题。可以说在中国，进入21世纪以后家庭社会学逐渐成了"显学"，因为社会激烈变革的影响已经越来越清晰地冲击到了家庭。比如，20世纪90年代初我留学时感到不可思议的日本农村家庭的"空心化"问题，伴随着中国社会的急速转型竟然也成为中国棘手的社会问题。

特别是孩子在家庭中地位的变化，可以说是中国家庭变迁的一个缩影。在我的小学阶段，正值独生子女政策开始越来越严格实施的时候，作为非独生子女，我惊讶又羡慕独生子女的同学可以得到父母以及祖辈的关注和宠爱。但2010年这本译著（第1版）问世后的几年里，我听到了年轻读者这样的反馈："你们70后因为得不到父母的关注而烦恼，我们90后是因为得到太多的关注而烦恼，我们就算是植物也不想24小时一直被光照着，也想有个黑天歇一歇。"这番话让我沉思良久，再一次深切地感受新中国成立后70年多年来，家庭结构、家庭关系乃至情感表达等发生的巨变。20世纪40年代出生的我父母那一代，他们为生活而奔波，给我们这一代的是一个"传统家庭"——强调孩子长大后要孝顺父母，要光宗耀祖为家庭做贡献。但我们这一代内心渴望着友爱的、孩子中心主义的"现代家庭"，希望得到父母的关注、陪伴和宠爱，所以近年来才会有那么多关于"原生家庭"的抱怨吧。而当我们这一代做好准备要认认真真地给下一代一个幸福的"现代家庭"时，90后、00后这一代已经开始感到父母的爱是"控制"，家庭是一个"负担"，他（她）们在不知不觉中已经抛下父母这一代关于"现代家庭"的美好理想，开始走上追求个体化的道路。短短的六七十年里，中国的家庭似乎在三连跳，从传统到现代，再到后现代，让人目不暇接。

译后记

　　进入 21 世纪以来，日本家庭发生了怎样的变化？是否与我们面临的问题相同或类似？面对变化，他们有什么良方？我们是否可以拿来借鉴？

　　在《21 世纪的日本家庭：何去何从》一书中，落合老师提出了一个崭新的概念"家庭的战后体制"，这一概念的提出推动日本家庭社会学向前迈进了一大步。那么，何谓日本"家庭的战后体制"呢？简单地讲，它具有三个特征：(1) 女性的主妇化；(2) 再生产平等主义；(3) 人口学的过渡期世代成为日本家庭和社会的中坚力量。再细致一点讲，日本在 1955~1975 年间形成了一个稳定的家庭结构，具体表现为大多数日本女性在二战后成为主妇；一个家庭普遍有一到两个孩子，这使得由父母和一两个孩子组成的核心家庭成为日本的标准家庭；而这个标准家庭的年轻家长或青年人是出生于 1947~1949 年的团块世代。

　　日本学界曾普遍认同日本家庭在 1975 年以后开始发生变化，那么发生了什么变化呢？就是从整齐划一的日本家庭向多样化转变。人们不再在大致相同的年龄结婚、生子，并生大致相同数量的孩子，女性成为主妇的比例和再就业的时间段也在变化，还有晚婚化、未婚化以及离婚率的升高等，这些都使日本的家庭由单一形式向多样化转变。而大家面对这些时，都惊恐地认为这是家庭的危机，甚至认为家庭要瓦解了。

　　但是，事实并非如此。落合老师明确地指出，日本家庭不是危机了，而是变化了。之所以在 1955~1975 年间日本形成了一个稳定的家庭结构，是因为有支撑它的人口学条件，而这一条件一旦消失，家庭自然要发生变化。就如落合老师在书中指出的那样，日本战后婴儿潮出生的团块世代，即"高出生率、低死亡率"世

· 305 ·

代无论是对日本经济，还是对日本家庭都发挥着人口红利的作用，具体表现为由于兄弟姐妹多，次子可以安心地把父母托付给家乡的大哥，自己安心到城里组建核心家庭，到了自己抚育小孩时又可以拜托兄弟姐妹们给照看一下，所以家庭表现出稳定的态势。但之后的"低出率"世代取代"高出生率、低死亡率"的团块世代逐渐成为社会的主力军，人口红利的作用也就渐渐地消失了，这使得稳定的"家庭的战后体制"也开始发生变化。

面对这样的变化，落合老师认为作为社会学者不能只是一味地呼吁"必须要变化"，而应该运用手中所有的线索去预测家庭可能向哪个方向发展。落合老师认为未来的日本社会将不再以"家庭"为单位，而是朝着以"个人"为单位的方向发展，家庭不再是整齐划一的标准形式而是朝着多样化的方向发展，家庭不是一个人必须经历的，或者说家庭仅仅是人生的一个体验而已。因此，无论是个人选择单身还是成家，社会都不能以此为理由，让个人在公共领域中遭受不平等的待遇。不管今后会有怎样的制度，人们都会给它取一个熟悉的名字"家庭"，并在那里生活下去，但是落合老师明确地指出此家庭非彼家庭，因为"家庭"的概念会随着时代的变化而变化，因为"家庭"的概念也是被社会构建起来的。

在《21世纪的日本家庭：何去何从》（第4版）中，落合老师又增添了两章来说明日本近十年的变化，指出由于日本政府过于相信"家庭神话"导致错失了很多良机避免陷入今天少子老龄化的窘境。特别是落合老师又提出了"萎缩的战后体制"这个概念，一针见血地指出看似政府在尽力改变的政策，实质上仍是拖着已经逐渐萎缩的"家庭的战后体制"在顽固地运行着。而这让很多人成为"萎缩的战后体制"下不被经济体制和家庭领域囊括

译后记

进去的人，他们从社会保障系统中滑落出来。落合老师的分析似乎也为我们理解日本最近备受关注的老人、儿童、女性等系列贫困问题找到了一个方向。

在翻译这本书的过程中，我常常产生一种错觉：书中论述的并不是日本而是中国，因为中国家庭也正面临或即将面临书中提到的诸多问题。

比如，尽管大家认为中国的现代化让中国家庭越来越核心家庭化了，但事实却并没有那么简单，当一个家庭中的孩子不断减少，甚至孩子只有一个的时候，核心家庭比例自然会呈下降趋势。以1982年和1993年的成都为例，核心家庭率由71.4%下降至59.3%，而直系家庭却由19.9%上升到29.1%[1]。这样的数据让我们深思：在我国，为什么核心家庭化与现代化没有同步？

同时，无论是我们经常谈论的独生子女的溺爱问题，还是"隔代抚育"的弊端，也都不能单纯归于教育方法的问题。事实上，独生子女政策大大缩短了我国人口转变的过渡期，也使得亲子关系从以家长为中心变为以孩子为中心，而这样的变化仅仅用了一代人——20年的时间，甚至更短的时间。而且正是因为今天的中国还在享受着人口红利，才会有"隔代抚育"，无论这一抚育形式是好还是坏，都会伴随着人口红利的消失、家庭观念的转变而渐渐淡出人们的视线。

今天，日本遇到的问题也许未必在未来的中国重现，但作为东亚的近邻，中日两国一衣带水，历史关系源远流长，尤其是中国快速迈向现代化的脚步让中日两国之间更具有了可比性。

---

[1] 沈崇麟、杨善华主编《当代中国城市家庭研究》，中国社会科学出版社，1995。

· 307 ·

有机会将这本在日本不断再版,并已经被推荐译为英文、韩文出版的《21世纪的日本家庭：何去何从》翻译成中文,我深感荣幸。盼望书中精彩而缜密的分析也能让中国读者和我一样有眼前一亮的感觉。

最后,首先想感谢吴小英老师,在中文第2版出版遇到困难时她鼎力相助,这本书才顺利与中国读者见面。其次感谢杨桂凤编辑、张小菲编辑,她们从专业词语到翻译腔的译文,耐心而细致地反复读校对,深感一篇好译文是反复修改出来的。感谢在翻译和校对的过程中哈尔滨师范大学东语学院严俊、冯蕾、张鑫、艾子焱、白立波、陈雯雯、邓晓凡、赵一丁等同学前期所做的大量工作。在此,还想感谢山东人民出版社的马洁编辑,在十多年前能够推荐出版这本学术译著,让这本书可以为正在蓬勃发展的中国家庭社会学提供新的视角和思路,并收获了很多读者。特别想感谢恩师落合惠美子教授,无论是严谨的学术态度、谦和的为人,还是润物细无声的包容力,都是我们这些学生默默追求的榜样。

本书是国家社科基金项目"0~3岁城市家庭育儿困境与家庭政策研究"(16BSH056)的阶段性成果之一。

郑杨

2021年5月

哈尔滨师范大学松北校区

图书在版编目(CIP)数据

21世纪的日本家庭：何去何从：第4版／（日）落合惠美子著；郑杨译. -- 北京：社会科学文献出版社，2021.6
　ISBN 978-7-5201-8287-4

　Ⅰ.①2… Ⅱ.①落… ②郑… Ⅲ.①家庭问题-研究-日本 Ⅳ.①D731.381

中国版本图书馆CIP数据核字（2021）第073198号

21世纪的日本家庭：何去何从（第4版）

著　　者／〔日〕落合惠美子
译　　者／郑　杨

出 版 人／王利民
组稿编辑／杨桂凤
责任编辑／赵　娜　张小菲

出　　版／社会科学文献出版社·群学出版分社（010）59366453
　　　　　地址：北京市北三环中路甲29号院华龙大厦　邮编：100029
　　　　　网址：www.ssap.com.cn
发　　行／市场营销中心（010）59367081　59367083
印　　装／三河市东方印刷有限公司
规　　格／开本：880mm×1230mm　1/32
　　　　　印张：10　字数：232千字
版　　次／2021年6月第1版　2021年6月第1次印刷
书　　号／ISBN 978-7-5201-8287-4
著作权合同
登 记 号／图字01-2021-3191号
定　　价／89.00元

本书如有印装质量问题，请与读者服务中心（010-59367028）联系

△ 版权所有 翻印必究